Peter Ramspacher

Vom Sterz zum Prosciutto

Ein kulinarischer Streifzug durch die südliche Steiermark und Friaul Julisch Venetien

Peter Ramspacher

Vom Sterz zum Prosciutto

Ein kulinarischer Streifzug durch die südliche Steiermark und Friaul Julisch Venetien

1. Auflage (deutsche Ausgabe), © Juni 2007

erschienen im	M+N Medienverlag, Morre & Nöst Medienverlag OEG A-8042 Graz, Schmiedlstraße 1/II Telefon +43 (0) 316 38 16 15-0 www.medienverlag.at
Redaktion	Dr. Peter Ramspacher
Fotos	Dr. Peter Ramspacher (außer: Seite 220 Destillerie Nonino und Bild Seite 297 Gerald Brettschuh, aus „Mein Land" Foto auf Umschlagklappe hinten von Ing. Martin Edegger)
Layout	Bernd „muddy waters" Trübswasser www.upsicht.at
Druck	Print & Art faksimile Austria, Graz

ISBN 978-3-900254-37-7

Inhalt | Indice

Vorwort | Prefazione

Das vorliegende Buch möchte ich meiner Frau Maria und dem Fluss Tagliamento widmen.

Beide haben mein Leben nachhaltig beeinflusst.

Danke.

„Vom Sterz zum Prosciutto“ werden in diesem außergewöhnlichen Buch anhand vieler Köstlichkeiten aus Küche und Keller die kulturellen Wurzeln zweier europäischer Regionen beschrieben, die trotz der Zugehörigkeit zu unterschiedlichen Staaten und Sprachgemeinschaften über eine starke gemeinsame Tradition verfügen. Präzise und sorgfältig dokumentiert, finden sich darin Beschreibungen von Betrieben und Gaststätten der südlichen Steiermark und der Region Friaul Julisch Venetien, in welchen der Autor das authentische Flair des gemeinsamen Raumes verspürte und sich besonders heimisch fühlte.

Ich lernte den Hydrogeologen Peter Ramspacher im Jahr 1990 auf einer internationalen Tagung kennen. Er stellte damals auf sehr originelle und innovative Art und Weise modernste Verfahren im Bereich der Sickerwassersmessung und der Agrarhydrologie vor. ERSA (Regionalamt für ländliche Entwicklung) sorgte dafür, dass diese Techniken auch in Italien, zunächst in der Region Friaul Julisch Venetien, zum Einsatz kamen. Bald darauf entdeckte ich, dass dieser hervorragende Geologe auch ein ausgezeichneter und renommierter Aquarellist, ein guter Photograph, ein profunder Weinkenner und Schnapsbrenner und obendrein noch ein exzellenter Musiker ist, kurz ein wahrer Künstler ... und wer weiß wie viele verborgene Qualitäten noch in ihm stecken. Was ich aber am meisten an ihm schätze, ist seine Menschlichkeit, seine Natürlichkeit und seine Fähigkeit die schönen Dinge des Lebens zu genießen und sie trotz seiner Erfahrung und seines großen Wissens doch mit den unschuldigen Augen eines Kindes betrachten zu können. Peter Ramspacher kennt die Steiermark und Friaul Julisch Venetien wie kaum ein anderer. Die von ihm beschriebenen Betriebe und Lokale, Weine und Speisen müssen nicht unbedingt objektiv die „besten“ sein, sie sind es aber jedenfalls in seinen Augen. Es ist ihm mit diesem Buch gelungen aufzuzeigen, dass hinter den verschiedenen Produktions- und Verarbeitungstechniken der Weine, Spirituosen, Käse- und Wurstsorten der beiden Regionen doch eine einzige gemeinsame Kultur steht.

Obwohl der Autor dieses originellen Buches, das aus dem Deutschen auch ins Englische und Italienische übersetzt wurde, aus seinem reichen Fundus nur einige wenige Betriebe, Situationen und Spezialitäten ausgewählt hat, ist der Umfang des Werkes beachtlich und ich bin überzeugt davon, dass das Buch viele ähnliche Initiativen nach sich ziehen wird und die gesunden und unverfälschten Produkte aus unserer Region die Wertschätzung erfahren werden, die sie verdienen. Für ERSA stellt es eine wertvolle Grundlage zur Verbreitung der Kenntnis der landwirtschaftlichen und kulinarischen Kultur der Menschen in den beiden Regionen dar und einen Beitrag zur Förderung des Gefühls der Zugehörigkeit zu einem gemeinsamen Europa über alle Grenzen hinweg.

Josef Parente
Generaldirektor von ERSA

Einleitung | Introduzione

„Es gibt nix Besseres als wos Guats“ – eine kernige Weisheit von Gunther Hasewend – entstanden nach einer ausgiebigen steirischen Jause mit steirischem Wein und einigen selbstgebrannten Schnapserln anlässlich eines Besuches am Ratzberg. Für dieses Buch begab ich mich nach diesem Motto auf die Suche nach dem Guten und bin sowohl in der Steiermark als auch in Friaul Julisch Venetien im Übermaß fündig geworden.

Was veranlasst aber einen gebürtigen Obersteirer, ein Buch über die Südsteiermark und Friaul Julisch Venetien zu schreiben, über zwei Regionen, die geographisch nicht einmal zusammenhängen? Es ist ganz einfach die Liebe zur Steiermark und zum Friaul, zweier Regionen, zu denen ich mich schon seit Jahrzehnten hingezogen fühle.

Obwohl ich noch immer leidenschaftlicher Obersteirer bin, hat es mich im Laufe der letzten dreißig Jahre immer weiter in den Süden der Steiermark gezogen, vorerst nach Graz, schließlich in die südliche Steiermark, die mir zur zweiten Heimat wurde. Als hörbares Zeichen meiner Herkunft habe ich jedoch meinen obersteirischen Dialekt beibehalten, mutierte aber vom Biertrinker zum Weintrinker, was mir die Einbürgerung und die Akzeptanz als Eindringling in die Südsteiermark wesentlich erleichterte. Und außerdem dauerten mir die Winter in der Obersteiermark zu lange.

Die Liebe zu Italien hatte ich schon als Zwölfjähriger entdeckt, als ich mit meinen Eltern und meinen Geschwistern Jahr für Jahr nach Lignano auf Urlaub fuhr. Für mich war zu dieser Zeit das Friaul in jeglicher Hinsicht etwas Fremdes, etwas Außergewöhnliches. Mein Horizont reichte damals jedoch sowohl regional, als auch kulinarisch, mit Spaghetti und Pizza, über den Badestrand von Lignano nicht hinaus.

Erst viel später habe ich durch zahlreiche berufliche Aufenthalte und Urlaubsreisen das Friaul von einer ganz anderen Seite kennen gelernt und durfte feststellen, dass diese Region in vielerlei Hinsicht, vor allem auf dem kulinarischen Sektor, eine Vielzahl an Gemeinsamkeiten mit der südlichen Steiermark aufweist. Diese Gemeinsamkeiten aufzuzeigen und in Buchform darzustellen, wurde daher sehr bald eines meiner großen Ziele – wissend, dass ich damit Neuland betrete.

Die Themenkreise reichen von der traditionellen Küche beider Regionen über Bier, Wein, Schnaps, Schinken und Käse bis zu Schokolade. Es sind vor allem die lokalen Spezialitäten und traditionellen Produkte, die in meinem Buch Aufnahme fanden, aber auch typische Gaststätten, Kaffeehäuser oder Konditoreien. Auch ein Kapitel über Land und Leute durfte nicht fehlen. Die Liste der Gemeinsamkeiten beider Regionen ließe sich beliebig fortsetzen, würde aber den Rahmen bei weitem sprengen.

In der Steiermark und in Friaul Julisch Venetien widmet sich eine Vielzahl von Menschen mit all ihrem Können und ihrer Erfahrung mit Begeisterung der Herstellung von lokaltypischen Lebensmitteln und Getränken. In das vorliegende Buch konnte leider nur eine kleine, aber trotzdem repräsentative Auswahl von Produkten dieser Menschen aufgenommen werden und ich möchte, ohne jemanden benachteiligen zu wollen, das Buch allen anderen, nicht in diesem Buch aufscheinenden Produzenten mit gleicher Einstellung widmen.

Das Werk ist kein kulinarischer Führer, kein Weinführer und schon gar nicht ein Kochbuch. Es ist auch kein klassischer Bildband, dafür sind die Texte zu ausführlich. Das Buch, in dem ich aus subjektiver Sicht die Vielfalt der bodenständigen Köstlichkeiten darstelle, soll die Neugierde anregen und einladen, selbst auf Entdeckungsreise nach spezifischen Besonderheiten und Spezialitäten zu gehen. Für den einen oder anderen wird sicherlich ein Geheimtipp dabei sein.

Eine Reise ins Friaul

Die ersten Zeilen dieses Buches sind aus der Sicht eines von Österreich in das Friaul Reisenden dargestellt, daher sei diese Region kurz vorgestellt.

Man findet in Italien kaum eine Region mit so vielen Spezialitäten auf kleinsten Raum. Man erlebt in dieser Region alle Landschaftstypen, vom Meer angefangen, bis zum Hochgebirge mit ihren jeweiligen Eigenheiten.

Spricht man in Österreich über „Friaul", so meint man üblicherweise die nordöstlichste Region Italiens, die im Wesentlichen von Triest über Udine nach Pordenone bzw. nach Norden bis an die Grenze zu Österreich reicht. Die korrekte Bezeichnung dieser heutigen autonomen Region lautet jedoch Friaul Julisch Venetien. Der Doppelname entstand durch die Zusammenlegung der Gebiete Friaul und Julisch-Venetien, wobei Letzteres dem schmalen Landstreifen zwischen Küste und Grenze zu Slowenien von Triest bis Görz, einem Teilgebiet des ehemaligen Venezia Giulia entspricht. Nach dem Zweiten Weltkrieg fielen mehr als 90% des einstigen Venezia Giulia, wie es von den Italienern bezeichnet wurde, zu Jugoslawien und dieses Gebiet gehört heute zu Slowenien bzw. Kroatien. Das flächenmäßig wesentlich größere Friaul umfasst die heutigen Provinzen Udine und Pordenone.

Der Name „Friaul" leitet sich von „Forum Julii", einem ehemaligen römischen Lager im Bereich von Cividale ab, richtigerweise nennt man daher diese Region „das Friaul".

Verzeihen Sie, wenn in den nächsten Absätzen „die Hydrogeologie mit mir durchgeht", schon Jahre, bevor ich diese Naturwissenschaft studiert habe, hat mich die Landschaft, durch die man bei der Anreise an die obere Adria fährt, fasziniert.

Den ersten Eindruck von Italien hat der Reisende von Villach kommend, wenn er unmittelbar nach Tarvis in das obere Kanaltal gelangt. Als Kanaltal wird der etwa 20 km lange Talabschnitt bezeichnet, der vom Fellafluß zwischen den Orten Tarvis und Pontebba durchflossen wird. Das land-

schaftlich imposante Kanaltal trennt die Karnischen Alpen von den Julischen Alpen und den Karawanken und stellt eine wichtige Verkehrsverbindung von Kärnten nach Italien dar. Der Talverlauf ab Pontebba wird als Eisental bzw. Canale del Ferro bezeichnet. Unweit östlich von Tolmezzo mündet die Fella in den von Westen kommenden Tagliamento, dessen ausgedehnte Schotterflächen ab Gemona das landschaftsprägende Element darstellen.

Der im Sommer in das Friaul reisende Tourist kann sich kaum vorstellen, dass zu bestimmten Zeiten, vor allem im Frühjahr, der Tagliamento eine Wasserführung aufweist, die die gesamte Talbreite einnimmt. Die Flüsse Fella und Tagliamento sowie ihre Seitenzubringer zählen geomorphologisch gesehen zu der typischen Leitform der Torrentenflüsse. Es handelt sich dabei um Gerinne mit stark schwankender Wasserführung und reicher Schotterführung und einer typischen Flussverwilderung.

Vor Jahren hat der Tagliamento durch ein extremes Hochwasserereignis mein persönliches Schicksal auf wundersame Weise beeinflusst, wofür ich diesem Fluss ewig dankbar sein werde. Näheres dazu weiß meine Frau zu berichten.

Dort, wo der Tagliamento die Alpen verlässt, ändert sich die Landschaft schlagartig in eine Ebene, die nach allen Seiten offen steht.

Wenn Sie die Region „erleben" wollen, gehört neben der landschaftlichen Schönheit auch der Genuss der kulinarischen Köstlichkeiten dazu. Genießen Sie nun das Friaul und die Steiermark und lassen Sie sich überraschen.......

Traditionelle Küche | Cucina tradizionale

Traditionelle Küche in der Steiermark

„Ba uns in Steiamoark, san d'Leit groß und stoark", so beginnt eine Strophe in einem alten steirischen Volkslied. Daraus kann abgeleitet werden, dass die Steirer, um groß und stark zu werden, sich mit dementsprechender Kost zu stärken wussten. Es ist kein Geheimnis, dass die traditionelle steirische Küche keine leichte Küche ist, sondern sich durch Deftigkeit und Herzhaftigkeit auszeichnet, ein Prädikat, das sie modernen Ernährungsgepflogenheiten entsprechend, leider auch in Verruf brachte.

Es sind eine Vielzahl von Komponeneten, die die traditionelle Kost eines Gebietes bzw. die Alltagskost bestimmen. In erster Linie ist es die Landschaft mit ihrem natürlichen Warenangebot, weiters die Bevölkerung, die Tradition, das Brauchtum, die Arbeitsbedingungen sowie die Religion, die die gebietstypische Kost bestimmen.

So grundverschieden die steirischen Landschaften sind, so grundverschieden ist auch die bäuerliche Kost, aus der sich die bürgerliche Küche entwickelt hat.

Hinsichtlich der Viehhaltung hat es in der Steiermark regional immer schon große Unterschiede gegeben. Dominierte in der Obersteiermark aufgrund der naturräumlichen Gegebenheiten immer schon die Vieh- und Milchwirtschaft, war in der südlichen Steiermark das Schwein das wichtigste Nutztier. Der Grund liegt darin, dass in der klimatisch begünstigten Südsteiermark der Maisanbau, als Fütterungsgrundlage für die Schweinemast, optimale Bedingungen vorfindet. Dementsprechend dominiert in dieser Region im Fleischangebot unangefochten das Schweinefleisch. Es sind auch die klimatischen Voraussetzungen dafür verantwortlich, dass der Schwerpunkt der steirischen Käseproduktion immer schon in der Obersteiermark lag und nicht in den südlichen Landesteilen.

Während in der Obersteiermark Roggen, Milchprodukte, Rinder und Schaffleisch die Basis des Speisezettels bildeten, waren es im Süden Hirse, Weizen, Bohnen und Schweinefleisch. Grundverschieden war auch die Kochtechnik. I m Süden der Steiermark wurde für verschiedene „Tommerl", Strudel und gebackene Sterze vorwiegend das Backrohr des Ofens verwendet, im Norden der Steiermark wurde auf dem Herd mehr „gesotten und geschmalzt".

Es gab in der Steiermark früher kaum einen Hof, auf dem nicht Geflügel, Hasen, Ziegen und mindestens ein Schwein gehalten wurden. Das Fleisch von kleineren Nutztieren gelangte das ganze Jahr über auf den Esstisch, Schweine und Rinder wurden vorwiegend im Winter, in der kalten Jahreszeit geschlachtet. Fleisch, das nicht sofort gegessen werden konnte, musste durch Einbeizen und Räuchern haltbar gemacht werden.

Speziell in der Weststeiermark hat die Fischzucht eine Tradition schon seit dem Mittelalter, in allen Gegenden der Steiermark wurde der teilweise eintönige Speiseplan durch verschiedenstes Wildfleisch etwas abwechslungsreicher gestaltet.

Zu einem mehrgängigen steirischen Menü gehörte schon immer eine Suppe, die je nach Jahreszeit mit unterschiedlichsten Zutaten in vielerlei Variationen zubereitet wurde.

Traditionelle Küche | Cucina tradizionale

Die Küche war stets ein Spiegelbild der Lebensgewohnheiten und der Lebensumstände. Früher hat man unter anderen Umständen gearbeitet, man musste auch dementsprechend essen. Deftige Speisen, Fett und Kohlehydrate dominierten die Küche, erst in unserer Zeit gehörten neben Kochbüchern auch Kalorientabellen und Gesundheitsratgeber zur alltäglichen Küchenliteratur.

Hinsichtlich der Ernährungstradition gab es früher große Unterschiede zwischen der einfachen bäuerlichen und der bürgerlichen Küche, mit der Zeit haben sich beide Küchen angeglichen, es brauchte jedoch eine gewisse Zeit, bis die bäuerliche Küche von den Bürgern akzeptiert wurde.

Neben Fleisch, Speck und Fett als Kraftnahrung, stand der Sterz, weniger als Beilage, sondern vorwiegend als Hauptspeise, nahezu täglich am Speiseplan. Die Vielfalt der Sterzvarianten waren in erster Linie wegen ihres hohen Anteil an Kohlehydraten als krafterhaltende Kost sehr beliebt. Diese Art der Speisen war unter der arbeitenden Bevölkerung, hier vor allem im ländlichen Raum, stark verbreitet, der Sterz war Grundlage der bäuerlichen Alltagskost. Der Sterz ist aus der traditionellen steirischen Küche nicht wegzudenken, die Zubereitungsarten variieren von Gegend zu Gegend.

Der Erdapfel war und ist auch heute noch die beliebteste und am meist verbreitete Beilage zu allen möglichen Gerichten. Es gibt kaum ein Grundnahrungsprodukt, das variantenreicher zubereitet werden kann, als der Erdapfel. Schon im 19. Jahrhundert hat Erzherzog Johann die Bedeutung des Erdapfels erkannt und diesen forciert anbauen lassen.

Zu den bedeutendsten Leitprodukten der steirischen Küche gehört auch das Kürbiskernöl, dessen Produktion schon in der ersten Hälfte des 18. Jahrhunderts erwähnt wurde. Aus den einfachen Essgewohnheiten von früher stammt auch das „Verhackerte", ein faschierter Speck, unentbehrlicher Bestandteil einer steirischen Brettljause.

Im Laufe von Generationen haben sich die Lebensgewohnheiten und in Folge auch die Alltagskost verändert, alte Rezepte gerieten teilweise in Vergessenheit. In den letzten beiden Jahrzehnten ist es jedoch wieder „modern" geworden, alte Rezepte auszugraben und diese nachzukochen. Viele der traditionellen, alten Gerichte erleben heute in modernisierter Form eine kulinarische Renaissance. Diese positive Entwicklung führte dazu, dass immer mehr traditionelle, einfache Gerichte auf den Speisekarten der heimischen Spitzengastronomie zu finden sind. Die in den Gaststätten angebotene steirische Hausmannskost ist in fast allen Fällen eine verfeinerte Interpretation traditioneller Gerichte.

Vor wenigen Jahrzehnten, als noch wesentlich mehr Hausschlachtungen durchgeführt wurden, gehörte es zur Tradition, das frische Schweineblut unmittelbar nach der Schlachtung zu einem einfachen Gericht, dem Bluttommerl zuzubereiten. Diesen Tommerl, eine Art von einem Auflauf, der im Rohr gebacken wird, bekamen die Schlachter zur Stärkung nach getaner Arbeit serviert.

Das folgende Rezept stammt von Werner Pirker aus Vochera bei Frauental an der Laßnitz, seine Frau Ingeborg hat dieses Gericht fachmännisch zubereitet.

Bluttommerl

Zutaten:

▷ Frisches Schweineblut, Ei, Milch, Mehl

▷ Zwiebel, Knoblauch Schweineschmalz

▷ Salz, Pfeffer, Majoran

Zubereitung:

Zwiebel in feine Streifen schneiden und in Schweineschmalz goldbraun anrösten, ganz zum Schluss erst den Knoblauch beifügen. Schweineblut mit Milch, Mehl und Ei gut verquirlen, mit Salz, Pfeffer und Majoran würzen und mit dem gerösteten Zwiebel in eine Kasserolle geben und im vorgeheizten Rohr 10 – 15 Minuten bei einer Temperatur von 250 Grad backen. Der Bluttommerl sollte beim Backen im Rohr aufgehen, aus diesem Grunde ist es nicht ratsam die Backofentür während des Backvorganges zu öffnen.

Die klassische Beilage zum Bluttommerl ist Sauerkraut oder frisches Schwarzbrot.

▷ Getränkeempfehlung: Apfelmost oder Bier

Sollten Sie einen Termin für eine Gesundenuntersuchung bei Ihrem Hausarzt wahrnehmen müssen, empfiehlt es sich unter Rücksichtnahme auf Ihre Blutwerte, den Tommerl, der sich durch eine extreme Deftigkeit auszeichnet, erst nach Ihrem Arztbesuch zuzubereiten.

Viel verbreiteter als die Zubereitung des Bluttommels ist die Verarbeitung des Schweineblutes zu Blutwürsten. Sie müssen nicht, wie der Bluttommerl, am Schlachttag konsumiert werden, sondern halten sich bei dementsprechend kühler Lagerung mehrere Tage.

Das folgende Rezept beschreibt eine Zubereitungsart, wie ich sie vorziehe und die einfach und rasch zu bewerkstelligen ist.

Traditionelle Küche | Cucina tradizionale

Blunzengröstl

Zutaten:

▷ Blutwurst

▷ Speckige Erdäpfel, Zwiebel

▷ Salz, Pfeffer, frischer Thymian, Majoran, Rosmarin

▷ Öl

Zubereitung:

Blutwurst in Scheiben schneiden und in einer Pfanne mit etwas Öl kurz anbraten.

Erdäpfel nicht zu weich kochen, schälen und blättrig schneiden. Zwiebel grob schneiden, in Öl anbraten und blättrig geschnittene Erdäpfel dazugeben und gut durchrösten. Zum Schluss die gebratenen Blutwurstscheiben beigeben, vorsichtig und nur kurz durchrühren, mit Salz und Pfeffer würzen und mit frischem Majoran, Thymian oder Rosmarin würzen und auf vorgewärmten Teller anrichten.

▷ Getränkeempfehlung: Steirisches Bier

Breinwurst

Neben den Blutwürsten wurden unmittelbar nach dem Schlachten meist auch Breinwürste hergestellt, für die man das Kopffleisch und die Schwarten des Schweins verwendete. Die Rezeptur der Breinwurst ist ähnlich dem Musetto, einer Kochwurst aus Friaul Julisch Venetien, nur wird der Breinwurst zusätzlich Hirse, Rollgerste oder Buchweizen beigegeben.

Die Breinwurst wird üblicherweise gebraten und mit Sauerkraut oder Röstkartoffeln als Beilage serviert.

Grießnockerlsuppe

In Österreich gehört zu einem kompletten Menü auf alle Fälle eine Suppe. Stellvertretend für die große Anzahl der verschiedenen Suppen sei im Kapitel der traditionellen Gerichte die Grießnockerlsuppe, ein Suppenklassiker, als Hommage an meine Schwiegermutter Maria Fauland aus Frauental angeführt, die die beste Grießnockerlsuppe der Welt zubereitet. Ihre Nockerl sind trotz der Größe zart, am besten schmecken sie in einer klaren, heißen Lammfleischsuppe von einem Ratzberger Weidelamm.

Zutaten:

▷ Grober Grieß

▷ Butter, Eier, Salz

▷ Rindsuppe oder Lammfleischsuppe

▷ Schnittlauch zum Anrichten

Zubereitung:

Butter cremig rühren, Salz, Ei und Grieß beigeben und gut zu einem kompakten, formbaren Teig rühren.

Masse mindestens eine halbe Stunde rasten lassen, der Teig wird in dieser Zeit etwas fester. Mit einem Suppenlöffel Nockerl formen, in wallendes Wasser einlegen und mindestens eine halbe Stunde lang auf kleiner Flamme köcheln lassen. Die Nockerl gehen dabei etwas auf, wenn sie tiefer ins Siedewasser einzutauchen beginnen, sind sie gar. Nockerl aus dem Wasser nehmen, abtropfen lassen und mit klarer Rindsuppe oder Lammfleischsuppe anrichten und mit Schnittlauch bestreuen.

Man kann die Nockerl direkt in der Suppe kochen, die Suppe wird dabei allerdings leicht trüb.

Kernölschmölzi

Kernölschmölzi, der südweststeirische Ausdruck für eine „Eierspeis", die mit Kürbiskernöl zubereitet wird, ist zweifelsohne das am schnellsten hergestellte Gericht. Die wenigen Zutaten gehören zur Mindestausstattung an Lebensmitteln in einer steirischen Küche.

Zutaten:

▷ Kürbiskernöl, Eier, Salz, Pfeffer

▷ frische Kräuter

Zubereitung:

Kürbiskernöl in einer Pfanne erhitzen und leicht versprudelte Eier dazugeben. Die Eier mit dem Kernöl ganz kurz verrühren, würzen und leicht stocken lassen und eventuell mit frischen Kräutern garnieren.

Das Kernölschmölzi wird aus der Pfanne mit frischem Brot gegessen, die Kernölreste mit Brot austunken.

Getränkeempfehlung: Schilcher oder Bier

Aufgesetzte Henne

Zutaten:

- ▷ 1 bratfertiges Huhn
- ▷ speckige Kartoffel
- ▷ Rosmarinzweig

Für die Fülle:

- ▷ Semmelwürfel, Hühnerklein
- ▷ Zwiebel, Ei, Milch, Mehl
- ▷ frische Petersilie, frischer Thymian
- ▷ Salz, Pfeffer, Muskatnuss

Zubereitung

Für die Fülle Semmelwürfel mit Milch und versprudeltem Ei übergießen. Geschnittenen Zwiebel und fein geschnittenes Hühnerklein in Öl anschwitzen und zur Masse geben, mit Salz, Pfeffer und Muskatnuss abschmecken und mit fein gehackten Kräutern und wenig Mehl vorsichtig abmischen.

Huhn außen und innen gut salzen und mit vorbereiteter Masse füllen.

Kartoffel schälen, feinblättrig (ca. 0,5cm) schneiden und in die mit Butter eingefettete Bratpfanne geben, das gefüllte und mit Olivenöl beträufelte Huhn „aufsetzen„, einen Rosmarinzweig dazugeben und im vorgeheizten Backrohr ca. 2 Stunden goldgelb backen.

Getränkeempfehlung: Bier oder Weißburgunder

Traditionelle Küche | Cucina tradizionale

Klachelsuppe

Zutaten:

- ▷ Schweinshaxen
- ▷ Zwiebel, Knoblauch, Karotten, Sellerie, Lauch
- ▷ Thymian, Lorbeerblatt, Wacholder- oder Pfefferkörner
- ▷ Sauerrahm, Mehl, Essig, Salz

Zubereitung:

Geputzte Klacheln (vordere Schweinshaxen) in Scheiben schneiden und mit dem Wurzelwerk in kaltem Wasser in einem Topf aufstellen. Klacheln weich kochen, aus dem Topf herausnehmen, die Suppe abseihen und mit Sauerrahm und Mehl binden. Mit Salz abschmecken und je nach Geschmack einen Schuss Essig dazugeben. Suppe und Klacheln anrichten und mit dem mitgekochten Wurzelwerk dekorieren. Wenn Sie beim Essen der Klacheln klebrige Finger vermeiden wollen, können Sie vor dem Anrichten das weichgekochte Fleisch von den Knochen lösen und in kleine Stücke schneiden.

Die Klachelsuppe wird traditioneller Weise mit Heidensterz gegessen, man kann aber auch Salzerdäpfel dazu servieren.

Getränkeempfehlung: steirisches Bier

Die Klachelsuppe ist ein typisches steirisches Gericht, das früher meist an Schlachttagen zubereitet wurde. Sie stellt in Verbindung mit einem Heidensterz ein Hauptgericht dar.

Traditionelle Küche | Cucina tradizionale

Strauben

Zu den klassischen südsteirischen Nachspeisen, die vor allem in den Buschenschanken als süßer Ausgleich zu den deftigen Fleischgerichten angeboten werden, zählen zweifelsohne die aus Hefeteig hergestellten Strauben.

Unübertroffen sind die Strauben vom Buschenschank Kröll vulgo „Patschuster" am Eichberg in der Gemeinde St. Johann im Saggautal. Anneliese Kröll und ihre Schwiegermutter Peperl verstehen das Handwerk des Straubenbackens, von ihnen stammt das folgende Rezept zur Zubereitung dieser Köstlichkeit.

Südsteirische Strauben

Zutaten:

- ▷ Mehl, Milch, Eier, Hefe, Zitronenschale, Zucker, Schnaps
- ▷ Staubzucker zum Bestreuen

Zubereitung:

Alle Zutaten mit lauwarmer Milch zu einem kompakten Hefeteig gut durchkneten und aufgehen lassen. Den aufgegangenen Teig nochmals mindestens zweimal durchkneten und anschließend auf einem bemehlten Nudelbrett fingerdick auswalken. Den Teig in rechteckiger Form ausstechen oder ausschneiden und mit einem Teigrad zwei parallele Schlitze einschneiden. Geformte Strauben an einem warmen, nicht zugigen Ort nochmals aufgehen lassen und dann im heißen Öl oder Schmalz beidseitig herausbacken und auf einer saugfähigen Unterlage auskühlen lassen.

Vor dem Servieren mit Staubzucker bestreuen.

Zuhause können Sie zu den Strauben einen Kaffe trinken, im Buschenschank darf Ihnen dieser nicht angeboten werden, es sei denn, Sie kennen die Wirtin und genießen Straube und Kaffe in der Küche. Die Strauben kombinieren aber auch hervorragend mit einem Muskateller oder einer leichten Sommermischung.

Traditionelle Küche Friaul Julisch Venetiens

Die Ernährung ist neben der reinen Aufnahme von Nahrung auch ein Ausdruck des Lebensstils und der Esskultur einer bestimmten Region, wobei in erster Linie die naturräumlichen Voraussetzungen das Angebot der regionaltypischen Lebensmittel bestimmen. In Friaul Julisch Venetien kommt jedoch ein weiterer wesentlicher Faktor dazu, der die Küche wesentlich mit gestaltet hat. In diesem nordöstlichsten Teil Italiens treffen drei unterschiedliche Kulturkreise aufeinander, der Einfluss dieser unterschiedlichen Kulturen über viele Jahrhunderte hat sich unter anderem maßgeblich in den jeweiligen Küchen und Essgewohnheiten widergespiegelt.

Die Küche in Friaul Julisch Venetien ähnelt der Küche der Steiermark in vielen Punkten, besonders die einfachen bäuerlichen Gerichte. In beiden Regionen ist etwa das Schwein das wichtigste Nutztier, dementsprechend dominiert das Schweinefleisch im Fleischangebot. Neben der mehrere Jahrhunderte dauernden gemeinsamen Geschichte verbinden die Steiermark und Julisch Venetien viele kulinarische Wurzeln, in beiden Ländern ist die jeweilige Küche in ihren ursprünglichen Besonderheiten noch vielfach erhalten. Auch heute noch ist in traditionellen Rezepten der Küche Friaul Julisch Venetiens der altösterreichische Einfluss der Länder der ehemaligen Monarchie bemerkbar.

Die Küche Friaul Julisch Venetiens zeichnet sich bei aller Einfachheit, gleichzeitig durch einen ausgesprochenen Abwechslungsreichtum aus, der auf das Zusammentreffen unterschiedlichster Kulturen und auf die historische Vergangenheit dieses Landstriches zurückzuführen ist. Friaul Julisch Venetien ist wie keine andere Region Italiens von der Geschichte gezeichnet, diese hat nicht nur deren Bewohner, sondern auch die Küche geprägt, deren Eigenheiten aufgrund der Kleinräumigkeit der Region und der ständig wechselhaften politischen Situation immer wieder ineinander verflossen. Kulinarische Traditionen machen nicht halt vor Grenzen, die der Mensch gezogen hat.

In weiten Teilen Friaul Julisch Venetiens ist kleinräumig ein sehr starkes Regionalbewusstsein festzustellen, das sich bis in die Küche fortsetzt, das dazu führte, dass in Friaul Julisch Venetien die bei uns bekannte „klassische italienische Küche" in keiner Weise dominant ist. Durch das ausgeprägte Regionalbewusstsein haben sich vor allem kleinräumig, traditionelle Gerichte nach genau bestimmten, überlieferten Zubereitungsarten bis heute gehalten.

Von anderen Gebieten, wie etwa von Triest, kann man hingegen überhaupt nicht von einer traditionellen oder klassischen Küche sprechen, zu sehr sind in dieser Hafenstadt durch Einwanderungen und Ansiedlungen verschiedenster Völkergruppen im Laufe von wenigen Jahrhunderten die kulinarischen Grenzen völlig verschwommen.

Traditionelle Küche | Cucina tradizionale

In den Grundzügen ähnelt die Küche der Steiermark der Küche Friaul Julisch Venetiens, in den gebirgigen Regionen der Alpen dominiert die vom Fleisch dominierte bäuerliche Küche absolut.

Noch heute hat in ganz Friaul Julisch Venetien in den Wintermonaten das Schweineschlachten eine ganz große Tradition. Das gesamte Schwein wird verarbeitet, praktisch kein Teil kommt zum Abfall. Aus den Stelzen und Keulen wird vorwiegend Prosciutto erzeugt, die restlichen Edelteile des Schweins werden hauptsächlich zu Salami verarbeitet. Aus den minderen Fleischqualitäten und Schwarten werden Kochwürste in unterschiedlichen Varianten hergestellt. Musetto und Brovada, eine klassische Speisenkombination, gehören zur traditionellen Küche Friaul Julisch Venetiens wie der Schinken von San Daniele.

In den Küstenregionen zwischen Triest und Grado stand hingegen immer die vorwiegend von Fisch und Meeresfrüchten geprägte mediterrane Küche im Vordergrund. Vielfach kam es zu einer interessanten Vermischung beider Küchen.

Den Stellenwert, den die Hühner im Nahrungsangebot der Steiermark einnehmen, haben in Friaul Julisch Venetien die Gänse, aus deren Fleisch und Innereien die unterschiedlichsten Speisen hergestellt werden können.

Wie in der Steiermark ist der Mais aus der Küche Friaul Julisch Venetiens nicht wegzudenken. Es gibt kaum eine Hauptspeise, die nicht mit Polenta kombiniert, die in der Steiermark weniger bekannte weiße Polenta wird bevorzugt als Beilage zu Fischgerichten serviert. Polenta hatte neben der bäuerlichen Küche über Jahrhunderte auch in der herrschaftlichen Küche seinen Stellenwert.

Bei den traditionellen Süßspeisen wie Strudel und Mehlspeisen aus Hefeteig ist die gemeinsame historische Vergangenheit Österreichs und Friaul Julisch Venetiens noch immer allgegenwärtig.

Brovada

Es gibt wohl kein traditionelleres Gericht in der Küche des Friaul als die Brovada, sieht man vielleicht vom Prosciutto aus San Daniele oder von der Gubana aus Cividale ab. Die Brovada, ein aus gesäuerten Rüben hergestelltes Gericht, wird einerseits für die Zubereitung der sauren Suppe „Jota" verwendet, hauptsächlich aber ist sie aufgrund des markanten säuerlichen Geschmacks die klassische Beilage zu Schweinefleischgerichten.

Die Brovada ist ein typisches „Winteressen", braucht man doch für die Zubereitung frischen Rotweintrester, der erst nach der Weinlese, frühestens Ende September, zur Verfügung steht.

Die Herstellung der gesäuerten Rüben ist mit dem Vorgang der Sauerkrautherstellung vergleichbar. Die gereinigten weißen Rüben werden abwechselnd mit Rotweintrester lagenweise in einen Holzbottich geschichtet, wobei Rotweintrester die oberste Schicht bildet, die als Schutz vor Austrocknung mit Wasser bedeckt wird. Der mit Rüben und Trester gefüllte Holzbottich wird mit Brettern abgedeckt und mit Steinen beschwert, unter Luftabschluss erfolgt anschließend die Fermentation der Rüben, die nach etwa zwei bis drei Monaten abgeschlossen ist. Der Prozess dieser Gärung wird einerseits durch Milchsäurebakterien bewirkt, die im Stande sind, Zucker in Milchsäure umzuwandeln. Gleichzeitig wirken auch Essigbakterien, durch die ebenfalls einen Zuckeranteil in Säure umgewandelt wird. Die Rüben werden dadurch konserviert und haltbar gemacht. Während des Gärprozesses nehmen die Rüben vom Rotweintrester die typische hellrosa Färbung an. Die durch die Gärung entstandenen „sauren Rüben" werden geschält, fein geschnitten oder geschabt und können mit der Gärflüssigkeit vermengt, ein bis zwei Monate aufbewahrt werden.

Rezept – Brovada

Die fein geschnittenen oder gehobelten Rüben lässt man für zwei Stunden in leicht gesalzenem Wasser mit einigen Lorbeerblättern langsam köcheln.
Fein geschnittenen Zwiebel, gehackten Knoblauch und feinwürfelig geschnittenen Speck mit etwas Mehl in Olivenöl anbraten. Die gekochten Rüben dazugeben und auf kleiner Flamme etwa 20 Minuten weiterkochen.

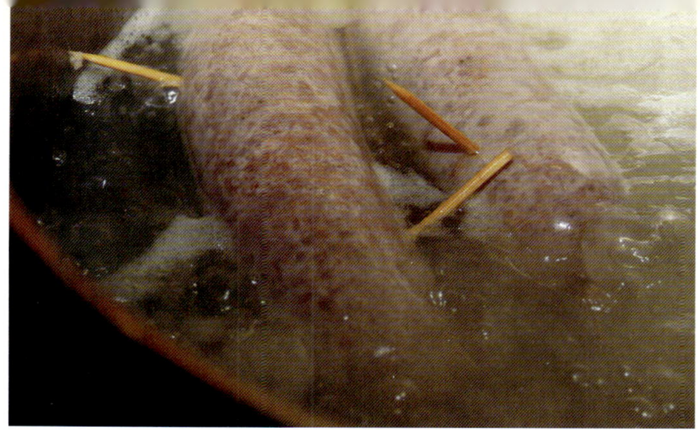

Antica Taverna Lanterna d'Oro, Gorizia

Als Klassiker der traditionellen friulanischen Küche wird Brovada als Beilage zu Cotechino, dem Sammelbegriff für Kochwurst, im Speziellen aber zu Musetto, der klassischen Kochwurst aus Schweinefleisch, angeboten.

Sowohl Brovada als auch Musetto verlangen eine aufwändige und sorgfältige Zubereitung, die Mario Michelini, der Chef des Restaurants Lanterna d'Oro auf der Burg von Gorizia, meisterhaft beherrscht. Auf dem Speiseplan dieses Restaurants stehen eine Reihe von traditionellen Gerichten aus allen Regionen Friaul Julisch Venetiens.

Die Zubereitung von Brovada hat Mario Michelini von Gianni Cossetti, einem seiner Lehrmeister, einem bekannten und erfahrenen Koch aus Tolmezzo, übernommen. Neben besten Zutaten braucht man für dieses an und für sich einfache Gericht sehr viel Zeit, um es optimal und geschmackstypisch zuzubereiten.

Zubereitung Musetto

Einige Zahnstocher oder feine Holzspieße in das Musetto stecken und in kaltem Wasser aufstellen. Gibt man die Kochwurst ohne anzustechen in heißes Wasser, kann die Wursthaut möglicherweise aufplatzen, die Wurst wird ausgelaugt und verliert an Geschmack. Je nach Größe der Wurst lässt man diese auf kleinster Flamme zwei bis zweieinhalb Stunden vorsichtig köcheln.

Die fertig gekochte Wurst in 1 cm starke Scheiben schneiden und mit Brovada anrichten. Eine kleine Portion Oberskren rundet das Gericht vortrefflich ab.

Als Getränkeempfehlung zu Musetto und Brovada wird von Mario Michelini ausdrücklich ein Refosco empfohlen.

Jota

Die Jota, eine Suppe, von der es unzählige Varianten gibt, zählt neben der Polenta zu den klassischen, traditionellen Gerichten der Küche von Friaul Julisch Venetien. Die Suppe, die früher ein ausgesprochenes Arme-Leute-Essen war, wird in den verschiedenen Regionen des Landes unterschiedlich zubereitet, im Friaul sind die Hauptzutaten Brovada und Bohnen, in Julisch Venetien, im Einflussbereich der ehemaligen österreichisch-ungarischen Monarchie, wird die Jota mit Sauerkraut zubereitet.

Das folgende Rezept einer Jota nach Triestiner Art stammt von Mario Michelini, der seit einem halben Jahr das Restaurant Antica Taverna Lanterna d`Oro auf der Burg von Görz leitet.

Zutaten:

- ▷ Sauerkraut, Kartoffel, Bohnen
- ▷ Zwiebel, Schweinefett
- ▷ Kaiserfleisch, Prosciutto, Pancetta
- ▷ Salz, Pfeffer, Lorbeerblatt, Kümmel

Zubereitung:

Gehackte Zwiebel in Schweinefett glasig anrösten, Sauerkraut durchspülen und mit dem gerösteten Zwiebel, Lorbeerblatt, Kümmel und den Wacholderbeeren in einem Topf geben. Kartoffel schälen, würfelig schneiden und zum Sauerkraut dazugeben, mit Salz und Pfeffer würzen. Geräuchertes Kaiserfleisch, Bauchspeck oder Prosciutto beifügen, mit Wasser aufgießen und etwa eine Stunde auf kleiner Flamme köcheln lassen. Kurz vor dem Anrichten gekochte Bohnen dazugeben, vorsichtig umrühren und mit Brot servieren.

Als Getränk zur Jota empfiehlt Mario Michelini einen Terrano, das Sauerkraut in der Suppe harmoniert hervorragend mit der Säure des Terrano.

Frico

Frico, ein Käsegericht darf in der traditionellen Küche vom Friaul keinesfalls fehlen. Frico wurde vorwiegend in Carnien in den Gebieten, in denen Käse hergestellt wurde, zubereitet.

Von Frico gibt es zwei grundlegende Arten, eine Schmelzkäsevariante, die nur aus geriebenem, lange gereiften Montasio besteht, sowie eine Variante bei der Käse, gekochte Erdäpfel und Zwiebel zu einem Laibchen geformt, in einer Pfanne gebraten werden.

Die beiden folgenden Rezepte stammen ebenfalls von Mario Michelini aus Görz.

Frico „Velo da Sposa"

Zutaten:

▷ Montasio stagionato, 2 Jahre gereift

▷ Zutaten für den Risotto:

▷ Zwiebel, Sclopit (Taubenkropf-Leimkraut)

▷ Risottoreis, Butter, Öl,

▷ Weißwein, klare Rind- oder Gemüsesuppe

▷ geriebener Parmesan

Sclopit oder Taubenkropf-Leimkraut ist ein Kraut mit dem botanischen Namen silene vulgaris. Es kommt nur wenige Wochen im Frühling vor, es werden die dunkelgrünen, zarten, bis zu etwa 5 cm langen Blättchen verwendet.

Zubereitung:

Montasio fein reiben und etwa einen halben cm stark in einer Pfanne zu einem Kreis formen und vorsichtig schmelzen lassen. Aus der Pfanne nehmen, auf einer Küchenrolle leicht auskühlen lassen und über ein umgestülptes Glas zu einer kleinen Schale formen.

Für den Risotto fein gehackte Zwiebel in Öl und Butter glasig anbraten, Reis und Sclopit dazugeben und bei scharfer Hitze kurz anrösten und mit Weißwein ablöschen. Wein einreduzieren und unter ständigem Rühren Suppe in kleinen Mengen beigeben und reduzieren lassen. Kurz bevor der Reis nach etwa 15 Minuten gar ist, den Risotto von der Flamme nehmen, eine Minute rasten lassen und anschließend sehr kalte Butter und geriebenen Parmesan einrühren bis der Risotto eine sähmige Konsistenz hat.

Den Risotto in die geformten Frico-Schalen füllen und servieren.

▷ Getränkeempfehlung: Tocai Friulano

Frico nach traditioneller Art

Zutaten:

▷ Kartoffel, Zwiebel

▷ Montasio, 3 Monate gereift

Zubereitung:

Gekochte Kartoffel feinblättrig schneiden und mit grob geschnittenem Zwiebel und geriebenem jungen Montasio vermischen und zu einem etwa 3 cm dicken Laibchen formen und beidseitig in einer Pfanne goldbraun anbraten. Da der Käse beim Erwärmen Fett abgibt, braucht zum Braten nicht zusätzlich Öl oder Fett verwendet werden.

Luigi Carlo Fabbro, Aviano

Auf der Suche nach einem kleinen Fleischereibetrieb, in dem für Friaul Julisch Venetien typische Wurst- und Fleischwaren hergetsellt werden, stieß ich auf Luigi Fabbro, der sich in Aviano, in der Provinz Pordenone, als Einmannbetrieb auf die Produktion traditioneller Fleischwaren spezialisiert hat.

Beim ersten Zusammentreffen hatte Luigi arge Bedenken, dass er für mein Anliegen nicht der richtige Produzent sei, da er seine Fleischwaren, wie er ausdrücklich betonte, auf die Art und Weise herstellt, wie sie schon vor tausend Jahren hergestellt wurden. Diese kurze Aussage war die Bestätigung dafür, dass ich den richtigen Mann gefunden hatte.

Das Angebot von Luigi reicht von den klassischen Koch- und Bratwürsten über Salami bis hin zu Speck- und Schinkenwaren, die er nach traditioneller Art und Rezeptur aus Schweinefleisch von hochwertigster Qualität herstellt.

Cotechino

Cotechino, der Überbegriff für Kochwurst, muss trotz der Einfachheit des Gerichtes zu den kulinarischen Spezialitäten Friaul Julisch Venetiens gezählt werden, wobei die qualitativ hochwertigsten Fleischteile des Schweins früher fast ausschließlich zu Schinken oder Salami verarbeitet wurden, das restliche, „minderwertige" Fleisch, der Speck und vor allem die Schwarten verwendete man für die Herstellung von Cotechino. Im Vergleich zur Trockenwurst hat die Kochwurst eine begrenzte Haltbarkeit und sollte nach Möglichkeit innerhalb weniger Tage nach der Herstellung konsumiert werden. Aus diesem Grunde wurde die Kochwurst hauptsächlich in den Wintermonaten während der Schlachtzeit angeboten.

Luigi Fabbro hat sich unter anderem auf die Herstellung von Kochwürsten spezialisiert, von denen er zwei Arten erzeugt, das klassische Musetto und die Bondiola - Sauc, eine spezielle Kochwurst, die vorwiegend zu den Feiertagen gegessen wird.

Musetto

Für das Musetto verwendet Luigi Fabbro nur mageres Schweinefleisch und Schwarten. Gewürzt wird die fein faschierte Wurstmasse mit Salz, Pfeffer, Muskatnuss, Koriander und etwas Zimt. Die sanft durchgeknetete Masse wird in einen Naturdarm gefüllt und zu etwa 15 cm langen Würsten abgebunden.

Bondiola - Sauc

Zur Bondiola - Sauc, der speziellen Kochwurst, die in Friaul Julisch Venetien traditionellerweise zu den Feiertagen am Speiseplan steht, werden mageres Fleisch, sämtliche Teile vom Kopf des Schweines und Schwarten verwendet. Diese werden in einer etwas gröberen Körnung als das Musetto, mit derselben Gewürzmischung zu einer Wurstmasse verarbeitet, in eine Schweinsblase gefüllt und anschließend kunstvoll abgebunden und in die für die Bondiola - Sauc typische runde Form gebracht.

Die Kochwürste sollten je nach Größe zweieinhalb bis drei Stunden auf kleiner Flamme gekocht werden, Bondiola - Sauc sollte zuvor etwa eine halbe Stunde in kaltem Wasser eingeweicht werden.

Die Kochwürste von Luigi Fabbro zeichnen sich durch einen markanten Geschmack und durch eine unverwechselbare, leicht sulzige Konsistenz aus. Als Beilage zu seinen Kochwürsten empfiehlt Luigi Fabbro Brovada, Sauerkraut oder Erdäpfelpüree.

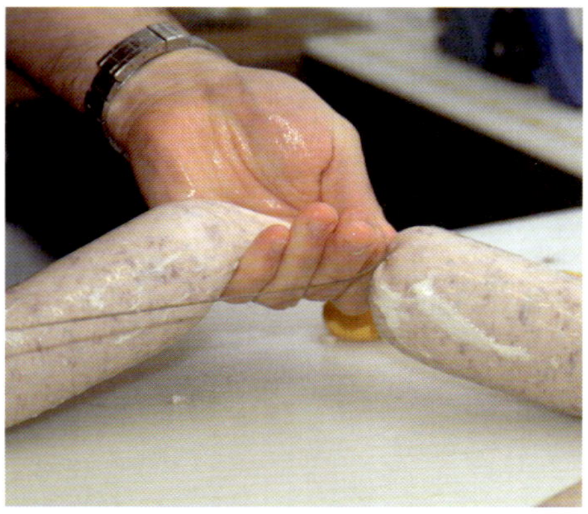

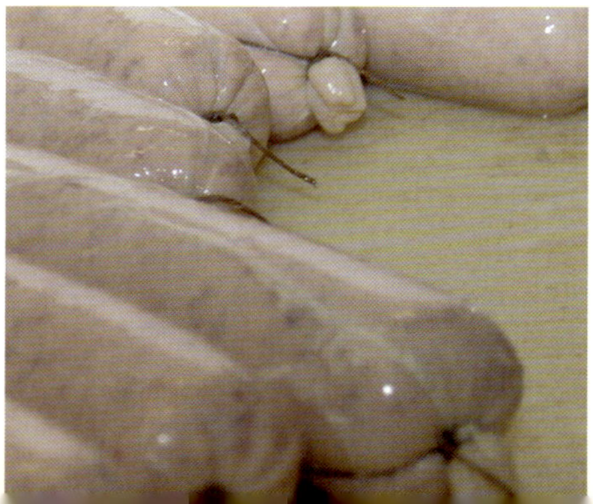

Salsiccia

Salsicca bedeutet in der Übersetzung aus der italienischen Sprache einfach „Wurst", Salsiccia ist jedoch in Italien der gebräuchliche Ausdruck für eine vorwiegend aus Schweinefleisch erzeugte Rohbratwurst, deren Herstellung schon den Römern bekannt war.

Die Salsicce runden das Rohwurstangebot von Luigi Fabbro ab. Für diese spezielle Art der Bratwürste werden mageres, gehacktes Schweinefleisch und Speckwürfel lediglich mit Salz, Pfeffer und Koriander gewürzt, in Naturdarm gefüllt und zu etwa 10 cm langen Würsten abgebunden.

Salsicce sollten möglichst frisch zubereitet werden. Traditionell werden die Bratwürste in einer Pfanne in Olivenöl oder Fett gebraten und mit Polenta angerichtet.

Guanciale – Barbola

Eine weitere Spezialität von Luigi Fabbro ist Guanciale – Barbola, ein luftgetrockneter Speck, für den ausschließlich die Wangen- und Kinnpartie eines mindestens 200 kg schweren Schweines verwendet wird. Im Vergleich zum reinen Speck zeichnet sich die Schweinswange dadurch aus, dass sie von mageren Muskelstreifen durchzogen ist. Das zu verarbeitende Wangenstück wird für etwa drei Tage in Salz eingelegt, danach nur mit Salz und Pfeffer gewürzt und schließlich zum Trocknen aufgehängt. Die Reife- und Trockenzeit sollte mindestens ein halbes Jahr betragen, Luigi Fabbro gönnt seiner Guanciale – Barbola jedoch eine Reifezeit von zwei Jahren. Der so lange gereifte Wangenspeck zeichnet sich durch eine kompakte Konsistenz und einem angenehmen, feinen Geschmack aus.

Guanciale – Barbola eignet sich hervorragend als Vorspeise, indem man den Speck hauchdünn aufschneidet und ihn mit grob gemahlenem Pfeffer oder Paprika würzt.

Der Speck findet auch in der Küche Verwendung um traditionelle Gerichte geschmacklich zu verfeinern.

Wie einleitend schon erwähnt, ist in ganz Friaul Julisch Venetien, abgesehen von der Küstenregion, wo noch immer der Fisch im Speisenangebot dominiert, das Schweinefleisch das meistverbreitete Fleisch. Dabei finden sämtliche Teile des Schweins, vom reinen Fleisch über den Speck, den Innereien, den Schwarten und Knochen bis zum Darm in der Küche Verwendung.

Traditionell sind Schlachtungen aus hygienischen Gründen in der kalten Jahreszeit zwischen Oktober und Jänner durchgeführt worden. Ein kleiner Anteil des geschlachteten Tiers kam sofort als Frischfleisch in die Küche, der Großteil musste jedoch für eine längere Lagerung haltbar gemacht werden. Schon vor mehr als 2000 Jahren praktizierte man die Haltbarmachung größerer Fleischstücke durch Wasserentzug mittels Salz und anschließender Lufttrocknung. Eine weitere, ebenfalls schon sehr lange praktizierte Fleischkonservierungsart stellt die Herstellung von Trockenwürsten dar.

In Friaul Julisch Venetien hat die Herstellung von Trockenwurst in Form von Salami unterschiedlichster Beschaffenheit und Größe seit jeher eine große Tradition.

Salami ist in Friaul Julisch Venetien ein fester Bestandteil in nahezu jedem Menüplan, ob als „klassische Jause" mit Käse und Weißbrot, ob als Vorspeise mit Polenta in einem Restaurant oder einfach als Speisebegleiter zu Wein.

Zum Grundrezept für Salami gehören Fleisch, Speck und Gewürze. Durch unterschiedliche Art der Fleischbearbeitung reicht die Palette der Erzeugnisse von einer feinen Salami bis zu einer groben Salami mit markanten Speckeinschlüssen. Durch unterschiedliche Gewürzrezepturen ist der Vielfalt unterschiedlichster Salamiarten keinerlei Grenze gesetzt. Salami wird in nahezu jedem bäuerlichen Betrieb, meist nach alten überlieferten Rezepturen, für den Eigenbedarf produziert. Es gibt praktisch keinen Fleischereibetrieb, in dem nicht mindestens zwei bis drei Salamivarianten hergestellt werden.

Salame nostrano, Luigi Fabbro Aviano

„Für meine Salami verwende ich nur das beste Fleisch von jedem Teil des Schweins, dazu kommen grobwürfelig geschnittene Speckstücke, als Würzmittel verwende ich ausschließlich Salz, Pfeffer und wahlweise Knoblauch. Die Wurstmasse wird in Naturdarm abgefüllt und soll dann mehrere Monate zum Trocknen abhängen" erklärt Luigi Fabbro.

Er achtet beim Kauf der Schweine, die er in seinem Betrieb weiterverarbeitet, auf deren Haltung und Fütterung.

„Es ist sehr wichtig, dass die Schweine langsam heranwachsen, dies wirkt sich positiv auf die Fleischqualität aus"

betont Luigi, der sich an ein altes friulanisches Sprichwort hält, das besagt, dass Schweine vor der Schlachtung zwei Auguste erlebt haben sollten.

Pitina

Ein typisches Produkt der Gebirgsgegend im nördlichen Friaul ist die Pitina, eine speziell zubereitete Rohwurst, deren Rezept und Zubereitung auf die erste Hälfte des 18. Jahrhunderts zurückgeht.

Ursprünglich wurde die Pitina ausschließlich aus Wildfleisch von Gämsen und Rehen oder aus Fleisch von Schafen und Ziegen hergestellt. Die Zubereitung, die sich bis heute nicht verändert hat, ist recht einfach. Das von den Knochen gelöste Fleisch wird fein geschnitten, mit Salz, Pfeffer und selbst gesammelten Kräutern abgeschmeckt.

Da die Bewohner dieser Gebirgsgegenden keine Tierdärme hatten, um darin das Fleisch zu konservieren, behalf man sich damit, die Pitina zu einem Fleischbällchen zu formen, in Polentamehl zu wenden und anschließend über einer Feuerstelle zum Zwecke der Haltbarkeit einige Tage schonend zu räuchern. Da es für die Herstellung der Pitina keiner besonderen Ausrüstung bedarf, konnte diese fast überall, auch auf den entlegendsten Almen jederzeit hergestellt werden. Nach dem Räuchern und Trocknen konnte die Pitina problemlos über mehrere Monate aufbewahrt werden.

Sauschlachten

Wenn es im November kalt wird und der Nebel die wärmende Kraft der Sonne nicht mehr bis auf die Erde durchlässt, beginnt in Friaul Julisch Venetien die Zeit des Sauschlachtens. An und für sich eine normale, schon zur Routine gewordene, sich Jahr für Jahr wiederholende Arbeit in den Wintermonaten. Nicht aber so in Friaul Julisch Venetien, wo das Sauschlachten einen ganz besonderen Stellenwert hat und auch heute noch, wie in alten Zeiten, regelrecht zelebriert wird. Wenn in diesem Zusammenhang von Sauschlachten gesprochen wird, sind die Hausschlachtungen gemeint, im Rahmen derer, die am jeweiligen Bauernhof gemästeten Schweine geschlachtet, aufgearbeitet und zu verschiedensten Produkten weiterverarbeitet werden, mit denen meist für ein ganzes Jahr bis zum nächsten Schlachttermin das Auslangen gefunden werden muss.

Das Sauschlachten lief immer schon nach bestimmten Gewohnheiten, man könnte diese schon fast als Rituale bezeichnen, ab, die zum Großteil bis heute beibehalten wurden und die das Sauschlachten zu einem besonderen Ereignis werden lassen. Früher freuten sich die Kinder am meisten, sie bekamen am Schlachttag schulfrei, die Frauen wurden, je näher der Schlachttag kam, immer aufgeregter und besorgter, ob wohl alles zum Schlachten hergerichtet sei und ob vor allem genug Wein und Grappa für die Schlachter auf Vorrat gelegt wurde.

Bis auf den Umstand, dass die Kinder heutzutage am Schlachttag zur Schule gehen müssen, hat sich beim Sauschlachten seit früher nicht viel verändert, wie ich mich an zwei Tagen im Jänner 2007 am Bauernhof von Luciano Magnas in Cormons selbst überzeugen konnte.

An einem späten Nachmittag kommen die Sauschlachter, kräftige Männer, die zum Großteil, wie auch Luciano selbst, zur Gruppe „Tajut“ gehören, einer Gesinnungsgemeinschaft von Weinliebhabern und Weinbauern, die sich regelmäßig in der Enoteca von Cormons, quasi ihrem „Clublokal“ treffen. Man sieht den Leuten die langjährige Erfahrung beim Schlachten an, jeder Handgriff sitzt. Am heutigen Nachmittag soll ein Schwein, so schonend wie möglich für das Tier, geschlachtet werden. Nur kurz fleht das Tier beim Einfangen im Stall laut um sein Leben, lässt sich aber dann langsam und bereitwillig vor den Stall führen. Das Schlachten läuft in einer fast bedrückten Stimmung ab, man sieht den Leuten den Respekt und die Ehrfurcht vor dem zu schlachtenden Tier an. Erst als das Schwein geputzt, in Hälften geteilt und noch dampfend in der kühlen Abendluft aushängt, stärken sich die Schlachter und einige Zaungäste, die sich dieses Schauspiel nicht entgehen lassen wollten, mit Glühwein.

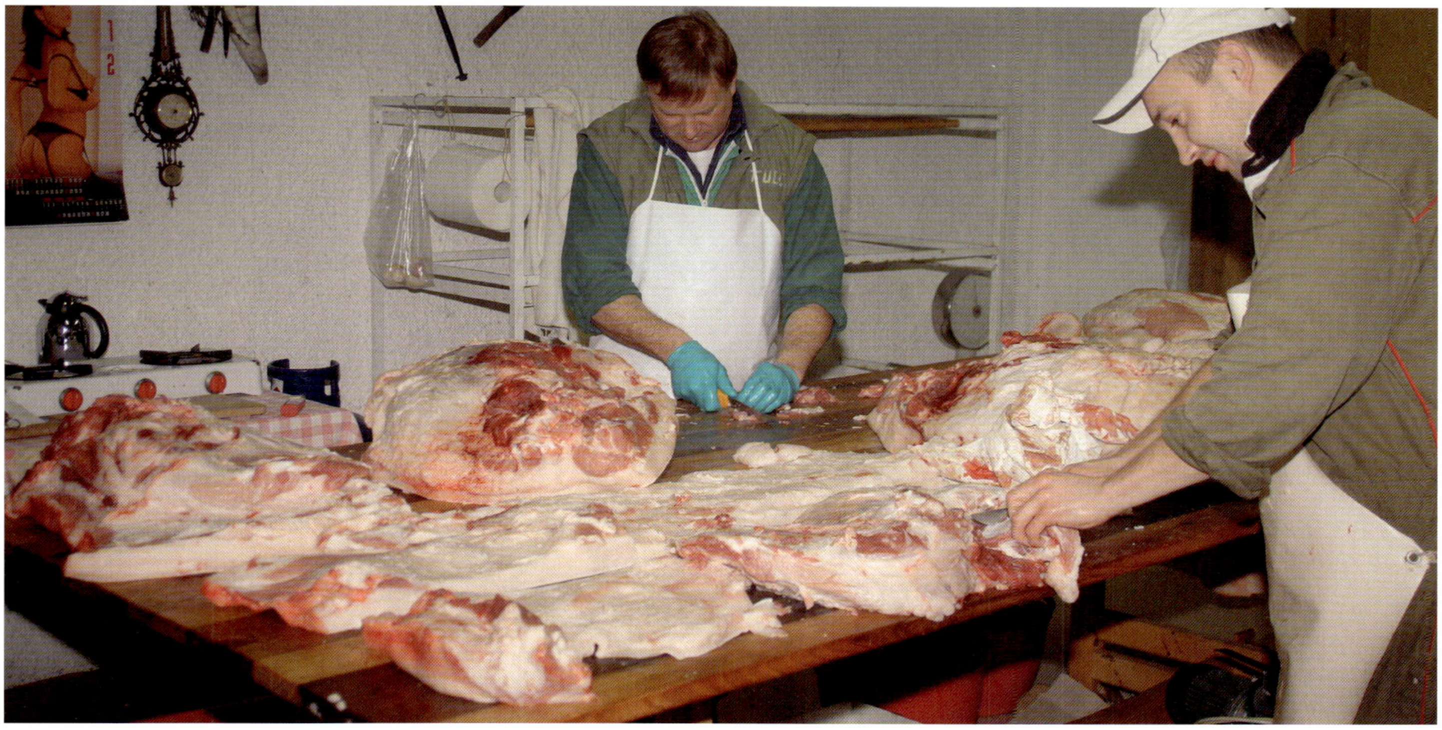

Zeitig am nächsten Morgen kommt Renato Toros, ein Freund aus Cormons, mit einem Helfer. Die beiden sind Hauptakteure des Tages, sie sollen das am Vortag geschlachtete Schwein zu Musetto, Pancetta und verschiedenen Würsten veredeln. Diese Arbeit geschieht in einem Wirtschaftsraum auf einem großen Tisch, auf dem das Schwein, mittlerweile zu Großstücken zerteilt, liegt. Luciano heizt den Tischherd ein und stellt einen großen Topf mit Wasser auf, in dem ausgesuchte Knochen, Schweinshaxen und die Schweinsohren mit Kräutern und Gewürzen gesotten werden. Die ersten Gäste treffen ein, unter ihnen auch Renato von Slow Food Friuli Venezia Giulia, der sich sogleich eine Schürze umhängt und als Koch betätigt. Er bittet Renato Toros um ein mageres Stück Fleisch von der Wange des Schweins, das er in kleine Stücke geschnitten, mit Knoblauch und frischem Rosmarin in einer Pfanne abbratet.

Mittlerweile sind schon weitere Gäste eingetroffen. Die beiden Fleischhauer arbeiten ungeachtet des Treibens um sie herum und zerkleinern und sortieren die verschiedenen Fleischstücke ihrem späteren Verwendungszweck entsprechend. Die Gäste bedienen sich am frisch gebratenen Fleisch, zu dem sie Weißbrot essen. Luciano bringt das Schweinshirn, das herrlich gewürzt und mit Ei abgebraten wird und von dem für jeden eine kleine Kostprobe abfällt. Andrea Magnas, der Weinbauer versorgt die Gäste mit Wein. Die Fleischhauer lassen sich von dem Wirbel um sie herum noch immer nicht beeindrucken, Renato beginnt die mittlerweile sortierten Fleischstücke, die für die Salami bestimmt sind, mit einem Fleischwolf abzutreiben und den von der Schwarte befreiten, weißen Speck händisch in kleine Stücke zu zerteilen. „Der Speck für die Salami darf nur mit dem Messer geschnitten werden, eine Maschine taugt dafür nicht" beschreibt Renato eines der Geheimnisse seiner Salami Philosophie. Sein Helfer schneidet die in Streifen geschnittenen Schwarten in kleine Stücke, sie werden für Musetto, einer Kochwurst verwendet. Die Zahl der Gäste wird immer größer, in einem Nebenraum werden Tische und Bänke aufgestellt, Andrea versucht eine mit Gas betriebene Wärmelampe in Gang zu bringen, um für das „Festa degli ossi", das anschließende „Knochenabnagen" eine angenehme Raumtemperatur zu schaffen. Renato würzt die zugeschnittenen Bauchspeckstücke, rollt und bindet sie kunstvoll zu Pancetta, einem durchzogenen Speck, der einige Monate in der Luft trocknen muss. Danach wird die Masse für die Bratwürste mit Salz und einer von Renato zusammengestellten Gewürzmischung gewürzt und kräftig durchgeknetet. Die Gäste verzehren inzwischen das delikat, mit feinen Speckstreifen zubereitete Schweinsfilet. Bevor Renato die Bratwurstmasse in den Naturdarm füllt, wird eine Portion in einer Pfanne abgebraten und den Gästen zur Verkostung gereicht. Erst als alle ihre Zustimmung gegeben haben und die Zubereitungskunst der beiden Fleischhauer gebührend gelobt wurde, beginnen sie diese abzufüllen und in Wurstform zu bringen.

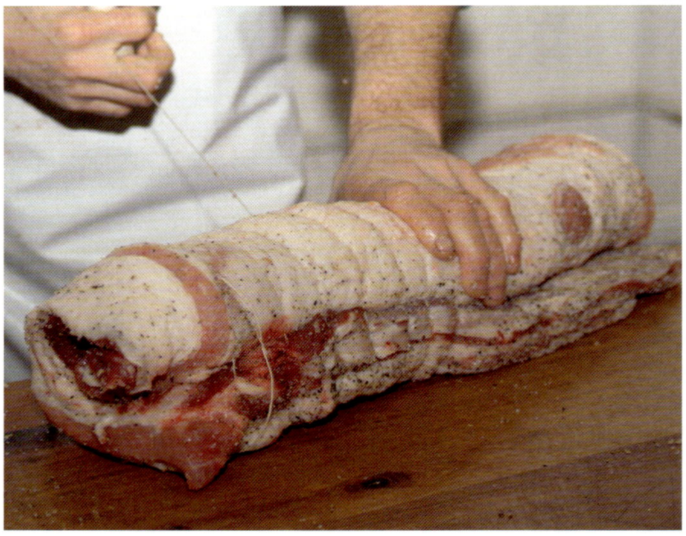

Die letzten Gäste sind eingetroffen, nehmen im Nebenraum Platz und erfreuen sich an den gesottenen Knochen, von denen das zarte Fleisch abgenagt wird. Auch die Schweinsohren und Schweinshaxen sind nach mehrstündiger Garzeit zum Verzehr bereit. Die Gäste feiern, essen und trinken auf die erfolgreich verlaufene Schlachtung. Niemand kümmert sich mehr um die beiden Fleischhauer, die noch einige Stunden brauchen werden, um das ganze, zu Wurstmasse verarbeitete Schwein in Darm abzufüllen und in gleichmäßige Stücke abzubinden.

Am nächsten Tag wird sich das Schauspiel bei Dario Raccaro, einem Weinbauern und Präsident der Enoteca Cormons wiederholen.

Eine Einladung zu einem weiteren „Knochenfest" am darauffolgenden Tag musste ich höflich ablehnen. Alles, und sei es noch so schön, hat seine Grenzen, in diesem Falle gesundheitliche.

Gubana

Die Gemeinsamkeiten der traditionellen Küche der südlichen Steiermark und Friaul Julisch Venetiens lassen sich vor allem im Angebot der mit Hefe zubereiteten Süßspeisen erkennen. Ist es in der Steiermark und im benachbarten Slowenien die Potize, die im Süßspeisenangebot einen vorderen Rang einnimmt. So ist in Friaul Julisch Venetien die Gubana unumstritten die beliebteste und mit Abstand die am öftesten zubereitete Mehlspeise. In einem vom italienischen Touring Club im Jahre 1931 herausgegebenen Gastronomieführer wird die Gubana überhaupt als die renommierteste Spezialität Friauls bezeichnet.

Die Verbreitung ähnlicher, mit Hefeteig zubereiteter und gefüllter Mehlspeisen wie die Potize oder Presnitz in Italien und Österreich sowie in den östlich angrenzenden Nachbarstaaten lässt den Schluss zu, dass die Grundrezeptur aus der österreichisch- ungarischen Monarchie stammt, obwohl aus historischen Quellen hervorgeht, dass schon die Römer einen mit Trockenfrüchten gefüllten Kuchen, ähnlich der Gubana, zubereiteten.

Die Heimat der klassischen friulanischen Gubana sind die Täler des Natisone, wo sie je nach Familientradition und Region in leicht abgeänderter Form, jedoch unter Beibehaltung eines Grundrezeptes, zubereitet wird.

Prinzipiell handelt es sich bei der Gubana „delle Valli del Natisone„ um eine Mehlspeise aus Hefeteig, die mit verschiedenen Trockenfrüchten gefüllt ist und die charakteristische runde Form durch das Einrollen des gefüllten Teiges zu einer flachen Spirale erhält.

In Cividale gibt es eine zweite Variante der Zubereitung der Gubana, bei der anstelle des Hefeteigs Blätterteig als Hülle für die Füllung verwendet wird. Diese Rezeptur ist im benachbarten Slowenien die häufigste Zubereitungsart.

Giuditta Teresa, San Pietro al Natisone

Seit 25 Jahren produziert Giovanni Cattaneo zusammen mit seiner Frau Silvana die für die Region typischen Gebäck- und Mehlspeissorten. Unter anderem auch eine Gubana nach einem alten Rezept von Giuditta Teresa, einer ehemaligen Bäckermeisterin aus der Gegend von Cividale.

Für diese Gubana wird ein Hefeteig zubereitet, zu Kugeln portioniert und an einem warmen, nicht zugigen Ort zum Aufgehen gebracht.

Während sich der Teig entwickelt wird die Füllung zubereitet, zu der folgende Zutaten gut vermischt werden: gehackte Haselnüsse, Walnüsse, Mandeln und Pignolien, Sultaninen, Zucker und Biskotten. Zuletzt wird dieser Füllung eine Alkoholmischung, bestehend aus Grappa, Rum, Brandy und Creme Marsalla beigegeben. Das exakte Mischungsverhältnis ist ein Geheimnis der Chefin, die Alkoholmischung wobei in einer fast rituellen Handlung von der Chefin höchstpersönlich den vermischten Zutaten beigegeben wird.

Der aufgegangene Hefeteig wird zu einem runden Fladen, ähnlich einem Pizzateig, ausgewalkt, auf diese wird eine bestimmte Menge der Füllung flächenhaft aufgeteilt. Der Teig wird mit der Füllung in eine Rollenform gebracht und anschließend zu einer flachen Schnecke eingerollt und in eine Form gegeben, in der der Teig nochmals aufgeht. Hat die Gubana nach dem Aufgehen ihre endgültige Größe erreicht, wird sie etwa eine Stunde lang bei einer Temperatur von 120 Grad im Ofen goldbraun gebacken.

In der Bäckerei Giuditta Teresa werden täglich etwa 400 Gubane gebacken, bei größerer Nachfrage vor Feiertagen, etwa die doppelte Menge. Die Gubana von Giuditta Teresa wird als typische friulanische Spezialität, quasi als Botschafter Friauls, weltweit versandt.

Die traditionelle Art, ein Stück Gubana zu essen ist die, dass über das zum Verzehr gerichtete Gubanastück ein Glas Grappa geschüttet wird. Diese „Grappabehandlung" ist bei der Gubana von Giuditta Teresa nicht mehr unbedingt notwendig, da der Alkohol schon der Fülle beigegeben wird. Beim Backen entweicht der Großteil des Alkohols, der Geschmack der Alkoholmischung verbleibt jedoch in der Mehlspeise. Sie können sich also ruhig dem Gubanagenuss hingeben, ohne betrunken zu werden, wenn Sie nicht die zweite traditionelle Art Gubana zu essen wählen, und statt einer Tasse Kaffee ein Glas Picolit zur Gubana dazutrinken.

Mais | Mais

Mais | Mais

„Woaz“

Mais war das einzig echte Getreide Amerikas, spanische Seefahrer brachten den Mais zuerst nach Asien, von dort kam er als „Kukuruz“ über den Balkan nach Italien und nach Österreich. Noch heute heißt er bei uns „Türkisches Korn“ bzw. „Türkensterz“ als fertiges Gericht.

Der Mais gehört wie alle Getreidesorten zur Familie der Gräser und kommt in unterschiedlichsten Varietäten vor, die sich im Wesentlichen durch die Pflanzenlänge, Kornform und Kornfarbe unterscheiden.

Ab dem 17. Jahrhundert wurde der Mais in Italien feldmäßig angebaut, von dort verbreitete er sich in die südliche Steiermark, einer Region, die hinsichtlich der Standortansprüche dem Mais sehr entgegen kommt. Für den Mais als Kulturpflanze sind insbesondere die Faktoren Temperatur, Wasserversorgung und die Bodenbeschaffung zu berücksichtigen. Sämtliche Faktoren treffen in der südlichen Steiermark zu, die durchschnittliche Jahrestemperatur beträgt über 8° C, die Böden sind absolut geeignet und der Wasserbedarf, der in der Hauptvegetationsperiode von etwa Mitte Juli bis Ende August bei durchschnittlich 6 Liter pro Tag je Quadratmeter liegt, kann durch den natürlichen Niederschlag abgedeckt werden. Durch diese Voraussetzungen besitzt der Maisanbau in der Steiermark einen hohen Stellenwert. Die Steiermark zählt zu den Gebieten, wo die höchsten Körnermaiserträge erzielt werden.

Hauptanbaugebiete in der Steiermark sind die Tallandschaften entlang der Mur südlich von Graz bis Radkersburg. Die Maisanbaufläche in der Steiermark beträgt knapp 70.000 ha, sie ist in den letzten Jahren zugunsten der gestiegenen Ölkürbisanbauflächen leicht zurückgegangen. Das Verhältnis Körnermais zu Silomais beträgt etwa 6:1, der Großteil der Maisproduktion findet als Mastfutter in der Viehzucht, vor allem in der Schweinemast Verwendung, weniger als 1 % der Körnermaisproduktion wird zu Nahrungsmittel weiterverarbeitet.

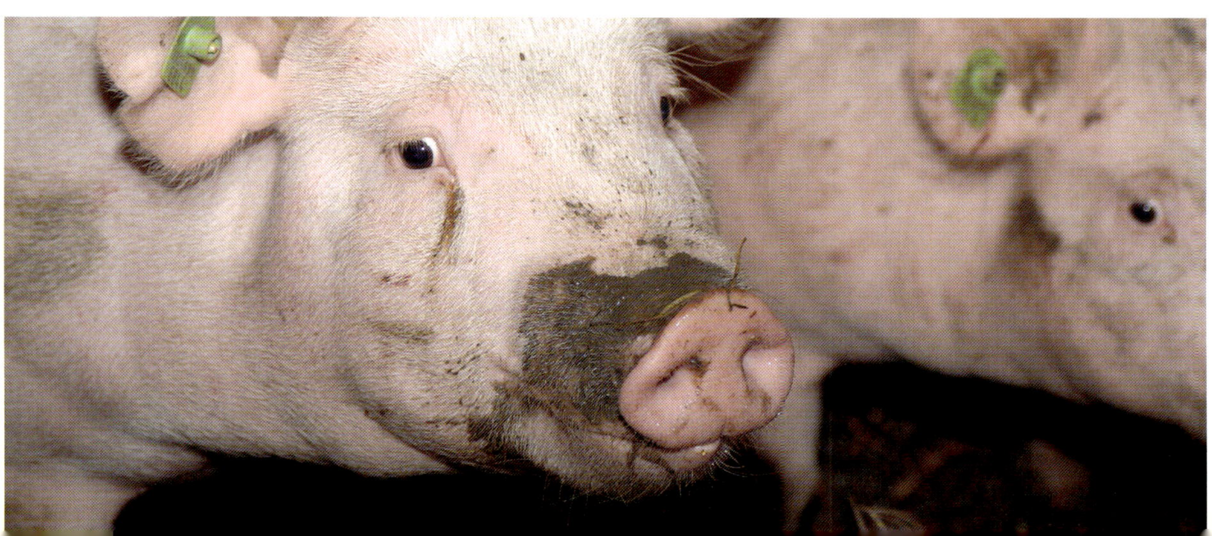

Sterz

„Sechz Leitl des is holt
da steirische Brauch,

a türkischer Sterz und
a Schwammsuppn drauf"

Mit diesen Worten beginnt ein bekanntes steirisches Volkslied, das den Stellenwert vom Mais, dem „türkischen Sterz" als traditionelles Nahrungsmittel unterstreicht.

Das Wort „Sterz" leitet sich von „stürzen" ab und bezeichnet eine Speise, die nach der Zubereitung in einem Kessel oder einer Pfanne beim Anrichten auf einen Teller gestürzt wurde. Von der Zubereitungsart sowie von den verwendeten Grundzutaten ist der Sterz mit der italienischen Polenta vergleichbar, die ebenfalls aus unterschiedlichen Getreidesorten, hauptsächlich aber aus Maismehl hergestellt wird.

Früher war der Sterz die tägliche Nahrung vor allem für die schwer arbeitenden Holz- und Landarbeiter. Heute wird die damals deftige Hausmannskost, die meist in abgeschmalzener Form gegessen wurde, als leichte Variante wieder bevorzugt.

Die Zubereitungsarten für den „türkischen Sterz" können variieren, wobei die Konsistenz von flüssig bis trocken-bröslig reichen kann.

Mais | Maís

In den bäuerlichen Küchen waren im vorigen Jahrhundert noch offene Feuerstellen vielfach gebräuchlich, auf denen in einem Kupfer- oder Messingkessel über offenem Feuer das Sterzmehl eingerührt und gegart wurde. Der auf diese Art und Weise zubereitete Sterz hatte einen typischen rauchigen Geschmack, es kam dabei sehr auf die Erfahrung und Kochkunst der Köchin an, den Sterz ja nicht anbrennen zu lassen.

Von dieser früher gebräuchlichen Zubereitungsart konnte ich mich persönlich überzeugen, als mir erlaubt wurde, einen Türkensterz an der offenen Feuerstelle des Rauchstubenhauses in Gündorf im Saggautal zuzubereiten. Das Rauchstubenhaus ist ein etwa 300 Jahre altes, mit Stroh gedecktes Bauernhaus, in dem in der Rauchstube gekocht, gegessen und geschlafen wurde und das heute als Museum eingerichtet ist. Es genügt die Zubereitung eines Gerichtes in der alten Rauchstube, um sich vorstellen zu können, unter welchen Bedingungen früher täglich gekocht werden musste.

Vor Jahrzehnten war der Sterz noch ein Hauptgericht zu dem meist Kaffee oder Milch getrunken wurde, heute findet der Sterz in erster Linie als Beilage zu Fleischgerichten Verwendung. Konsumiert man ihn als traditionelles Hauptgericht, wird der Sterz nach dem Garen in einer Pfanne abgeröstet und mit Grammeln oder angebratenen Speckwürfeln verfeinert.

Neben dem „türkischen Woaz", wie der Mais im Volksmund auch bezeichnet wird, zählt auch der Buchweizen, die Grundlage des klassischen „Heidensterz", zu den wichtigsten traditionellen Zutaten der steirischen Küche.

Der aus Buchweizen hergestellte „Heidensterz" wird meist mit einer Schwammerlsuppe oder mit einer „verklachelten", einer versprudelten Suppe, mit Schweinshaxen serviert.

Mais in der Küche Friaul Julisch Venetiens

Die ersten Versuche, den Mais, der von Amerika über den Balkan nach Italien gebracht wurde, in Italien auszupflanzen, gehen auf das Jahr 1550 zurück. Lange Zeit wurde der Mais in botanischen Gärten oder als Zierpflanze in Gärten von Adeligen verwendet. Im 17. Jahrhundert gelangte der Mais ins Friaul, im Jahre 1620 war Mais erstmals auf den Märkten in Udine erhältlich. Ab dem 18. Jahrhundert entwickelte sich der Mais in Friaul Julisch Venetien zu dem wichtigsten Grundnahrungsmittel.

So wie in der Steiermark, wo der Mais unter dem Namen „Türkensterz" bekannt ist, wird in Italien der Mais als „gran turco", als türkisches Korn, bezeichnet. Der Name stammt von venezianischen Kaufleuten, die den Mais aus dem Osten nach Italien importierten. „Blave" ist der Ausdruck für den Mais in friulanischer Sprache.

In den letzten beiden Jahrzehnten sind die Maisanbauflächen auch auf Standorte mit durchlässigen Schotterböden mit geringer Wasserspeicherfähigkeit erweitert wurden. Um das Ertragspotential der wasserliebenden Maispflanzen auszuschöpfen, ist eine künstliche Beregnung dieser Maisanbauflächen unumgänglich.

Die derzeitige Maisanbaufläche in Friaul Julisch Venetien beträgt 120.000 ha, aus der sich ein durchschnittlicher Ertrag von etwa einer Million Tonnen ergibt. Etwa 70 % der geernteten Maismenge wird an Schweine verfüttert, der Rest in Form von Körner- oder Silomais wird als Beifutter in der Rinderzucht verwendet. Lediglich etwa 1 % der Erntemenge findet den Weg in die Küchen, um dort zu delikaten Polentagerichten veredelt zu werden.

Vor etwa 50 Jahren gab es in Friaul Julisch Venetien eine Vielzahl von unterschiedlichen Maissorten, die sich in erster Linie durch die Farbe des Korns, durch die Größe der Maiskolben und auch durch ihren Protein- und Fettgehalt unterschieden haben. In den letzten Jahrzehnten hat der gelbe Mais, eine ertragreiche und widerstandsfähige Sorte mit großen Kolben, die alten Sorten, die in unterschiedlichsten Farben von rot über blau bis zu schwarz und weiß vorkamen, vollständig verdrängt. Es ist der Forschungsarbeit von ERSA (Agenzia Regionale per lo Sviluppo Rurale) in Pozzuolo del Friuli zu verdanken, dass diese alten Sorten heute überhaupt wieder angebaut werden können. Ziel von ERSA war es, alte Varietäten aufzuspüren, zu bestimmen und diese nachzuzüchten und für eine Auspflanzung an Landwirte weiterzugeben. Um der Gefahr des Aussterbens einiger alter Sorten zu entgehen, hat ERSA eine umfangreiche Samenbank angelegt. Zahlreiche Landwirte haben das Angebot von ERSA angenommen und pflanzen auf kleineren Parzellen vermehrt diese alten Sorten wieder aus. Dieser Mais ist ausschließlich für den menschlichen Genuss bestimmt, heute haben schon einige Mühlen, die die Maiskörner vermahlen, Maismehl aus diesen alten Sorten in ihrem Warenangebot.

Eine dieser Mühlen ist der Betrieb von Adriano Tuzzi in Dolegna del Collio, nahe der Grenze zu Slowenien, in Sichtweite zum Weingut Jerman. Der Mühlenbetrieb existiert seit dem Jahre 1888, Adriano ist nach Giacomo, Ernesto und Luigi der vierte Tuzzi, der sich dem Mahlen von Getreide verschrieben hat. Die Mühle liegt an einem künstlich aufgestauten Gerinne, der Wasserbetrieb wurde jedoch schon vor etwa 20 Jahren eingestellt. Teile der alten Mühlenanlage existieren noch, sind aber bedauerlicherweise dem Verfall ausgesetzt.

Auch die neue Mühle von Adriano ist schon museumsreif, die verschiedenen Maissorten werden in einem alten Mahlwerk aus dem Jahre 1925 vermahlen, die moderne Mühle stammt auch schon aus dem Jahre 1960. Es zahlt sich aus, bei Adriano einzukaufen, nicht nur wegen der hervorragenden Qualität seiner Produkte, sondern auch wegen des außergewöhnlichen Ambientes in der Mühle. Adriano mahlt den Mais erst kurz vor dem Verkauf, um den Geschmack und die Farbe möglichst lange zu erhalten. Das schätzen die Kunden von Adriano, die weite Anfahrtswege in Kauf nehmen, um zu diesem Maismehl zu kommen.

Maís | Mais

Eines der Zentren des Maisanbaus im Friaul ist die Region um Mortegliano, einem Dorf etwa 10 Kilometer südlich von Udine. Aus Mortegliano kommt die „Blave di Mortean“, eine Maissorte, die sich durch eine besondere Qualität auszeichnet. Die „Blave di Mortean“ wird von einer Genossenschaft nach festgelegten Richtlinien und Bedingungen erzeugt. Zur Hebung der Kornqualität hat man sich für diesen besonderen Mais unter anderem auf eine rigorose Ertragsbeschränkung entschieden, nach der Ernte wird der Mais schonend getrocknet. Für die „Blave di Mortean“ werden die Maiskörner händisch aussortiert, nur die besten und gesunden Körner werden zu Maismehl weiterverarbeitet.

Neben dem klassischen gelben Mais wurde in Friaul Julisch Venetien auch immer schon der weiße Mais angepflanzt, vorwiegend jedoch in den südlichen, meernahen Landesteilen, da der weiße Mais als klassische Beilage zu Fischgerichten Verwendung findet.

Polenta

Polenta war in Friaul Julisch Venetien über Jahrhunderte das wichtigste Grundnahrungsmittel, die Polenta spielt in der Küche Friaul Julisch Venetiens auch heute noch eine bedeutende Rolle, sie gehört unbedingt zu einer traditionellen Speisefolge. In Friaul Julisch Venetien entwickelte sich in den letzten Jahren sogar ein regelrechter Polenta-Kult.

Bis zu dem Zeitpunkt, zu dem Mais aus der Neuen Welt nach Italien eingeführt wurde, stellte man Polenta aus Dinkel, Hirse oder Buchweizen her. Ab dem 18. Jahrhundert ersetzte der Mais die früher zur Polentaherstellung verwendeten Getreidesorten nahezu vollständig.

Bei der klassischen Zubereitungsart der Polenta wird diese in einem Kupferkessel, der über offenem Feuer hing, gekocht, Köche schwörten dabei auf einen sandgescheuerten Kupferkessel. Heute ersetzen moderne Herde die offene Feuerstelle, der Kupferkessel ist jedoch nach wie vor aus der Polentaküche nicht wegzudenken.

Das Polentamehl wird in kleinen Gaben in kochendes Salzwasser mit einem Schneebesen eingerührt und muss dann in kurzen Abständen mindestens eine halbe Stunde lang verrührt werden. Wenn die Polenta gar ist, wird sie auf ein Holzbrett gestürzt und in die Form eines flachen Fladens gebracht und zum Auskühlen mit einem Tuch abgedeckt. Die erstarrte und ausgekühlte Polenta wird mit einer Schnur in Streifen zerteilt und anschließend auf einer Herdplatte oder in einer Pfanne beidseitig geröstet, bis sich eine zarte, braune Kruste bildet.

Mit der eingerührten Polentamenge kann die gewünschte Konsistenz bestimmt werden, zu vielen Gerichten wird eine dickflüssige, weiche Polenta serviert.

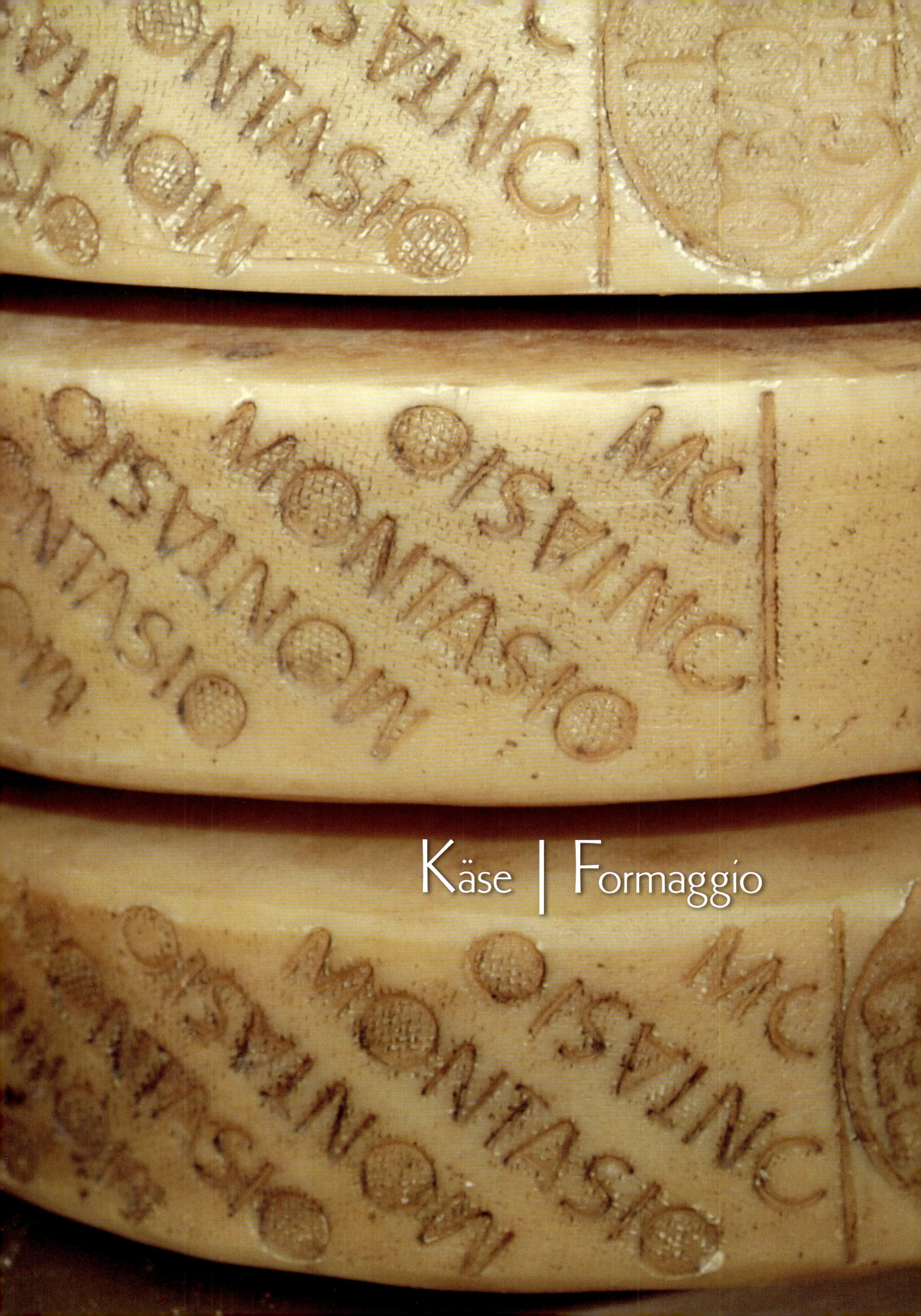

Käse | Formaggio

Käse | Formaggio

„Steirerkas“

Nicht jeder Käse, der in der Steiermark erzeugt wird, ist ein „Steirerkäse“

Als die Menschen in der Jungsteinzeit vor etwa 7000 Jahren begannen, Viehwirtschaft mit Rindern, Pferden, Schafen und Ziegen zu betreiben, wurde der erste Käse zufällig entdeckt, als stehen gelassene Milch sauer wurde und zu gerinnen begann. Das Produkt daraus war der erste Käse. Als es schließlich gelang, diesen Prozess zu steuern und kontrolliert ablaufen zu lassen, kann man vom Beginn der Käsekultur sprechen.

Schon die Kelten, die auch in der Steiermark lebten, kannten schon eine Käsekultur, die später von den Römern weiterentwickelt wurde. Bei den Römern zählte Käse zu den besonderen Delikatessen. Im Mittelalter waren vor allem die Klöster maßgeblich für die Weiterentwicklung der Käsekultur verantwortlich.

In Abhängigkeit gebietsspezifischer Faktoren wie etwa den klimatischen Verhältnissen, entwickelten sich im Laufe der Zeit bestimmte Verfahren der Käseerzeugung und für bestimmte Regionen typische Käsesorten.

In der Steiermark, in der Vieh- und Milchwirtschaft schon immer intensiv betrieben wurde, hat die Käseerzeugung eine sehr lange Tradition. Die Steiermark ist am Käsesektor eines der vielseitigsten Gebiete Österreichs, hat aber in den letzten 20 Jahren eine markante Wandlung erfahren. Die großen Käsereien konzentrierten sich in jüngster Zeit mit ihrer Erfahrung auf die Produktion besonderer Käsesorten unter Berücksichtigung auf stetige Qualitätssteigerung der für die Käseerzeugung verwendeten Milch. Die Käseproduzenten legten Wert auf technische Erneuerungen für rationelle Produktionsabläufe, ohne jedoch von der traditionellen Käsebereitung abzugehen.

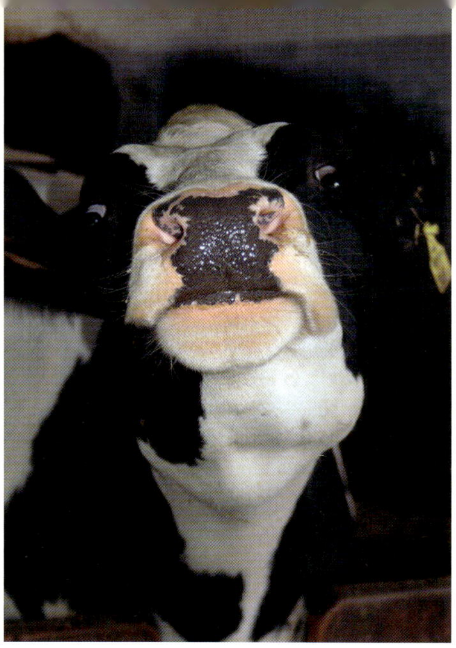

Gleichzeitig mit dem Aufschwung des steirischen Weinbaus kam es in den letzten 20 Jahren auch zu einem enormen Aufschwung der Käsekultur. Dies ist nicht nur auf die gesteigerte Beliebtheit von Käse zurückzuführen, sondern auch auf die „Neue Küche", die wieder vermehrt auf regionale, unverfälschte Produkte zurückgreift. Dies führte dazu, dass seitens der Produzenten dem Käse gesteigerte Aufmerksamkeit geschenkt wurde.

Der Schwerpunkt der steirischen Käseproduktion liegt nach wie vor eindeutig in der Obersteiermark, die südliche Steiermark hat jedoch in den letzten Jahren durch eine Reihe von bemerkenswerten Klein- und Privatkäsereien nicht nur quantitativ, sondern vor allem auf qualitativer Ebene stark aufgeholt.

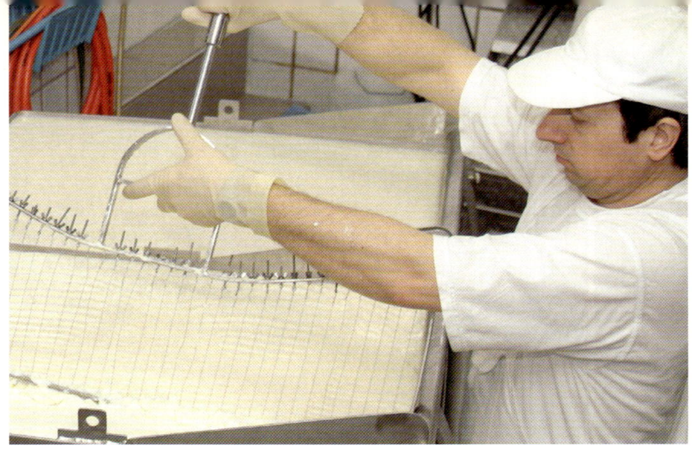

Hofkäserei Deutschmann, Frauental

In der Marktgemeinde Frauental in der Weststeiermark erlebt ein schon fast verloren gegangenes bäuerliches Handwerk eine neue Blüte in Form der Hofkäserei Deutschmann.

Auf dem biologisch bewirtschafteten Bauernhof werden aus biologischer Kuhmilch hochwertige Rohmilch-Käsespezialitäten erzeugt. Nach alter Tradition produziert Franz Deutschmann auf sorgfältige Weise unter Einsatz modernster Technik sechs verschiedene Käsesorten.

Wie im Weinbau, wo die Qualitätsarbeit schon im Weingarten beginnen muss, achtet Franz Deutschmann schon bei der Tierhaltung sowie bei der Fütterung und beim Melken der Kühe auf Einhaltung eines hohen Qualitätsstandards, der sich in der Verarbeitung der Milch zu Käse bis zu Reifung lückenlos fortsetzt. Die frische Kuhmilch von 4 biologisch wirtschaftenden Bauern aus der Umgebung wird täglich zu Käse verarbeitet, sämtliche Käsesorten werden in einem alten Ziegelgewölbekeller zur vollen Reife gebracht.

Flaggschiff im Käseangebot der Hofkäserei ist zweifelsohne der Rohmilch-Camembert, ein Weichkäse mit Edelschimmel, der seinem Vorbild aus Frankreich um nichts nachsteht.

Der Weiße Rohmilch-Brie sowie der Rote Brie ergänzen das Angebot an cremigen Weichkäsesorten.

Die Regionalität, durch die sich die Hofkäserei auszeichnet, wird durch den „Fasslkäs", einen mit Rotweingeläger behandelten Schnittkäse sowie dem „Steirischen Kürbiskernkäse" und dem „Steirerschimmel" unterstrichen, wofür der Betrieb neben zahlreichen Auszeichnungen auch mit dem „Steirischen Lucullus", einem Preis für landestypische Spezialitäten ausgezeichnet wurde.

MAGO Handwerkskäserei, Hohlbach

MAGO, hinter dieser Abkürzung verbirgt sich der Name Masser Gottfried, ein Käsemacher, der unter dem Motto „Käse ist unser Handwerk", aus bester hofeigener Schaf- und Ziegenmilch erlesenen Käse und Molkeprodukte herstellt. Die Käserei befindet sich in Hohlbach in der Gemeinde Hollenegg, einer Nachbargemeinde von Deutschlandsberg in der Weststeiermark.

Mit Gottfried Masser haben sich zwei weitere Landwirte zusammengetan, die die Milch für die Käseproduktion beisteuern. Der Betrieb ist nicht groß, umso sorgfältiger und überschaubarer kann Gottfried Masser die Milch zu seinen, mittlerweile weit über die Steiermark hinaus bekannten Käsespezialitäten, verarbeiten

10 Monate pro Jahr kann gekäst werden, die Schafe der drei Landwirte liefern jährlich etwa 35.000 bis 40.000 Liter Milch. Das deutsche Milchschaf, eine Rasse, die hervorragende Milch liefert, hat sich als Rohstofflieferant bestens bewährt.

Gottfried Masser erzeugt keinen Rohmilchkäse, die Milch wird auf eine Temperatur von 60° C thermisiert und je nach gewünschter Käseart weiterverarbeitet. Aus etwa 150 Liter Milch pro Verarbeitungsgang können ca. 20 kg Käse erzeugt werden.

Für den Weichkäse werden der Milch spezielle mesophile Kulturen, die nicht gasbildend sind beigesetzt. Es sind Milchsäurebakterien, die aromabildende Funktion haben. Das sogenannte Einlaben, wie dieser Vorgang in der Fachsprache genannt wird, findet für Weichkäse bei einer Temperatur von 37° C statt.

Für die spätere Qualität des Käses ist die Herstellung des Käsebruchs von großer Bedeutung. In dieser Produktionsphase kommt es sehr auf die Erfahrung und auf das Fingerspitzengefühl des Käsemachers an. Nachdem sich die Molke nach dem Eilaben von den festen Käsebestandteilen getrennt hat, wird der Bruch zunächst vorgeschnitten, absitzen gelassen und schließlich je nach gewünschter Käsesorte auf eine bestimmte Körnung gebracht. Generell kann gesagt werden, dass, je härter der Käse werden soll, der Bruch eine feinere Körnung haben muss. Für Weichkäse wird der Bruch auf Haselnussgröße gebracht. Bevor der fertige Bruch in Formen gefüllt werden kann, wird er nochmals nachgewaschen, indem man 30% der Molke abfließen lässt und durch temperiertes Wasser ergänzt. Dieser Vorgang entzieht dem Käse Lactose, der Käse wird dadurch geschmeidiger.

Nach dem Abtropfen der überschüssigen Flüssigkeit wird der Käse in eine bestimmte Form gebrachtund in einem Reiferaum gelagert. Käse mit Rotkultur entwickeln sich bei einer Temperatur von 16° C am besten, je nach Größe der Käselaibe beträgt die Reifezeit etwa 5 bis 8 Wochen.

Zu den Paradesorten von Gottfried Masser gehört der sogenannte „Winzerprinz", ein mit Rotkultur vorgereifter Weichkäse, der mit Schilcherweingeläger affiniert wird. Bis er seine vollmundige Reife erlangt, wird er bei Kellertemperatur gelagert. Es ist ein geschmackiger, würziger Käse mit cremiger, weicher Konsistenz. Der „Schwarze Prinz" ist ein Käse, den Gottfried Masser in einem Buchenaschenbett nachreifen lässt, wodurch dieser Käse einen leicht erdigen Geschmack bekommt. Der „Rote Prinz" hingegen ist ein würziger Rotkulturreifungskäse, der durch den Milchschimmel, einem Rotkulturschimmel, einen angenehmen Tannenwaldgeruch erlangt. Eine weitere Spezialität ist ein kräftiger, mit blauem Edelschimmel versetzter Hartkäse.

Gottfried Masser versucht allen seinen Käsesorten einen würzigen Geschmack zu verleihen, sie sind am Gaumen aber trotzdem fein und mild.

Für seinen Schafkäse wurde Gottfried Masser im Jahre 2005 mit dem „Steirischen Lucullus", dem österreichweit höchst dotierten Preis für landestypische Spezialitäten ausgezeichnet.

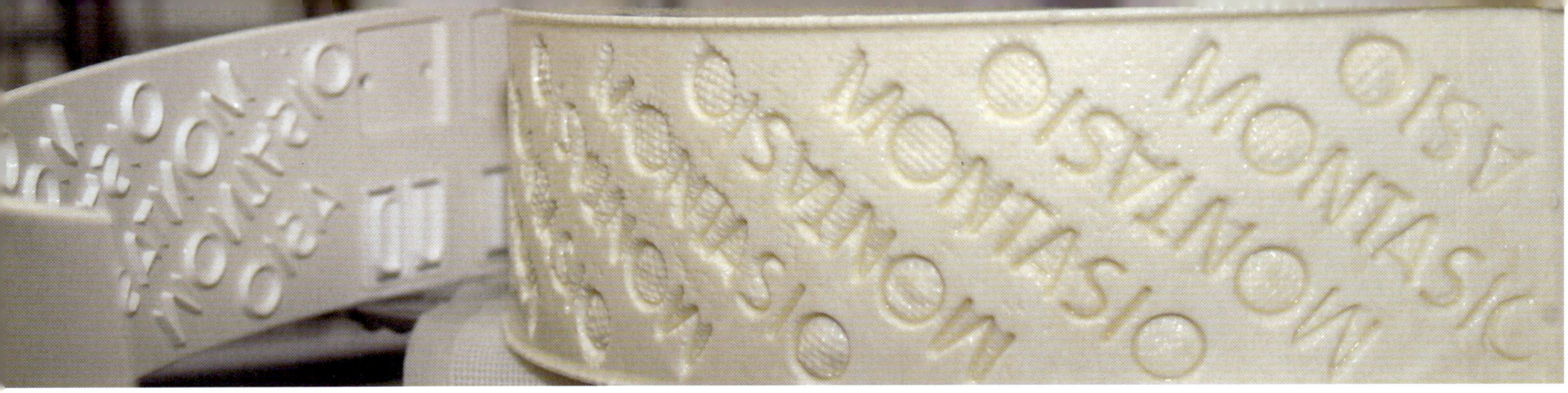

Montasio, der DOP Käse

Spricht man von Montasio, so hat man es nicht nur mit einem Top Käse zu tun, sondern auch mit einem DOP Käse, einem Produkt mit kontrollierter Ursprungsbezeichnung. Der Montasio ist zweifelsohne der bekannteste und beliebteste Käse vom Friaul, sein Name ist nach dem Gebirgsmassiv „Jof di Montasio" benannt, das sich südlich des Kanaltals bzw. östlich des Eisentales zwischen Tarvis und Pontebba erhebt.

Der Montasio, eine der traditionsreichsten und bekanntesten Schnittkäsesorten, ist schon seit dem 13. Jahrhundert bekannt. Seine Entstehung verdankt er den Benediktinern vom Berg Montasio.

Heute produzieren etwa zwanzig Käsereien im Friaul den klassischen Montasio, unter anderem die „Latteria Sociale di Cividale e Valli del Natisone", in der Giovanni Buttolo als Käsemeister für die Produktion des Montasio zuständig ist. Täglich werden in dieser Käserei ca. 17.000 Liter Milch von landwirtschaftlichen Betrieben aus dem Umland von Cividale verarbeitet. Das Sortenangebot umfasst etwa zwanzig verschiedene Käsesorten, Montasio wird in drei Ausbauarten, die sich durch die Reifedauer unterscheiden, angeboten.

Die Reifezeit des Montasio muss mindestens 60 Tage betragen, die Nachfrage nach dem „Montasio Fresco" mit einer Reifezeit von 60 bis 70 Tagen ist am größten, gefolgt vom „Montasio Mezzano", dessen Reifezeit zwischen 3 und 6 Monaten variiert. Knapp 10% der gesamten Montasioproduktion wird zu „Montasio Stagionato" verarbeitet, einem Käse, der mindstens 12 Monate reifen muss.

Montasio wird aus frischer Kuhmilch hergestellt, der pulverförmiges oder flüssiges Lab zugesetzt wird. In Abhängigkeit des gewünschten Reifegrades wird die Milch auf 44 bis 48° C aufgewärmt, je reifer der Käse werden soll, desto höher wählt man die Verarbeitungstemperatur bei der Herstellung des Käsebruchs. Für die spätere typische Konsistenz und Lochung des Montasio wird der Käsebruch auf Reiskorngröße gebracht.

Für einen fertigen Montasiolaib von 7 kg benötigt man etwa 70 l Frischmilch, in einem Produktionsvorgang werden 50 Käselaibe erzeugt.

Nach dem Abfüllen des Käsebruchs in Formen wird die restliche Molke ausgepresst, danach wird der frische Käselaib mit einer Prägemanschette versehen, die dem Käselaib den typischen Montasio Schriftzug verleiht. Anschließend kommt der Käse für 1 – 2 Tage in eine Salzlake, nach einer Trocknungszeit von 5 Tagen wird er im Reifekeller gelagert.

Käse | Formaggio

Der junge Montasio zeichnet sich durch einen besonders milden und frischen Geschmack aus, der Käseteig weist eine kleine, gleichförmige Lochung auf und ist fest und elastisch. Zu diesem Käse trinkt man vorrangig einen leichten Weißwein.

Mit zunehmender Reife wird der Montasio geschmacks- und farbintensiver, der Teig wird härter und weniger elstisch. Der „Montasio Stagionato“ mit einer Reifezeit von über einem Jahr hat einen kräftigen, ausgeprägten Geschmack, sein Teig ist hart, bröckelig und farbintensiv. Dieser Käse kann auf Suppen oder Pastagerichte gerieben werden, als Getränk zu diesem Käse kann ein leichter Rotwein oder ein kräftiger Weißwein empfohlen werden.

Käse | Formaggio

Asino

Der Asino ist wahrscheinlich der klassischste der friulanischen Käsesorten. Der Name Asino leitet sich von der kleinen Ortschaft Vito d'Asio, die am Fuße des Monte Asio im Arzinotal liegt, ab, wo dieser Käse ursprünglich erzeugt wurde.

Dank seines würzigen Geschmacks war dieser zarte, erlesene, schneeweiße Käse außerordentlich stark gefragt und seit Jahrhunderten fester Bestandteil auch in den vornehmsten Küchen Friauls. Zum Großteil wurde der Asino exportiert.

Der Käse ist aller Wahrscheinlichkeit nach aus einer Weiterentwicklung einer alten Konservierungstechnik entstanden. Das große Geheimnis der Erzeugung des Asino liegt in der speziellen Zusammensetzung der so genannten Salmuerie, einer dickflüssigen Lake aus Milch, Rahm und Salz, in die der frische Käse zur Reifung eingelegt wird. Die in großen Holzbottichen aufbewahrte Lake hat die besondere Eigenart, sich über Jahrhunderte zu halten. Sie wird nie erneuert, sondern regeneriert sich immer wieder mit dem Vorgang der Käseerzeugung.

Die Salmueries von Tosoni in Spilimbergo gehören zu den ganz wenigen im Friaul, die heute mit einem Alter von nahezu 200 Jahren noch immer aktiv sind.

Tosoni erzeugt 2 Sorten des Asino, den cremigen und streichfähigen "Asino Tenero„, der etwa einen Monat in der Salmuerie reift und den festeren "Asino Classico„, ein dem Latteria Friulano ähnlicher, mittelharter Käse, der etwa 5 Monate im Salmueriebad gelagert wird. Üblicherweise ißt man den Asino mit Polenta oder warmen Kartoffeln.

delicatezza del salato
"...siamo ora al tempo delli formaggi asini..." Vescovo di
Formaggio friulano
Fatto con latte di

Ziegenkäse von „La Corte", Strassoldo

In Strassoldo, einer kleinen Ortschaft zwischen Palmanova und Cervignano hat sich die Familie Terenzani voll auf die Produktion von Ziegenkäse eingestellt.

Wenn nach 2 bis 3 Tagen etwa 250 bis 300 Liter Ziegenmilch zusammengekommen sind, wird diese zu Käse verarbeitet.

Der Ziegenkäse ist kein Rohmilchkäse, in einem ersten Arbeitsschritt wird die Milch langsam auf eine Temperatur von etwa 60° C aufgewärmt und diese Temperatur für die Dauer von etwa 20 Minuten gehalten. In dieser Zeit sterben bestimmte Enzyme ab, anschließend wird für die Herstellung des Käsebruchs die Temperatur auf 38° C reduziert.

Nach der Beigabe von Lab zur Molketrennung wird der Käsebruch auf Haselnussgröße gebracht und in Formen gefüllt. Damit das überschüssige Wasser aus dem Käse entweichen kann, wird dieser in der ersten Stunde bis zu 6 mal gewendet. Für weitere 5 Stunden muss er einmal stündlich gewendet werden. Dieser Vorgang ersetzt das weniger schonende Pressen des frischen Käses, um das Wasser aus der Käsemasse zu bekommen. Nach 12 Stunden wird der Käse mit reinem Meersalz eingerieben.

Die gesamte Verarbeitung der Milch zu Käse muss sehr langsam erfolgen, eine zu schnelle Verarbeitung, wie etwa eine rasche Temperaturveränderung, wirkt sich negativ auf die Käsequalität aus.

„Cacchioricotta" ist ein frischer, wenige Tage alter, reiner Ziegenmilchkäse, der zur Konservierung nur mit Salz behandelt wird. Zu diesem Frischkäse eignet sich als Weinbegleitung ein fruchtiger Weißwein, beispielsweise ein Tocai friulano. Vielfach wird dieser Käse geräuchert, es ist dies ein altes, traditionelles Verfahren, dem Käse den unvergleichlichen Rauchgeschmack zu geben. Mit diesem geräucherten Ricotta können einfache Gerichte wie Polenta oder Gnocchi zu delikaten Gerichten verfeinert werden.

Seit kurzer Zeit wird von La Corte auch ein Ziegenkäse erzeugt, der mit Cabernet-Trester affiniert wird und dadurch eine violettrote Rinde bekommt. Nach zweimonatiger Reife hat dieser Käse eine optimale, harte Konsistenz. Der Käse passt hervorragend zu einem kräftigen Rotwein.

Der Klassiker im Käseangebot der Familie Terenzani ist der „Cacchiotta", ein Ziegenkäse, der als Frischkäse nach etwa 2 Wochen konsumiert werden kann. Dieser Käse eignet sich auch für eine längere Lagerung, er trocknet sehr rasch, wird hart und bekommt ein kräftiges Aroma. Während der Reifung bildet sich eine harte gelbbraune Rinde. Dieser Käse kann gerieben werden und verleiht den Speisen, die mit diesem Käse zubereitet werden, einen unvergleichlichen intensiven Geschmack.

Neben den reinen Ziegenkäsen wird im Betrieb auch der „Cacchiotta mista" hergestellt, ein Käse mit einem 30 prozentigen Anteil an Kuhmilch. Dieser Käse wird zu größeren Laiben verarbeitet und zeichnet sich durch einen angenehmen,

Schinken | Prosciutto

Schinken | Prosciutto

Vulcano Schinken, Auersbach bei Feldbach

In Auersbach, einer kleinen Ortschaft im Herzen des oststeirischen Vulkanlandes haben sich im Jahre 1999 drei Bauern zusammengetan, um eine gemeinsame Idee zu verwirklichen. Mit Ihrer Erfahrung und dem Wissen über Schweinehaltung in Einklang mit der Natur, aus wertvollem Rohmaterial einen hochwertigen Schinken zu erzeugen. Dies war die Geburtsstunde einer einzigartigen, unvergleichlichen Rarität, des Vulcano-Schinkens, der das kulinarische Angebot der Oststeiermark um eine wesentliche Facette erweitert hat.

Für die Herstellung des Vulcano-Schinkens wird ausschließlich das Vulcano-Schwein, eine steirische Edelrasse aus einer Kreuzung von Edelschwein als Muttersau und Duroc, herangezogen. Dabei kommt es hinsichtlich der Fleisch- und Fettqualität der Schlegel, die zu Schinken verarbeitet werden, in erster Linie auf die Fütterung an. Diese erfolgt im Falle des Vulcano-Schweines aus einer speziell abgestimmten Getreidemischung aus Roggen, Weizen und Gerste, sowie aus Molke. Der Geschmack des Schinkens wird vor allem durch das intramuskuläre Fett, durch die Marmorierung und durch die Fettqualität bestimmt, diese Faktoren hängen wiederum vom verabreichten Futter ab. Daher muss auf eine entsprechende Fütterung besonderer Wert gelegt werden.

Die Betriebe sind nicht auf Schnellmast ausgerichtet, die langsame Fütterung erhöht zusätzlich die Fleischqualität. Die Tiere werden im Alter von etwa 10 Monaten mit einem Gewicht von 130 bis 180 kg geschlachtet, wobei besonders auf eine möglichst stressfreie Schlachtung geachtet wird.

Den zugeputzten Schlegeln muss zuerst durch Einsalzen das Wasser entzogen werden, dann können sie, nachdem sie mit einer Gewürzmischung eingerieben wurden, zum Reifen aufgehängt werden. Der Einsatz von Salz und Gewürzen hält sich dabei in Grenzen, der feine Geschmack des Fleisches soll durch diese nicht überdeckt werden. Für die Reifung halten sich die Vulcano Hersteller an die Philosophie einer langen Reifung bei relativ hohen Temperaturen von 18° C bis 20° C. Grundvoraussetzung für eine Lagerung bei diesen Temperaturen ist jedoch, dass die Fettqualität stimmt und das Fett bei der Lagerung nicht zu tropfen beginnt oder ranzig wird. Durch die relativ hohen Temperaturen bei der Reife, die bis zu 18 Monaten dauern kann, kommen die Eigenaromen des Fleisches und des Fetts zum Vorschein und verleihen dem Vulcano-Schinken seinen unvergleichlichen Geschmack. In den klimatisierten Reiferäumen verlieren die Schinken während der Reife bis zu 50 % ihres Ausgangsgewichts.

Aushängeschild in der Vulcano-Produktpalette ist der klassische Rohschinken, der in zwei Herstellungsvarianten, die sich durch die Reifezeit, beziehungsweise durch die Reifung mit, oder ohne Knochen unterscheiden, erzeugt wird. Der Schlegel ohne Knochen reift lediglich 8 bis 10 Monate, der Variante mit Knochen wird zur vollen Geschmacksausbildung eine Reifezeit von 15 bis 18 Monaten gegönnt.

Neben den Schlegeln werden Edelteile des Vulcano-Schweines wie das Karree, die Lende, der Schopf oder das Kaiserteil bei einer Temperatur von 22° C mit einer Dauer von maximal zwei Tagen kalt geräuchert und mehrere Monate zur Reifung gelagert. Diese Produkte, zu denen als kulinarische Besonderheit das „Trüffelfilet", ein mit Trüffel und Trüffelöl behandeltes und leicht geräuchertes Schweinsfilet gehört, bereichern das Vulcano Produktangebot.

Schinken | Prosciutto

Turmschinkerei Fink, Riegersburg

„Beim Reden und Saufen kommen die Leute zusammen", beginnt Franz Fink aus dem oststeirischen Riegersburg mit seiner Geschichte, wie es zur Idee der Produktion des mittlerweile weit über die Grenzen der Steiermark hinaus bekannten Riegersburger „Turmschinkens" kam. Vor knapp 10 Jahren hat Franz Fink bei einer solchen „Sauferei", wie er ausdrücklich betont, den Conte Filippo Formentini aus San Floriano in Friaul Julisch Venetien kennengelernt, mit dem er angeregt über Wein und Schinken diskutierte. Dabei verriet Filippo Formentini Franz Fink, in dessen elterlichem Gastbetrieb schon immer Schinken und Selchwaren erzeugt wurden, ein altes Familienrezept aus dem Jahre 1592 für die Herstellung eines luftgetrockneten Schinkens.

Nach dieser Rezeptur, bei der die frischen Keulen mit reinem Meersalz, geschrotetem Pfeffer und einer geheim gehaltenen Kräutermischung „trockengepökelt" werden, wie dieser Arbeitsschritt genannt wird, erzeugte Franz Fink nach seiner Rückkehr aus Italien 300 Schinken. Als Reiferaum schien ihm der Steinkeller auf der Riegersburg, in dem für die Schinkenreifung optimale Temperatur- und Luftfeuchtigkeitsverhältnisse herrschen, der geeignete Ort zu sein.

Als Conte Formentini anlässlich eines Besuches in der Steiermark die ersten gereiften Turmschinken sah und verkostete, war er völlig überrascht von der außerordentlich guten Qualität der, nach seinem Rezept, in Riegersburg erzeugten Schinken. Für Franz Fink war dieses positive Feedback der Auftrag, diesen Weg weiter zu verfolgen, heute erzeugt er pro Jahr etwa 1000 Stück Schinken, die er in Reifestufen von 10, 16 und 24 Monaten anbietet. Nach der Reifestufe richtet sich das Schlachtgewicht der Schweine, das zwischen 120 und 220 kg liegt. Die Produktion erfolgt von Anfang November bis Ende Februar. Die frischen Keulen für eine vorgesehene Reifezeit von 24 Monaten haben ein Ausgangsgewicht von etwa 30 kg, das sich während der langen Reifezeit auf 15 – 20 kg reduziert.

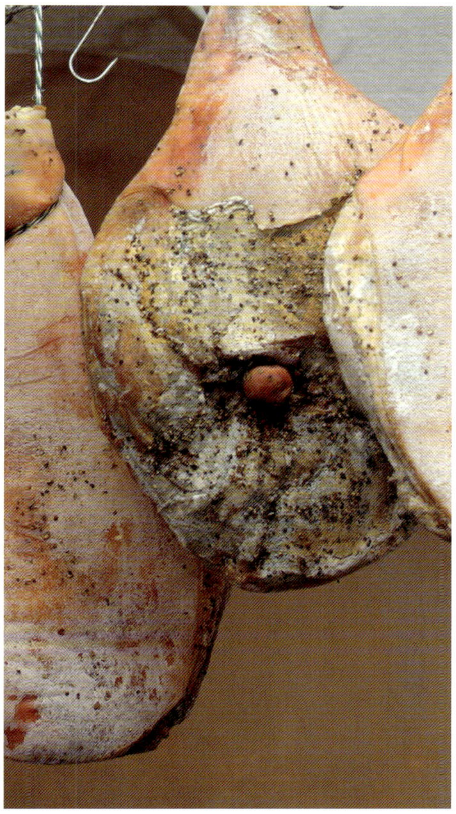

Der Knochen bleibt als Geschmacksträger im Schinken. Er wird erst unmittelbar vor dem Zerteilen oder Aufschneiden entfernt. Für den Verkauf wird der Schinken in Stücke unterschiedlicher Größe zerteilt, vakuumverpackt und nochmals etwa zwei Monate zur Nachreifung gelagert.

Das Ergebnis ist ein mediterran-salziger, aromatischer Schinken von extrem zarter Konsistenz, der beim Essen auf der Zunge „zergeht“.

In Zusammenarbeit mit dem südburgenländischen Winzer Krutzler hat Franz Fink den sogenannten „Perwolff Schinken“ kreiert. Für diesen besonderen Schinken werden die saftigen Fricandeu-Stücke des Edelschweins, nachdem sie mit Meersalz und geschrotetem Pfeffer eingepökelt wurden, in das originale Perwolff Barriquefass eingelegt. Schließlich werden sie mit Perwolff Wein, einem Cuvee aus Blaufränkischem und Cabernet-Sauvignon, übergossen. Der Schinken lagert einige Zeit in dieser Marinade. Er wird ständig umgeschichtet, damit der Wein das Fleisch durchziehen kann. Im Anschluss daran hängt der Schinken für 6 Monate im Reiferaum auf der Riegersburg ab. Aus dieser speziellen Art der Zubereitung resultiert ein weicher, zarter Schinken mit einem leichten weinig-vanilligen Anklang, der an Holztöne vom Barriquefass erinnert.

Spezialitätenfleischerei Kollar, Deutschlandsberg

Erfahrung kann man der Familie Kollar bei der Herstellung ihrer Fleischprodukte nicht absprechen, üben sie doch seit 300 Jahren ununterbrochen das Handwerk der Fleischhauerei aus. Im Jahre 1979 hat Matthias Kollar, der heutige Besitzer, die Fleischhauerei von seinem Vater übernommen. Zur Fleischhauerei gehörte schon immer eine Landwirtschaft mit Viehzucht und Weinbau. Als einer der Vorfahren angezeigt wurde, weil er Wein aus eigener Produktion ausschenkte, meldete er kurzerhand ein Gastgewerbe an, das Gasthaus wird mittlerweile schon in siebenter Generation geführt. Landwirtschaft, Fleischhauerei und Gastwirtschaft – eine ideale Kombination, das Rohmaterial von Beginn an über die Verarbeitung und Veredelung bis zum Endverbraucher lückenlos verfolgen und kontrollieren zu können.

Im Jahre 1986 wurde die Fleischerei umgebaut, anlässlich der Eröffnung stellte „Hiasl", wie Matthias üblicherweise gerufen wird, seinen ersten „Winzerrohschinken" vor, von dem er fünf Exemplare herstellte. Die Anregung und das know how für diesen Schinken lieferte ein Bekannter aus Kärnten.
Der Schinken kam bei den Kunden auf Anhieb an. Hiasl entschloss sich, diesen Weg weiterzugehen, musste jedoch sehr viel Lehrgeld bezahlen und Niederlagen einstecken, bis es ihm gelang, den Schinken in der Qualität, die er sich vorstellte, herstellen zu können. Der Winzerrohschinken ist heute sein Haupt- und Vorzeigeprodukt, er wird aus selbst gemästeten, ausschließlich mit Getreide gefütterten weißen Edelschweinen hergestellt. Zur Erreichung einer optimalen Fleisch- und Fettqualität werden die Schweine langsam gefüttert und nach einer Mast von knapp einem Jahr mit einem Gewicht zwischen 150 und 160 kg geschlachtet.

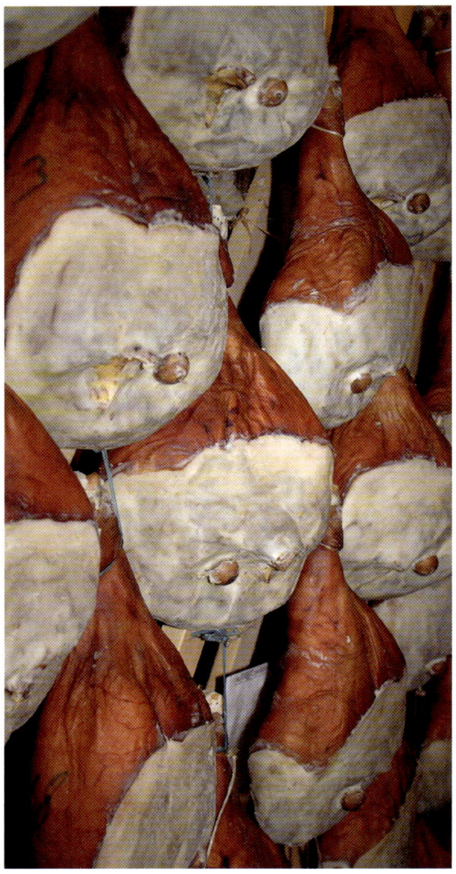

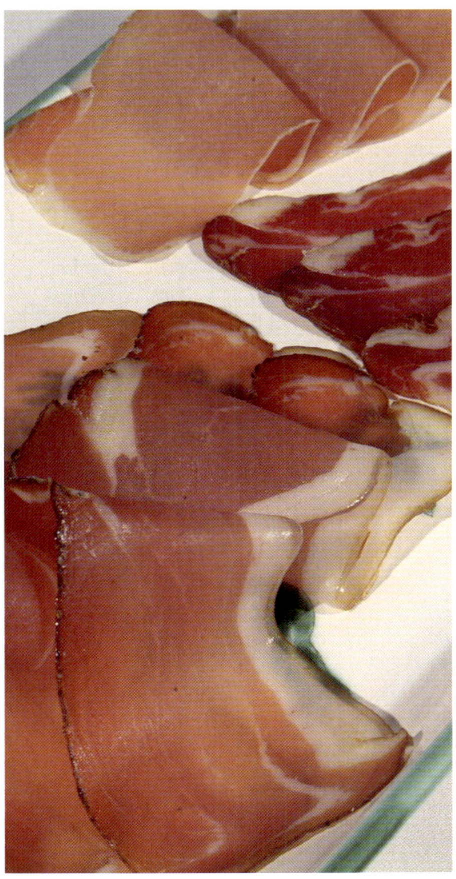

Durch den Erfolg angespornt, hat Hiasl seine Produktpalette, unter anderem mit der Verarbeitung von Wildfleisch, auf die Herstellung von 8 verschiedenen Rohschinken und 5 Specksorten erweitert. Um gleichbleibende gute Qualität zu liefern, wurde die Fleischhauerei im Jahre 1998 neuerlich umgebaut und vergrößert. Klimaräume sorgen für Verarbeitung und Lagerung unter klar definierten Bedingungen, durch die Umstellung auf die elektronische Datenverarbeitung ist eine absolute Nachvollziehbarkeit jedes einzelnen Arbeitsschrittes im Produktionsablauf gegeben.

„Die hohe Qualität meiner Burgegger Schinkenspezialitäten erreiche ich durch Verwendung hochqualitativen Schweinefleisches größtenteils aus eigener Mast. Durch eine natürliche Verarbeitung mit einem sparsamen, aber gezielten Einsatz von Gewürzen und durch eine dementsprechende Reifezeit. Jeder dieser Schritte muss mit Sorgfalt und vor allem mit Liebe und Respekt zum Produkt durchgeführt werden", erklärt mir Hiasl bei einer Verkostung seiner Produkte.

Der Familientradition entsprechend, hilft der Sohn, mittlerweile noch in Ausbildung, tatkräftig im Betrieb mit. Der Genuss der Burgegger Schinkenspezialitäten ist zumindest für die nächste Generation gesichert.

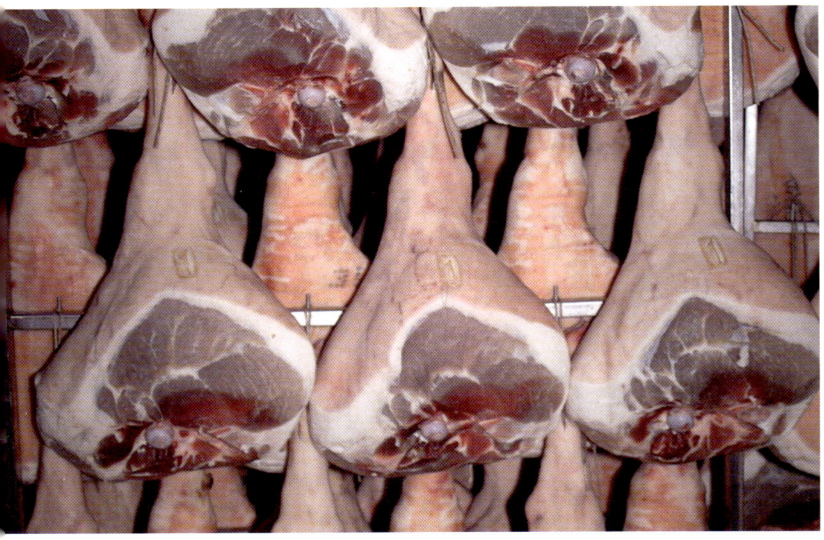

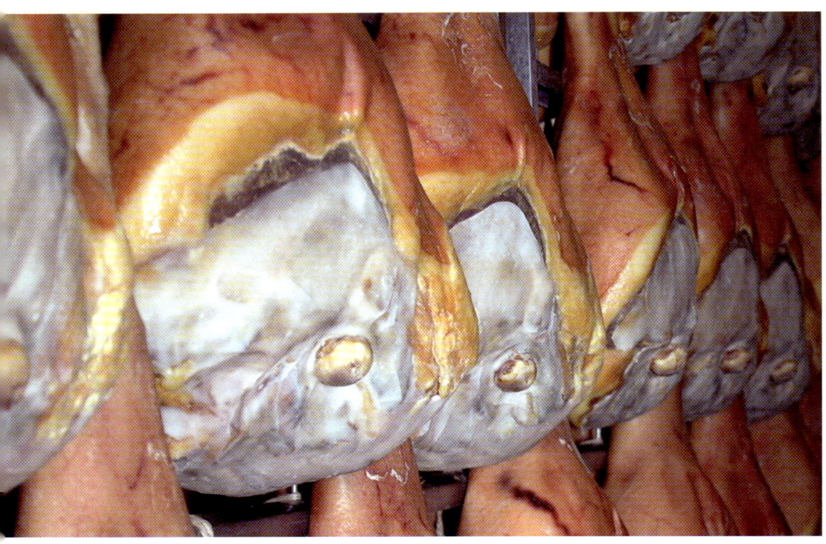

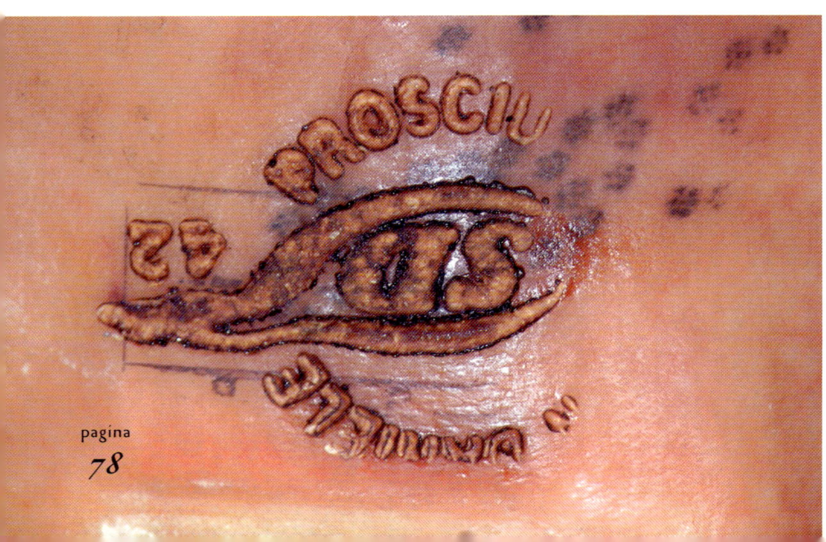

Prosciutto di San Daniele – ein einzigartiger Schinken

In ganz Italien findet man mehr oder weniger berühmte Schinkensorten, die wichtigsten befinden sich jedoch in der Poebene bzw. am südlichen Alpenrand. In diesen Regionen ist der Anbau verschiedenster Futterpflanzen, die Viehzucht und die daraus gewonnenen Erzeugnisse untrennbar mit der Schweinefleischproduktion verbunden.

Die Schinkenherstellung in San Daniele hat eine mehrere tausend Jahre lange Tradition. Es ist nachgewiesen, dass schon die Kelten und später vor allem die Römer im Bereich von San Daniele mit den Geheimnissen der Schinkenherstellung bestens vertraut waren. Es ist auffallend, dass sich die Schinkenproduktion auf wenige, lokal begrenzte Örtlichkeiten beschränkte. Im Falle von San Daniele wird die Rolle als Standort der Schinkenherstellung verständlich, denn dieser Ort erfüllt alle notwendigen Voraussetzung für die Herstellung und Lagerung hochqualitativer Schinken.

San Daniele liegt unmittelbar südlich des Alpenrandes auf einem Endmoränenwall des Tagliamentogletschers. Im Bereich von San Daniele treffen die kälteren Luftmassen aus den Alpen mit den wärmeren Luftströmen der Adria zusammen und schaffen ein ausgewogenes, einzigartiges Lokalklima. Die kiesigen Böden der Tagliamentoschotter und der Moränenhügel sorgen für eine geringe Luftfeuchtigkeit, die in Verbindung mit den milderen und feuchteren Adriawinden ideale Voraussetzungen für die Fleischtrocknung und Reifung darstellen.

Schon die antiken Völker hatten erkannt, dass dieses einzigartige Klima optimal für die Fleischkonservierung geeignet war. Sie waren demnach die Erfinder der Fleischtrocknung, einem rein natürlichen Vorgang, bei dem als einziges Additiv reines Meersalz Verwendung findet.

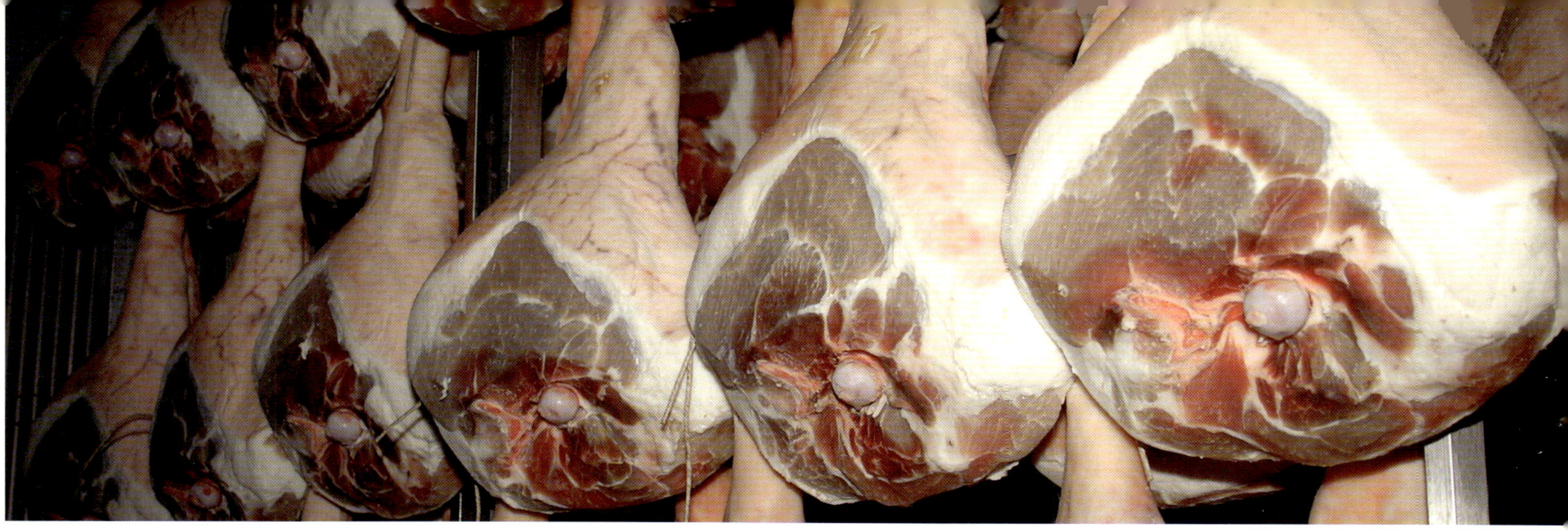

Der Schinken von San Daniele wird auch heute noch nach dem traditionellen Verfahren hergestellt, das über Jahrhunderte unverändert geblieben ist.

Erneuerungen in der Produktion beschränkten sich ausschließlich auf die Verbesserung und Rationalisierung der Arbeitsorganisation, ohne den klassischen Produktionsablauf anzutasten.

Die Fotos vom Produktionsablauf der Prosciutto-Herstellung entstanden in den Betrieben „Morgante" und „Principe" in San Daniele.

Die Schweine, deren Keulen zur Herstellung des San Daniele Schinkens verwendet werden, dürfen ausschließlich aus 11 festgelegten italienischen Regionen stammen, sie müssen in diesen Regionen geboren, gezüchtet und geschlachtet werden. Für die Schinkenproduktion sind nur traditionelle Rassen des „schweren italienischen Schweins" zugelassen, wobei die Tiere frühestens nach 9 Monaten geschlachtet werden. Sie müssen dabei ein Gewicht von mindestens 160 kg aufweisen. Die Schweine müssen nach einem strengen Ernährungsplan gefüttert werden, als Futtermittel sind nur Molke und Getreide erlaubt.

Die Keulen werden innerhalb von 24 Stunden nach der Schlachtung mit einem Gewicht von 12 bis 16 kg in die Verarbeitungsbetriebe angeliefert, wo sie gewogen, nach Größen sortiert, geputzt und grob fassoniert werden. Das Eingangsgewicht bestimmt die Verarbeitungszeiten und die Reifedauer. Danach werden die Keulen mit reinem Meersalz eingerieben, um der Keule das Wasser zu entziehen. Nach dem Einsalzen werden sie gepresst und in Abhängigkeit des Ausgangsgewichtes (je kg ein Tag Lagerung) bei ca. 4° C flach gelagert. Im Anschluss an die Salzlagerung werden die Keulen gewaschen und getrocknet und nochmals bei ca. 4° C 3–4 Wochen hängend gelagert. Nach diesem Lagerungsprozess wird der fleischige Teil der Keule, der nicht von einer Schwarte bedeckt ist, gegen übermäßige Austrocknung mit einer Mischung aus Mehl und Schweinefett versiegelt. Nach dieser Behandlung verbringen die Keulen weitere neun Monate bei konstant gehaltener Temperatur im Reifehaus.

Die traditionelle Verarbeitung und der Reifeprozess sind die wichtigsten Faktoren bei der Herstellung des San Daniele Schinkens, das Resultat daraus ist ein Schinken, der besonders zart und mild im Geschmack ist und sich durch ein unverwechselbares Aroma auszeichnet.

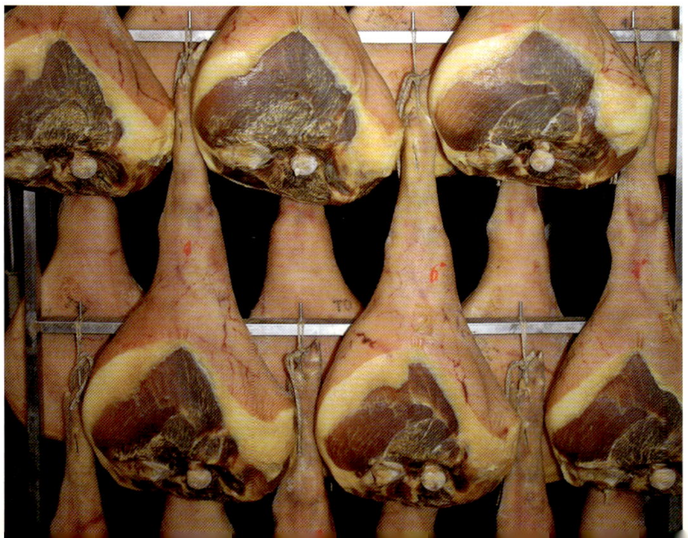

Schinken | Prosciutto

Schon vor Jahrzehnten wurde ein Gesetz zum Schutz des „Prosciutto di San Daniele" erlassen, das die Produktion des Schinkens regelt und ein Kontrollverfahren festlegte. Alle Schinkenproduzenten haben sich weiters zu dem „Consorzio del Prosciutto di San Daniele" zusammengeschlossen, das den gesamten Produktionsprozess sowie die Einhaltung der Produktionsauflagen überprüft. So werden in den einzelnen Betrieben alle Herstellungsphasen laufend überwacht. Nachdem das Endprodukt sämtliche erforderlichen Kontrollen passiert hat, wird es mit einem Brandstempel gekennzeichnet, der das Gütezeichen „DOT/DOP", sowie den Erkennungscode des Herstellers enthält.

Seit Jahrhunderten feiern jedes Jahr die Leute aus San Daniele das über die Grenzen hinaus bekannte Schinkenfest „Aria di Festa", das alljährlich rund 500.000 Besucher aus dem In- und Ausland anlockt. Alleine an diesem 4 Tage dauenden Fest werden von den Besuchern mehr als 6.000 Schinken verzehrt.

Die Produktion von San Daniele Schinken mit geschützter Herkunft steigerte sich von einer Jahresproduktion von etwa 380 000 Stück im Jahre 1980 auf etwa 2,5 Millionen Stück im Jahre 2004. Die derzeit 28 Hersteller (7Kleinbetriebe, 21 Großbetriebe) exportieren etwa 18% ihrer Produktion, der Gesamtumsatz beläuft sich auf rund 300 Millionen €.

Als Weinempfehlung zum San Daniele Schinken kann ein trockener, nicht allzu aromatischer Weißwein empfohlen werden. Servieren Sie den Schinken am einfachsten mit frischem Weißbrot.

RATE
04

Schinken von Sauris

Ähnliche klimatische Verhältnisse wie jene von San Daniele findet man im nördlich davon gelegenen Karnien in Sauris, wo die Herstellung von geräucherten und luftgetrockneten Schinken eine langjährige Tradition hat.

Sauris befindet sich im Oberlauf des Lumieitales auf einer Seehöhe von 1200 m.

Zahre, wie Sauris im Dialekt deutschen Ursprungs genannt wird, wurde im 12. Jahrhundert von Kärnten und Tirol aus besiedelt. Dieses abgelegene Siedlungsgebiet blieb bis etwa zur Mitte des 20. Jahrhunderts verkehrsmäßig isoliert, was dazu führte, dass die Bewohner von Sauris eine Selbständigkeit in allen Bereichen erlangt haben. Auch heute noch ist dem Ort Sauris die Ursprünglichkeit der letzten Jahrhunderte anzusehen.

Die geographischen und klimatischen Verhältnisse in diesem Hochtal ließen hinsichtlich der Ernährungsgewohnheiten nur eine sehr begrenzte Auswahl an Agrarprodukten zu, die sich im Wesentlichen auf die Erzeugung von Milchprodukten, Räucherfleisch und Wurstwaren und zum Leben notwendiger Produkte aus Getreide beschränkten.

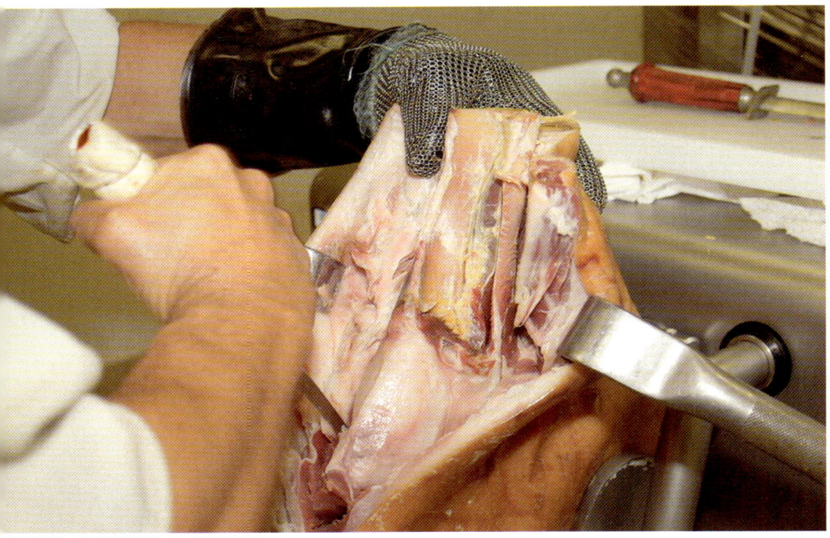

Sauris ist für Feinschmecker jedoch ein Synonym für Schinken, der den berühmten Schinken von San Daniele und Parma um nichts nachsteht.

Waren es früher zahlreiche Kleinstbetriebe, die den Schinken nach Jahrhunderte alten Konservierungstechniken produzierten, so gibt es heute nur mehr einen Großbetrieb, der die Tradition der Schinkenproduktion in Sauris aufrecht hält. Im Jahre 1862 begann Pietro Schneider mit der Erzeugung von Schinken, die unter seinem Spitznamen „Wolf" auf den Markt kamen. Die heutige Schinkenfabrik Wolf wird in der dritten Generation vom Enkel Pietro Schneiders geführt und erzeugt mittlerweile mehr als 50.000 Schinken pro Jahr, zusätzlich noch große Mengen an Räucherspeck und Wurstwaren.

Die Besonderheit des Sauriser Schinkens beruht auf der traditionellen Methode der Räucherung mit Buchenholz.

Die Verarbeitung der Keulen erfolgt mit Ausnahme der Räucherung ähnlich der Verarbeitung des San Daniele Schinkens.

Die frischen Keulen durchlaufen anfänglich 3 Salzlagerphasen zu je 2 Wochen bei einer Lagerungstemperatur von 1–5° C. Nach einer mehrtägigen Räucherung bei maximal 21° C reifen die Schinken mindestens 9 Monate in luftigen Reifekammern.

Die milde Salzung, die schonende Räucherung und der lange Reifungsprozess in der karnischen Bergluft ergeben einen einzigartig milden Geschmack und ein unvergleichliches Aroma.

Schinken aus Sauris hat durch seine Qualität internationalen Ruf erlangt.

Prosciutto von Lorenzo D'Osvaldo, Cormons

Friaul ist bekannt für seinen Prosciutto von San Daniele oder den von Sauris, die Spezialisten unter den „Schinkenfreaks" nennen jedoch den Prosciutto von Cormons im selben Atemzug mit den beiden bekannten Schinken. Für den Prosciutto von Cormons zeichnet Lorenzo D'Osvaldo verantwortlich, ein engagierter Landwirt aus Cormons, der mit seinem einzigartigen Prosciutto hinsichtlich der Qualität und auch hinsichtlich des Bekanntheitsgrades zu den Top Produzenten von San Daniele oder Sauris aufgeschlossen hat. Mit einer Verbindung aus Leidenschaft, Sinn für Tradition, handwerklicher Geschicklichkeit, Respekt vor der Natur und Ideenreichtum produziert Lorenzo seinen einzigartigen Prosciutto. Verglichen mit Produzenten aus San Daniele ist Lorenzo ein Kleinstbetrieb, er stellt pro Jahr maximal 2000 Schinken her.

Wenn die Weinlese vorbei ist und der in den Fässern lagernde Jungwein nicht mehr auf die intensive Pflege durch Lorenzo angewiesen ist, beginnt dieser mit der Schinkenproduktion, die bis Ende Februar andauert. In den Monaten von November bis Februar, in der kühlsten Zeit des Jahres ist Schlachtsaison, das Grundmaterial, die Schweinestelzen, bezieht Lorenzo von kleinen landwirtschaftlichen Betrieben, die ihre Schweine nach genauen Vorgaben nur mit Mais, Gerste und Erdäpfeln auf ein Schlachtgewicht von etwa 160 bis 180 kg füttern. Die Stelzen stammen zum Großteil vom Duroc Schwein, einer Rasse, die relativ langsam wächst und die sich durch eine besondere Fleisch- und Fettqualität auszeichnet.

Das Ausgangsgewicht der Schweinestelzen beträgt zwischen 12 und 18 kg. In einem ersten Verarbeitungsgang werden diese mit Salz und einer von Lorenzo zusammengestellten Gewürzmischung eingerieben und bei einer Temperatur von 3° C, ihrem Gewicht entsprechend, einen Tag je kg, bei hoher Luftfeuchtigkeit gelagert und anschließend gepresst, um die restliche Feuchtigkeit und letzte Blutreste aus der Keule herauszubekommen. Danach kommen die Schinken in eine Räucherkammer, um, wie Lorenzo betont, den unangenehmen Stallgeruch aus den Schinken herauszubringen. Der Schinken soll am Schluss nicht nach Rauch schmecken, sondern wie der Barriqueausbau bei einem guten Wein, lediglich geschmacksunterstützend sein. Aus diesem Grunde hat Lorenzo ein schonendes Räucherverfahren entwickelt, indem er zum Räuchern nur Kirschholz verwendet, das beim Abbrennen keine allzu große Hitze und einen milden Rauch entwickelt. Über das Rauchfeuer hängt Lorenzo einen großen, zur Hälfte mit Wasser gefüllten Kupferkessel, in den er zusätzlich Kräuter wie Melisse, Fenchel, Rosmarin, Zitronenkraut, Minze und Salbei gibt. Der duftende Dampf und der milde Rauch, der eine Temperatur von 18° C nicht überschreiten sollte, verleihen dem Schinken den unvergleichlichen, typischen Charakter.

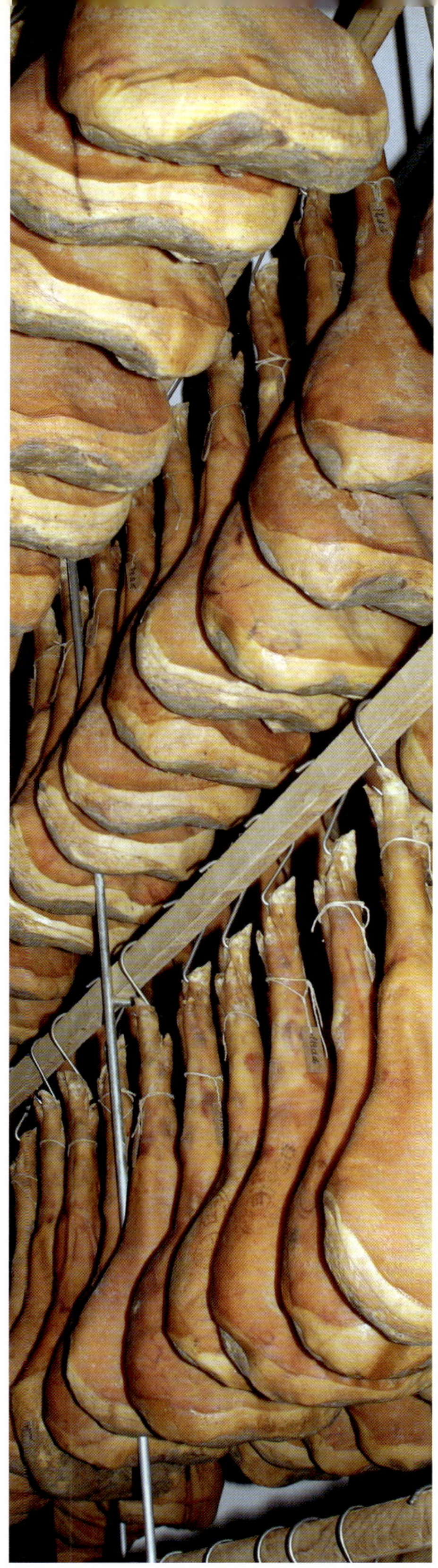

Nach dem Räuchern werden die Schinken für mindestens 12 Monate in den oberen Etagen und im Dachboden der Villa, die die Familie D`Osvaldo bewohnt, zum Reifen aufgehängt. Täglich werden am Abend die Fenster der Reiferäume geöffnet, um den Wind vom Monte Quarin, an dessen Bergfuß das Gebäude liegt, durch die Reiferäume strömen zu lassen.

„Das Klima, das den Menschen gut tut, tut auch unseren Schinken gut", so lautet die einfache Philosophie von Lorenzo. Aus diesem Grunde lebt die Familie D`Osvaldo gemeinsam mit ihren Schinken unter einem Dach.

Nach sechs Monaten werden die Schinken gewaschen und die Fleischfläche mit einer Mischung aus Fett und Gewürzen versiegelt.

Lorenzo lässt bei der Reifung der Schinken die Natur arbeiten, er will die Temperatur und die Luftfeuchtigkeit während der Lagerung gar nicht steuern oder regeln.

Es dürfte ein Zusammenspiel von liebevoller Behandlung jedes einzelnen Schinkens während der gesamten Produktionsphase, der interessante Räuchervorgang und die, der Natur überlassenen Reifebedingungen sein, das die besondere und unvergleichliche Qualität des Prosciutto von Lorenzo D´Osvaldo ausmacht.

Öl | Olio

Kürbiskernöl – das „grüne Gold" der Steiermark

Das „grüne Gold", wie das Kürbiskernöl auch genannt wird, zählt zweifellos zu den typischen steirischen Besonderheiten, keine kulinarische Spezialität wird öfter mit der Steiermark automatisch in Verbindung gebracht, wie das Kürbiskernöl. Das dunkelgrüne Öl hat einen leicht nussigen Geschmack und wird in der steirischen Küche vielseitig verwendet.

Die Kürbispflanze gehört zu den Beerengewächsen und ist eine raschwüchsige, einjährige zweikeimblättrige Pflanze. Sie ist ein Flachwurzler, die große und trichterförmige Blüte ist einhäusig, d.h. dass beide Geschlechter auf einer Pflanze sind.

Neusten Untersuchungen zufolge stammt der Steirische Ölkürbis vom texanischen Kürbis (cucurbita texana) ab. Generell war der Kürbis in Europa schon im Altertum bekannt, es handelt sich hier aber nicht um den gemeinen Kürbis (cucurbita pepo), sondern um die zu den Kürbisgewächsen zählenden Melonen.

Chritoph Columbus brachte die Kulturform nach Europa, nach einigen Jahrzehnten war der Kürbis in ganz Süd- und Mitteleuropa verbreitet.

Der steirische schalenlose Ölkürbis ist eine Mutante, bei der die Samenschale nicht verholzt und verdickt ist, daher stammt das typisch oliv- bis dunkelgrüne Aussehen. Der steirische Ölkürbis könnte durch eine Verlustmutation im späten 19. Jahrhundert spontan entstanden sein, könnte aber schon als ursprüngliche Varietät verdeckt, bzw. unbemerkt aus Amerika nach Europa gelangt sein.

Hinsichtlich der Klimaansprüche muss zum Gedeihen der Pflanze die mittlere Jahrestemperatur mindestens 8°C betragen. Der Kürbis ist sehr frostempfindlich, ist hingegen dürreresistent, er verträgt längere Trockenperioden sehr gut. Optimale Erträge werden erzielt, wenn der Kürbis in den Monaten Juni bis August gut wasserversorgt ist. Dies ist im illyrischen Klimagebiet der südlichen Steiermark der Fall.

Etwa 90% der österreichischen Kürbisanbaufläche fällt auf die Steiermark, durch die Mechanisierung der Kürbisernte sowie durch technische Trocknungsverfahren wurde in den letzten 20 Jahren die Anbaufläche um ein Mehrfaches angehoben. Die Anbaufläche in der Steiermark betrug im Jahre 2006 etwa 13.000 ha.

Durch die Möglichkeit der mechanischen Kürbiskernernte haben in den letzten Jahren zahlreiche Landwirte die Kürbisanbauflächen erweitert. Früher musste die Ernte in einer langwierigen Arbeit händisch durchgeführt werden. Nur noch selten sieht man heutzutage im Spätherbst ganze Familien beim „Kürbispatzeln" auf den Feldern sitzen. Dies ist die Arbeit, bei der man die Kürbiskerne in Handarbeit aus dem halbierten Kürbis herausschält. Die Erntemenge hing dabei in erster Linie von der Fingerfertigkeit und von der Erfahrung des „Patzlers" ab. Wochenlang saßen meist alte Leute, vorwiegend Frauen, in der Herbstsonne und ernteten die Kürbiskerne. Der „Dorftratsch" hatte bei dieser Arbeit Hochsaison und ließ die Arbeit kurzweiliger und interessanter erscheinen.

Bei der Familie Pototcnik in St. Nikolai im Sausal wird die alte Tradition des „Kürbispatzelns" noch aufrecht erhalten.

Nur Öle von Kürbiskernen aus klar definierten Anbauregionen, die von Ölmühlen aus der Steuermark bzw. des südlichen Burgenlandes gepresst werden, dürfen die Bezeichnung „Steirisches Kürbiskernöl" führen.

Die Kernölproduktion hat sich in der Steiermark zu einem bedeutenden Wirtschaftsfaktor entwickelt, mehr als 60 Ölmühlen in der Steiermark leben davon.

Kernölerzeugung, Ölmühle Herbersdorf

Die Produktion von Kernöl wurde erstmals im Jahre 1735 verwähnt. Damals noch mit einer so genannten „steirischen Ölkuh", einem massiven, flach liegenden Baumstamm mit einer Ausnehmung, in der durch das Aufeinanderpressen zweier Holzkeile der Ölkuchen in einer kräfteraubenden Arbeit ausgepresst wurde.

Im 19. Jahrhundert kamen die ersten Kürbisölpressen auf, wie sie vom Prinzip her, heute noch bestehen. Es hat sich zwar die technische Ausführung der Mühlen und Pressen in den letzten Jahrzehnten stark geändert, der Produktionsablauf ist jedoch grundsätzlich beibehalten worden.

Die Ölmühle in Herbersdorf bei Stainz in der Weststeiermark ist eine der wenigen alten, noch voll erhaltenen Kernölpressen, in der das Öl auf traditionelle Weise hergestellt wird. Betreiber der Ölpresse in Herbersdorf sind die Familien Hirt und Becwar. Sie haben die alte Mühle von der „Goggmühle" bei Stainz erworben und im Jahre 1981 im umgebauten Kuhstall, der zum ehemaligen Schloss Herbersdorf gehörte, wieder aufgebaut und in Betrieb genommen. Der Röstkessel wird mit Buchenholz befeuert und verlangt dem Kernölmacher ein hohes Maß an Fingerspitzengefühl und Erfahrung ab, die gemahlenen Kerne bei der richtigen Temperatur zu rösten. Die Hauptarbeit der Ölmühle Herbersdorf besteht in der Lohnpressung für die Bauern aus der Umgebung.

Bei der Kürbisernte werden die ausgereiften Kerne vom Fruchtfleisch entweder händisch oder maschinell getrennt, anschließend gewaschen und bei niedriger Temperatur getrocknet.

Die trockenen Kerne werden gemahlen und mit Salz und Wasser zu einem Brei geknetet, wobei das Salz die Trennung von Fett und Eiweiß fördert. Die geknetete Masse wird etwa eine halbe Stunde schonend geröstet bis das zugegebene Wasser verdampft ist. Das in den Kernen enthaltene Öl wird dabei aufgeschlossen. Zwischen Stahlplatten eingeschichtet, wird das Öl mit einem Druck von etwa 300 bar in einer Zylinderpresse gewonnen. Werden die Verarbeitungsschritte schonend durchgeführt, bekommt das Kernöl die typische Farbe, das unnachahmliche Aroma und den einmaligen nussigen Geschmack. Für die Herstellung eines Liters reinen Kürbiskernöls benötigt man etwa 2,5 kg getrocknete Kerne.

Eine Herstellung von kalt gepresstem Kürbiskernöl ist aufgrund der geringen Ausbeute und des mangelnden Geschmacks nicht möglich.

Ölmühle Leopold, Deutschlandsberg

Die erste urkundliche Erwähnung der Leopold-Mühle geht auf das Jahr 1542 zurück, damals noch unter der Bezeichnung „Herrschaftsmühle zu Frauenthal". Anfänglich wurde in der Mühle ausschließlich Getreide zu Mehl gemahlen, seit dem Jahre 1932 wird auch Kürbiskernöl gepresst. Als im Jahre 1992 der Mühlenbetrieb eingestellt wurde, hat sich Josef Leopold, der heutige Besitzer, voll auf die Produktion von hochwertigem Kürbiskernöl spezialisiert.

Josef Leopold verpresst Kerne aus der gesamten steirischen Kürbisregion, mit einer Jahresproduktion von etwa 50.000 Litern Öl ist die Kapazitätsgrenze des Betriebes nahezu erreicht. 70% der Produktion werden „im Lohn gepresst", 30% sind für den direkten Verkauf bestimmt.

Früher wurde vorwiegend im Winter Öl gepresst, heutzutage wird nach Bedarf das Öl frisch gepresst, in der Salatzeit zwischen Ostern und Weihnachten sind die meisten Ölmühlen voll ausgelastet.

„Wir sind ein mittelgroßer Betrieb, produzieren nicht industriell in großen Mengen, verkaufen das Öl im eigenen Betrieb und beliefern nur Feinkostgeschäfte und die Spitzengastronomie", erklärt mir Josef Leopold und führt weiter aus, dass es zu seiner Philosophie gehört, ständig zu überlegen, wie man das Produkt noch besser machen kann. Josef Leopold war vor etwa 10 Jahren der erste, der das Heizsystem seiner Ölmühle auf Gasbetrieb umgestellt hat, um die Temperaturen beim Röstvorgang bestmöglich regulieren und rasch steuern zu können.

Seit 25 Jahren ist Willi in der Ölmühle beschäftigt, seit 20 Jahren ist er ausschließlich für die Kürbiskernölproduktion zuständig. Es gibt nicht viele Leute, die die Erfahrung von Willi haben. Zahlreiche Auszeichnungen bei Verkostungen sind der Beweis für die Qualität des Kürbiskernöls aus der Ölmühle Leopold.

Nach der letzten Pressung des Tages am späten Nachmittag wird die Restwärme der Röstpfanne manchmal ausgenutzt, um Würste zu braten oder eine „Eierspeis" mit Kernöl zuzubereiten. Josef Leopold lässt diese alte Tradition aufleben und legt eine in Scheiben geschnittene „Braunschweiger", die typische Jausenwurst der Steirer, in die Röstpfanne und brät diese beidseitig mit reichlicher Kernölbeigabe knusprig. Beim anschließenden Essen dieser Köstlichkeit kann ich Josef noch einige Geheimnisse der Kernölerzeugung entlocken.

„Kernöl herzustellen ist eine der schwierigsten Aufgaben, eine sehr sensible Sache, man muss viel Feingefühl aufwenden und die richtige Temperaturwahl, eines der Hauptkriterien bei der Ölerzeugung, treffen. Eine bestimmte Röstwärme braucht man, um den für das Kernöl typischen nussigen Geschmack zu bekommen. Eine zu niedrige Temperatur beim Rösten ist genau so schlecht wie eine zu hohe, bei der das Kernöl bräunlich und bitter wird".

Olivenbau in Friaul Julisch Venetien

Olivenöl und Italien – zwei Begriffe, die untrennbar zusammengehören. Neben den klassischen Regionen wie etwa der Toskana, Kalabrien und Apulien, ist die Region Friaul Julisch Venetien in den letzten Jahren ebenfalls zu den Topproduktionsgebieten zu zählen.

In Italien wird Olivenöl in vier Anbauzonen hergestellt, wobei Friaul Julisch Venetien neben der Lombardei, Venetien und der Emilia Romagna zur nördlichen Anbauzone gehört. Im Vergleich zu den drei südlicher gelegenen Anbauzonen sind die Ernten in der nördlichen Zone aufgrund des kälteren und raueren Klimas geringer, die Olivenöle in dieser Zone sind jedoch fein und sehr duftig.

Der Olivenanbau und die Erzeugung von Olivenöl hat in Friaul Julisch Venetien eine jahrtausendealte Tradition. Die Oliven gelangten vor etwa 3500 Jahren von Kleinasien über Griechenland nach Süditalien. Die Griechen waren nicht nur für die Verbreitung des Olivenbaums nach Süditalien verantwortlich, mit ihnen gelangte auch das technische und agronomische Wissen für den Anbau und die Verarbeitung der Oliven nach Italien. Von Süditalien brachten schließlich die Römer den Olivenbaum in die Küstengebiete der nördlichen Adria. Die Olive diente immer schon als Nahrungsquelle, wurde aber früher auch für die Schönheitspflege, für religiöse Zwecke und Opferriten verwendet.

Schon die Römer wussten über die Standortansprüche des Olivenbaums Bescheid, als bevorzugte Anbaugebiete kamen daher die Küstengebiete Istriens, das Küstenland um Triest sowie kleinflächige Regionen im Landesinneren in Betracht. Der Olivenbaum liebt karge, sandig-mergelige oder kalkhältige Böden, die keine Staunässe zulassen, diese jedoch in südexponierten, windausgesetzten Lagen. Diese Standortansprüche sind auch der Grund, warum der Olivenanbau in Friaul Julisch Venetien nicht großflächig, sondern in bestimmten, nicht aneinander grenzenden Regionen betrieben wird. Ein Hauptanbaugebiet erstreckt sich in Küstennähe von Muggia über Triest und Dorligo bis in den Bereich von Aurisina. Im Landesinneren wird die Olive zwischen Görz und Cividale, im Bereich von San Daniele und im äußersten Südwesten Friaul Julisch Venetiens, an der Grenze zum Veneto, im Umland von Caneva angebaut.

Im Laufe von vielen Jahrhunderten entwickelten sich im istrischen Raum und in Friaul Julisch Venetien eine Vielzahl an autochtonen, den jeweiligen Standorten angepasste Olivensorten.

Eine extreme Wettersituation im Jahre 1929 mit Temperaturen bis zu minus 20° C über mehrere Tage, sowie mit heftigen Schneefällen und eisiger Bora hatte zur Folge, dass der gesamte Olivenbestand in Friaul Julisch Venetien auf einem Schlag zu 100% vernichtet wurde. Zu allem Übel erließ die damalige Regierung in Anbetracht der Wettersituation auch noch den Beschluss, die Olivenbäume für Heizzwecke roden zu dürfen. Einige hundert Hektar an Olivenbeständen fielen dieser Extremsituation zum Opfer, alleine in Muggia und Dolina wurden über 90 ha Olivenhaine vernichtet. Von diesem Rückschlag sollte sich der Olivenanbau ein halbes Jahrhundert nicht mehr erholen.

Die Wiederauspflanzung von Olivenbäumen - man musste auf Varietäten aus Süditalien zurückgreifen, da die autochthonen Sorten praktisch nicht mehr existierten - ging nur sehr schleppend voran. Während des 2. Weltkrieges und in den Jahren danach kam der wieder aufgenommene Olivenanbau vollständig zum Erliegen, in den Fünfzigerjahren vereitelten zudem extrem kalte Winter mit massiven Frostschäden die Wiederausbreitungsbestrebungen. Auf ausgedehnten ehemaligen Olivenanbauflächen bauten die einstigen Olivenbauern unter anderem vermehrt Sonnenblumen an, um wirtschaftlich überhaupt überleben zu können. Als Konsequenz des zum Erliegen gekommenen Olivenanbaus mussten die noch existierenden Olivenölmühlen zusperren, die wenigen Bauern, die noch kleinere Mengen Oliven für den Eigenbedarf produzierten, mussten diese ins benachbarte Veneto, nach Bassano del Grappa bringen, um dort die Oliven pressen zu lassen.

Im Jahre 1980 initiierte ERSA ein Programm zur Wiederauspflanzung von Oliven, nachdem man in San Dorligo einige autochthone Olivenbäume der Sorte Bianchera entdeckt hatte, die den Katastrophenwinter 1929 überlebten. Neben Nachzüchtungen dieser alten Sorte wurde auch die aus der Toskana stammende Sorte Leccino ausgepflanzt, mittlerweile beträgt die Anbaufläche in Friaul Julisch Venetien schon wieder etwa 300 ha, wovon etwa 100 ha im Ertrag stehen. Jährlich werden zwischen 30 und 40 ha neu ausgepflanzt, hinsichtlich der Sortenwahl will man die derzeitig eindeutige Dominanz der Sorte Leccino durch verstärkte Auspflanzungen der einheimischen Bianchera Olive ausgleichen.

In Friaul Julisch Venetien wird fast ausschließlich Olivenöl der Güteklasse „Extra vergine" produziert, von der Gesamtproduktion ganz Italiens hingegen lediglich 10–12 %. Die Bezeichnung „extra vergine" darf ein Olivenöl nur führen, wenn es einem bestimmten Geschmacksbild entspricht, es darf bei der Verarbeitung nicht über 27° C erwärmt werden und der Säuregehalt darf 0,8 % nicht überschreiten.

Paolo und Roberto Starec, Bagnoli della Rosandra

4.November 2006, sonnig, fast unangenehm warm, untypisch für die Jahreszeit, doch ideale Voraussetzungen für die Olivenernte.

In der Ölmühle der Brüder Starec in Bagnoli delle Rosandra herrscht geschäftiges Treiben, Frauen entfernen Blätter aus den Lesekisten, entleeren diese in eine „Waschmaschine" von wo sie in die Entkernungsmaschine, die Paolo Starec überwacht, gelangen. Die entkernten und zerkleinerten Oliven werden gemahlen und zu einem feinen Brei gerührt, bevor dieser in eine Zentrifuge gelangt, in der die flüssigen Bestandteile – Wasser und Öl – von den Feststoffen der Olive getrennt werden. Eine weitere Zentrifuge separiert das Wasser vom Öl, das in einem dünnen, grüngelben, leicht trüben Strahl aus dem Hightechgerät in einen Edelstahlbehälter fließt. Danilo Starec, der Vater der beiden Starec Brüder riecht am frischen Olivenöl, verkostet es und nickt zufrieden mit dem Kopf. „Das Öl darf beim gesamten Herstellungsprozess 19° C nicht überschreiten, eine höhere Temperatur wirkt sich negativ auf die Qualität aus" berichtet mir Danilo und lässt mich das jungfräuliche Olivenöl verkosten. „Das frische Öl kratzt noch leicht am Gaumen, das legt sich aber nach wenigen Wochen" erklärt er mir.

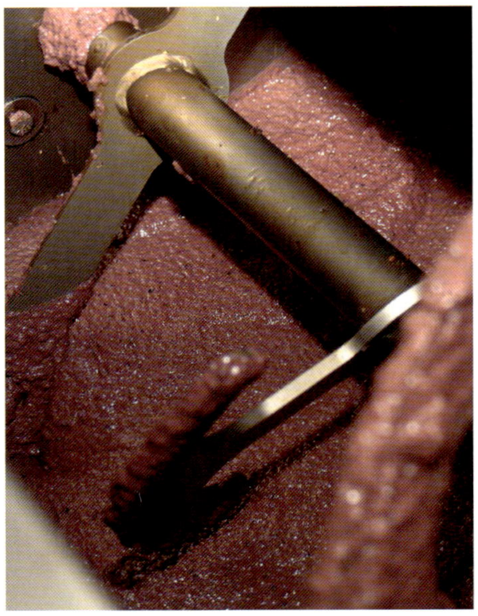

Danilo Starec gehört zu den Pionieren der Olivenölproduzenten im Val Rosandra, die vor etwas mehr als 20 Jahren wieder die ersten Olivenbäume anpflanzten. Man kannte die besten Standorte noch aus der Zeit, bevor der strenge Winter 1929 den gesamten Olivenbaumbestand vernichtete.

Danilo Starec setzte die ersten Olivenbäume am Monte Celo, einem aus Kalkgestein aufgebauten Hügel südwestlich von Bagnoli. Ein idealer Standort für den Olivenbaum, sonnig, windig, wasserdurchlässiger Untergrund.

„Am Monte Celo haben wir derzeit etwa 1500 Olivenbäume im Vollertrag, die Sorten verteilen sich zu etwa gleichen Teilen auf die heimische Sorte Bianchera und auf die aus der Toskana stammende Sorte Leccino“ erklärt mir Roberto Starec, einer der Söhne Danilos, der gerade die Olivenernte organisiert. „Wir ernten sortenrein und nur etwa 300 bis 400 kg am Tag, dies ist die Menge, die wir mit unserer Mühle täglich verarbeiten können. Jede Stunde Stehzeit der geernteten Oliven führt zu eine Qualitätsminderung“ sagt Roberto weiter und rückt eines der am Boden liegenden feinen Netze zurecht, dass keine Olive verloren geht, wenn einer der Erntehelfer vorsichtig Ast für Ast mit einem mechanischen Rüttler, dem einzigen Hilfsmittel bei der Ernte, durchschüttelt und die Oliven zu Boden fallen, von wo sie aufgelesen werden. Die am Baum verbliebenen Oliven pflücken die Erntehelfer händisch.

„Ein Baum dieses Alters trägt zwischen 5 und 20 kg Oliven, das hängt ganz vom Jahr ab, heuer fällt die Ernte etwas geringer aus, wir ernten im Schnitt nur etwa 8 kg pro Baum. Bei einer Ausbeute von 10 bis 12 % ergibt das heuer einen Ertrag von etwa einem Liter Olivenöl pro Baum, dieses aber von bester Qualität“ berichtet mir Roberto in einer kurzen Pause, in der auch ich mich mit einem Glas Vitovska im Schatten der Novembersonne stärken konnte.

Sieht man Paolo und Roberto im vollen Einsatz bei ihrer Arbeit im Olivenhain oder in der Ölmühle und achtet auf die Begeisterung und Leidenschaft die sie in der etwa zweiwöchigen Erntezeit den Oliven und dem daraus gewonnenen Öl entgegenbringen, ahnt man kaum, dass beide in ihrem erlernten „Brotberuf" ein Architekturbüro in Bagnoli führen und dass sie sich als Architekten und Grafiker einen genau so guten und bekannten Namen geschaffen haben, wie als Olivenölproduzenten auf höchster Qualitätsstufe.

Bei einem Besuch der kürzlich neu errichteten Ölmühle in Bagnoli können Sie sich sowohl vom Olivenöl als auch von der Architekturkunst der beiden Brüder ein Bild machen.

Das Mühlengebäude – ultramodern, klare geradlinige Architektur – Beton im knalligen Orange und Grau, Edelstahl und Glas stehen in einer harmonische Verbindung zueinander – diese mutige Linie zieht sich konsequent vom Verkostungsraum im Tiefparterre über den Verarbeitungsbereich bis zu den Büroräumen im Obergeschoß durch.

Genau so beeindruckend ist auch das Flaschendesign für ihre Öle, von denen die Arten Leccino, Bianchera und Maurino entkernt und sortenrein verarbeitet werden und zu unterschiedlichen Blends verschnitten werden. Das Aushängeschild der Starec Brüder ist „Buran" eine limited edition aus Bianchera (70%) und Maurino (30%). Von diesem Öl, das nach einem russischen Steppenwind benannt ist, werden jährlich nur etwa 100 – 150 Flaschen erzeugt.

Gesunde Oliven, zum richtigen Zeitpunkt geerntet, sind die Basis für ein gutes Olivenöl. Eine schnelle und schonende Verarbeitung der geernteten Oliven innerhalb weniger Stunden nach der Ernte ist ein weiterer Garant für die Qualität des erzeugten Öls.

Verkostungs-anleitung

Olivenöl sollte aus einem bauchigen, blau gefärbten Glas verkostet werden. Das blaue Glas lässt Sie die Farbe des Öls nicht erkennen, um nicht über die Farbe des Öls auf die Qualität zu schließen. Die Farbe des Öls kann zwar Hinweise auf Alter und mögliche Herkunft geben, gibt jedoch keinerlei Auskunft über die Qualität.

Zuerst sollten Sie den Duft des Öls kräftig über die Nase aufnehmen und das Aroma bestimmten Duftnoten zuordnen. Im Anschluss daran nehmen Sie einen kleinen Schluck in den vorderen Mundbereich zwischen Lippen und Zähne und ziehen diesen schlürfend mit viel Luft in den Gaumen. Bevor Sie das Öl schlucken, lassen Sie es eine Zeit lang im Gaumen verweilen. Beim anschließenden Schlucken achten Sie auf die Wirkung des Öls in Ihrer Kehle, ob das Öl eventuell beim Schlucken ein Kratzen in der Kehle verursacht. Dies kann unter anderem ein Hinweis auf das Alter oder auf eine mindere Qualität sein. Vor der Verkostung des nächsten Öls neutralisieren Sie Ihren Mund indem Sie eine Apfelspalte langsam kauen und essen.

Schweine | Suini

Schweine | Suini

Alte Schweinerassen

Vor Jahrhunderten waren die steirischen Wälder von unzähligen, in freier Wildbahn lebenden Wildschweinen bevölkert. Als die Schäden, die die Tiere im Wald, vor allem aber auf den Feldern anrichteten, nicht mehr tragbar waren und sogar Bauernaufstände befürchtet wurden, ließ Mitte des 17. Jahrhunderts Kaiserin Maria Theresia die Wildschweine für „vogelfrei" erklären, sie wurden intensiv bejagt, worauf sich ihr Bestand bis Mitte des 20. Jahrhunderts drastisch dezimierte. Das Wildschwein wird zum Schwarzwild gezählt und wurde nie als Haustier gehalten, sondern immer gejagt. Dementsprechend selten fand es im Vergleich zu anderen Schweinerassen in der Küche Verwendung.

Das klassische Hausschwein war früher das Mangalitzaschwein, eine aus Ungarn stammende Nutztier – Schweinerasse, die sich durch krause und lockige Borsten auszeichnet und aufgrund des außergewöhnlichen Haarkleides auch „Wollschwein" genannt wird. Nach der Farbe des Haarkleides können zwischen blonden, roten und schwarzen Mangalitzaschweinen unterschieden werden.

Die Mangalitzaschweine können ganzjährig im Freien leben. Ihr Haarkleid und ihre dicke Speckschicht stellen einen natürlichen Schutz vor extremer Witterung dar. Die Zucht des Mangalitzaschweines lässt sich bis ins 12. Jahrhundert zurückverfolgen, Ende des 19. Jahrhunderts hat es sich zur führenden Zuchtrasse entwickelt. Von der gesamten Schweinepopulation zur Zeit der Österreichisch – Ungarischen Monarchie von etwa 7 Millionen Exemplaren betrug der Anteil des Mangalitzaschweines mehr als 90%.

Ab der Mitte des 20. Jahrhunderts wurde das Mangalitzaschwein einerseits durch das Aufkommen der Massentierhaltung, andererseits durch die Zucht von schnellwüchsigen englischen Schweinerassen verdrängt. Die Verbrauchergewohnheiten hatten sich geändert, Speck war plötzlich nicht mehr „in", man träumte nur mehr von fettarmen Schinken. Dieser Trend zu extrem mageren Schweinefleisch wurde dem Mangalitzaschwein als spätreifes Speckschwein zum Verhängnis. In den 70er Jahren des vorigen Jahrhunderts konnten kaum noch 200 Exemplare des Mangalitzaschweines gezählt werden. Erst durch einen neuerlichen Trend zu natürlichen Lebensmitteln und gesunder Ernährung, der vor etwa 10 Jahren einsetzte, blieb dem Mangalitzaschwein das Aussterben erspart. Man hatte zwischenzeitlich erkannt, dass der Speck des Mangalitzaschweines doch nicht so ungesund sei wie bisher angenommen, die Fleischqualität jedoch um einiges höher als die von einem in einem halben Jahr schnell gemästeten Schwein. Die in freier Natur lebenden Mangalitzaschweine sind ständig in Bewegung, laufen sehr viel und wachsen folglich wesentlich langsamer, was sich positiv auf die Fleischqualität auswirkt.

Eine ähnliche Geschichte wie dem Mangalitzaschwein wiederfuhr dem Turopoljeschwein, einer ebenfalls alten Schweinerasse, die vom mittlerweile ausgestorbenen Siska-Schwein, einem Nachkömmling des mitteleuropäischen Wildschweins, abstammt. Die Schweinerasse hat den Namen von der Region Turopolje im heutigen Kroation, in der diese Schweine, vor allem in den ausgedehnten Augebieten der Save als die typische Schweinerasse galt. Ebenfalls infolge der Nachfrage nach magerem Fleisch und weniger Speck wurde diese Rasse sehr stark dezimiert und stand wie das Mangalitzaschwein vor dem Aussterben. Es war neben einigen engagierten Landwirten unter anderem ein Verdienst des Tierparks Schönbrunn, der sich in den letzten Jahre um die Vermehrung dieser Schweinerasse bemühte, die sich hervorragend für die extensive Weidehaltung eignet.

Schweine | Suíní

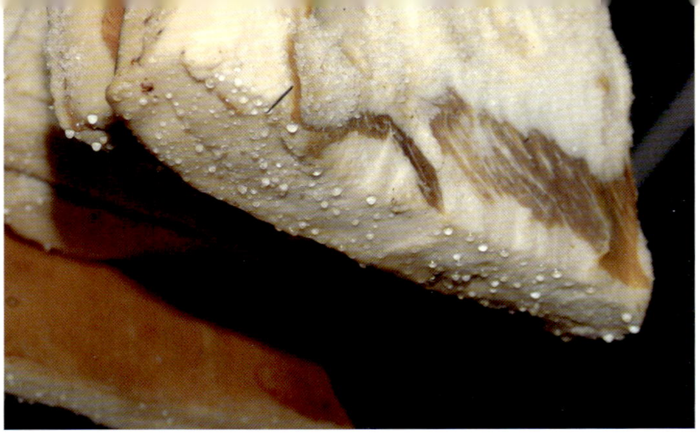

Toni Krispel, Neusetz

Toni Krispel aus Neusetz in der Oststeiermark war einer der ersten, der die einzigartige Fleischqualität des Mangalitzaschweines erkannte. Vor etwa sieben Jahren besorgte er sich einige schwarze „schwalbenbäuchige" Mangalitzaschweine um diese wieder in der Oststeiermark anzusiedeln. In der Zwischenzeit sind es schon mehrere Landwirte, die diese Schweinerasse in Freilandhaltung erfolgreich züchten.

Angefangen hat Toni Krispel mit seinem „Neusetzer", einem Speck vom Mangalitzaschwein, den er mit 12 verschiedenen Kräutern und Salz würzt und in einem Trog aus oststeirischem Basaltgestein schichtweise eingelegt, mindestens 9 Monate reifen lässt. Der „Neusetzer Klassik", eine weitere Speckvariante, wird nur mit Rosmarin, Oregano und Meersalz gewürzt, 4 – 6 Wochen zur Trocknung aufgehängt und schließlich für 6 Monate im Basalttrog zur Reifung gelagert. Der „Neusetzer" zählt heute zu den bekanntesten Spezialitäten der Oststeiermark, vergleichbar mit dem Lardo, einem reinen Schweinespeck aus Friaul Julisch Venetien.

Hinsichtlich der Speckqualität ist für den „Neusetzer" keine Schweinerasse geeigneter als das Mangalitzaschwein. Toni Krispel schlachtet die Tiere mit etwa eineinhalb Jahren und einem Schlachtgewicht von ca. 90 kg.

Toni Krispel verarbeitet alle Teile vom Mangalitzaschwein. Das Produktangebot umfaßt den Neusetzer Speck, eine würzige Salami, einen luftgetrockneten Beinschinken sowie verschiedene Brotaufstriche bis zu süßen Grammelkeksen und Grammeltrüffeln oder einem mit Speck umwickelten Kräuterkäse.

Toni Krispel ist eigentlich Weinbauer. Er bewirtschaftet 15 ha Rebfläche mit eindeutiger Dominanz von Weißweinen. Seit 1993 betreibt die Familie Krispel auch einen gemütlichen Buschenschank, in dem alle selbsterzeugten Produkte konsumiert werden können.

Ein Hofladen bietet die Möglichkeit, die Weine und alle Fleischprodukte zu kaufen. Mehrere Gästezimmer laden zum Verbleiben und Genießen ohne Zeitdruck ein.

Schweine | Suini

„Schweinerei" am Reinischkogel

Im Jahre 1985 haben Werner und Maria Goach das Wirtshaus am Reinischkogel in der Weststeiermark übernommen, sie haben die Tradition des ländlichen Wirtshauses fortgesetzt und neu definiert.

Werner Goach bewirtschaftet neben dem Wirtshaus eine eigene Landwirtschaft, aus der er das Wirtshaus mit Schweine- und Lammfleisch sowie mit frischem Gemüse und Kräutern versorgt.

Seit Beginn der 90er Jahre beschäftigt sich Werner Goach intensiv mit der Schweinezucht, er zählt zweifelsohne zu den Pionieren der Schweinezüchter in der Steiermark, die sich mit der Nachzucht alter, beinahe ausgestorbener Schweinerassen befassten.

Als Hauptrasse wird das Waldschwein gezüchtet, daneben tummeln sich in artgerechter Tierhaltung in weitläufigen Gehegen Turopolje und Mangalitzaschweine sowie schwäbisch hellische Steirer und Durocschweine.

Die Landwirtschaft stellt somit die Grundlage für die stets frische Zubereitung der Speisen im Wirtshaus dar.

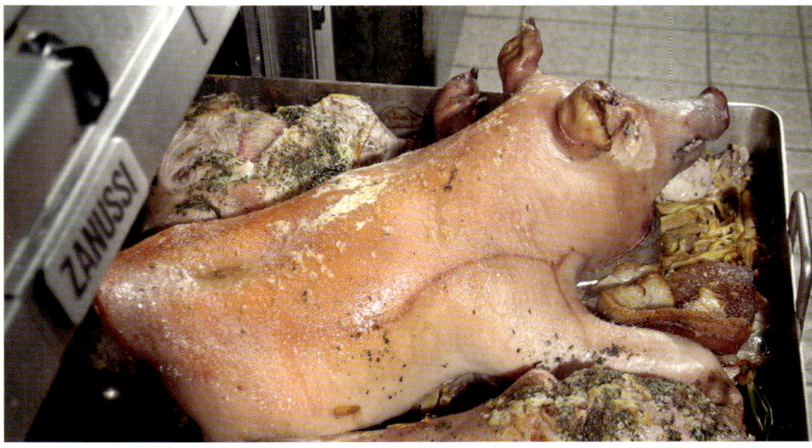

In der Fleischerei werden die Schweine nach alten, traditionellen Rezepten komplett verwertet wobei, die Produktpalette über Speck, Rohschinken verschiedenen Wurstsorten bis zur Erzeugung von Verhackert und Leberwurst reicht.

In der Restaurantküche wird frisches Schweinefleisch in vielfältiger Form zu delikaten Gerichten „veredelt". Das Fleisch von den langsam wachsenden alten Schweinerassen zeichnet sich durch eine feine Faser aus und ist dadurch für die Gastronomie hervorragend geeignet.

Zu den Spezialitäten zählen in erster Linie das im Backrohr zubereitete Spanferkel, sowie das gefüllte Schweinsschnitzel in Kürbiskernpanier.

Von den fettreicheren Mangalitzaschweinen wird Schweineschmalz gewonnen, das ein guter Aromaträger ist und aufgrund der Hitzebeständigkeit zum Backen für viele Fleischgerichte Verwendung findet.

Alte Schweinerassen, Parco San Floriano in Polcenigo

Im Naturpark San Floriano in Polcenigo hat man schon vor einigen Jahren in einem idealen Gelände aus Freiland und Wald großzügige Freigehege für die Haltung von Schweinen angelegt. Man hat damit ideale Lebensbedingungen für die beiden alten Schweinerassen Cinta Senese und Romagnola, die für eine Aufzucht im Stall nicht geeignet sind, geschaffen. Die Rasse Cinta Senese ist eine sehr alte bodenständige dunkle Schweinerasse aus der Gegend um Siena in der Toskana, die durch einen markanten weißen Nackenring und weißen Vorderbeinen auffällt. Die Rasse war auch außerhalb der Toskana, unter anderem im Friaul verbreitet. Die Rasse Romagnola, ein schweres Schwein mit einem dunklen Fell stammt ursprünglich aus der Emilia Romagna.

Beide Schweinerassen waren vor etwa 15 Jahren beinahe ausgestorben, vom Romagnola Schwein gab es in der Emilia Romagna nur mehr ein Dutzend Exemplare. Beiden Rassen wurde die Tatsache beinahe zum Verhängnis, dass sie sich nicht für die schnelle Zucht in Stallhaltung eignen und sich durch einen überdurchschnittlich hohen Fettanteil auszeichnen und somit aus rein wirtschaftlichen Überlegungen für die Landwirte uninteressant wurden. Mitte des letzten Jahrhunderts sind daher die beiden alten Schweinerassen durch gewinnbringendere, schnellwüchsige weiße Schweinerassen ersetzt worden, die für eine Massenhaltung geeignet waren. Sie hätten das vorige Jahrhundert nicht überlebt, hätte es nicht zufällig, sowohl in der Toskana als auch in der Emilia Romagna, Landwirte gegeben, die die bedrohliche Gefahr des Aussterbens der beiden Schweinerassen im letzten Moment erkannten und mit den wenigen noch existierenden Exemplaren den Fortbestand der wertvollen alten Rassen gesichert haben. Auch der Naturpark San Floriano in Polcenigo hat sich mit der Nachzucht und Haltung dieser Schweine verdient gemacht. Daneben gibt es seit wenigen Jahren in Friaul Julisch Venetien schon wieder einige Züchter, die auch diese Rassen wieder halten.

Bei beiden alten Rassen weist sowohl das Fett als auch das Fleisch eine wertvolle Qualität auf, die auf das langsame Wachstum und auf die Haltung im Freien mit einem natürlichen Nahrungsangebot zurückzuführen ist. Beide Schweine liefern durch ihre aromatische Fleischbeschaffenheit und die hohe Fettqualität eine ideale Basis für die Produktion von Prosciutto crudo. In geringer Stückzahl produziert Lorenzo D'Osvaldo aus Cormons seit wenigen Jahren Prosciutto von den Keulen des Cinta Senese Schweines. Luigi Fabbro aus Aviano verarbeitet in seiner Metzgerei in Aviano unter anderem Schweine aus dem Park San Floriano zu Salami und Bratwürsten.

Geflügel | Pollame

Sulmtaler Huhn

Das weizenfärbige Sulmtaler Huhn, das durch die charakteristische, helle Haube auffällt, erlangte als steirisches Brat- und Backhuhn in der ersten Hälfte des 20. Jahrhunderts Weltberühmtheit. Mit der aufkommenden Massentierhaltung ist das typische Freilandhuhn, zu dem die Sulmtaler Rasse gezählt wird, in der Steiermark jedoch fast ausgestorben. Der steigernde Wunsch der Konsumenten nach Echtem und Unverfälschtem veranlasste eine Reihe von Züchtern, das Sulmtaler Huhn wieder nachzuzüchten. Dies führte dazu dass dieses Huhn mittlerweile wieder zu den typischen steirischen Kostbarkeiten zählt.

Es ist nicht genau bekannt, aus welcher Rasse dieses Huhn ursprünglich entstanden ist. In der südlichen Steiermark wurden die so genannten „Steirischen Landhühner" oder „Altsteirischen" über Jahrhunderte als Mast- und Fleischhuhn gehalten. Sie waren in den steirischen Maisanbaugebieten zwischen Graz und Marburg, vor allem im Sulmtal sehr stark verbreitet.

Um 1900 züchtete der Grazer Gutsverwalter Armin Arbeiter aus der legefreudigen „Altsteirischen" durch Einkreuzung mit einer asiatischen fleischreichen Rasse ein schwereres Masthuhn, das er „Sulmtaler Huhn" nannte. Dieses Huhn zeichnete sich durch gute Nutzeigenschaften aus, war schwerer als das steirische Landhuhn. Diese Zucht erlangte weltweit Berühmtheit, unter anderem waren diese Hühner am österreichischen Kaiserhof sehr geschätzt.

Als Individualisten waren jedoch diese Hühner für die Massenhaltung nicht geeignet, Hühner aus Massentierhaltungen überschwemmten in der zweiten Hälfte des 20. Jahrhunderts den Markt, das Sulmtaler Huhn stand deswegen knapp vor dem Aussterben.

Heute, wo natürliches Kochen nach natürlichen Lebensmitteln und natürlichen Rohstoffen verlangt, sind sie jedoch wieder sehr geschätzt, es wird wieder der alte Wirtschaftstyp des Sulmtaler Huhns mit der typischen Weizenfärbung und der charakteristischen Haube gezüchtet. Die Sulmtaler Hühner sind gute Futterverwerter, leicht mästbar, ihr zartes Fleisch und ihre Eier sind wohlschmeckend und hoch bewertet.

Geflügel | Pollame

Keltentaverne, Heimschuh

In Heimschuh, im Herzen des Sulmtales, führt Anton Koschak die Keltentaverne, ein typisches steirisches Wirtshaus. Für den naturverbundenen, engagierten Gastwirt war es daher naheliegend, das Sulmtaler Huhn, das vom Aussterben bedroht war, in der Region, die für das Sulmtaler Huhn namensgebend war, wieder heimisch zu machen.

Anton Koschak wird als der Pionier für die Nachzucht des Sulmtaler Huhns angesehen. Anfang der 90er Jahre holte er sich Bruteier aus Wien, die genetisch bewahrt wurden und hat damit mit der Weiterzucht begonnen. Hinsichtlich der Haltung und Zucht dieser alten Hühnerrasse arbeitet Anton Koschak sehr intensiv mit Fachleuten aus Slowenien zusammen. Dazu muss man wissen, dass die ehemalige „Untersteiermark", von der heute weite Teile in Slowenien liegen, im 18. und 19. Jahrhundert neben Frankreich das größte Geflügel produzierende Land Europas war.

Anton Koschak ist es durch seine Leidenschaft und durch sein Engagement gelungen, die Zucht auf eine wirtschaftliche Grundlage zu stellen, es ging ihm dabei immer aber auch darum, das Sulmtaler Huhn wieder in die Landschaft zu integrieren. Dabei kam ihm die Eigenschaft des Sulmtaler Huhns, dass es ein Freilandhuhn ist, das in kleinen Herden gehalten wird, entgegen.

Geflügel | Pollame

In der Küche eignet sich diese Hühnerrasse zum Braten am besten, da das Fleisch durch das langsame Wachsen eine optimale Bissfestigkeit erlangt.

Der Klassiker in der Küche der Keltentaverne ist sicherlich der „Welsche Gockl", ein Rezept, das von Hermi Koschak kreiert wurde. In diesem Hausrezept hat Hermi Koschak versucht, die für die Südsteiermark typischen Produkte Hendl, Sterz und Welschriesling in einem Gericht zu vereinigen. Für den „Welschen Gockl" werden Hühnerstücke in Welschriesling für einige Stunden gebeizt und mit Steinpilzen, Speck und Welschrieslingtrauben in einer Pfanne gebraten. Als Beilage zum Gockl wird Sterz serviert, als Weinbegleitung ist ein Welschriesling aus eigenem Anbau naheliegend.

Casale Cjanor, Fagagna

Die Ortschaft Fagagna hat nicht nur aufgrund des dort schon seit langer Zeit alljährlich im September stattfindenden Eselwettrennens Bekanntheit erlangt. Die Region um Fagagna ist auch für die Gänsezucht bekannt, die dort eine mindestens ebenso lange Tradition hat wie das Eselrennen, das auf das 8. Jahrhundert zurückgeht. In jedem bäuerlichen Betrieb hat es früher Schweine, Hühner, Gänse und zumindest einen Esel gegeben.

Drei Esel und einige Schweine im Stall, sowie hunderte Gänse gehören zum Viehbestand von „Casale Cjanor", einem Agrotourismus-Betrieb, der von der Familie Missana geführt wird. Der Vater Italo und seine Frau Mana sind für die Landwirtschaft zuständig, deren Töchter Luigina und Emmanuela leiten die Geschicke im Restaurant, ihre Schwester Margerita ist die Küchenchefin.

Das große Haus, das die Familie bewohnt und in dem auch das Restaurant und die Küche untergebracht sind, gibt es nachweislich schon seit dem 15. Jahrhundert. Früher hat in dem Haus der Urgroßvater von Italo Jagdgewehre hergestellt.

Die Gänsezucht wird seit 17 Jahren betrieben. Bis zu 1000 weiße Gänse werden jährlich aufgezogen und zu delikaten Köstlichkeiten verarbeitet oder für den Restaurantbetrieb auf klassische Art im Ofen gebraten.

Die im Freiland gehaltenen Gänse erhalten als Futter Mais und Gerste und sie werden nach etwa 25 Wochen geschlachtet. Im ausgenommenen Zustand sollten sie nicht schwerer als 4 kg sein, denn dies ist das Gewicht bei dem die Fleischqualität am besten ist.

Aus dem Gänsefleisch wird neben Pate, einer Leberpastete, Salami, Prosciutto sowie eine gerollte Gänsebrust hergestellt.

Geflügel | Pollame

Das Angebot der frisch in der Küche zubereiteten Gerichte aus Gänsefleisch reicht von der gerösteten Gänseleber, einem Gänsemagen mit Polenta über einen Rollbraten bis zur gebratenen Gans. Für Pastagerichte bereitet Margerita außerdem ein herrlich gewürztes Ragout aus faschiertem Gänsefleisch zu, wobei die Gänsehaut ähnlich der Grammeln in der Steiermark, zu knusprigen Chips verarbeitet wird.

Nach einem Gänsemenü empfiehlt Margerita ein Rotwein Sorbetto, eine Erfindung von ihr, die sie aus Clinto, einem roten Direktträgerwein herstellt. Bevor Margerita die Küche im elterlichen Betrieb übernommen hat, war sie in einer Konditorei beschäftigt und hat Speiseeis erzeugt. Beim Semifreddo mit Kürbis, Ingwer und Zimt, einer weiteren köstlichen Nachspeisenkreation von Margerita, kennt man sofort, dass eine ausgesprochene Expertin am Werk war.

Traditionellerweise ist die Hauptsaison, in der man Gänsegerichte vermehrt isst, der Herbst und die Zeit zwischen Martini und Weihnachten.

Im Winter, zur Schlachtzeit, produziert Italo eine Gänsesalami, für die etwa zu einem Drittel Schweinespeck verwendet wird. Eine Salami aus reinem Gänsefleisch würde zu trocken werden. Einen Teil der Schweine verarbeitet Italo zu Lardo, einem Rückenspeck und zu Pancetta, einem durchzogenen Bauchspeck. Kunstvoll zu einer Rolle gebunden hängen diese beiden Köstlichkeiten bis zu einem Jahr in einem gut durchlüfteten, kühlen Raum.

Aus Schweinespeck, Salz, verschiedenen Gewürzen und gehacktem Gemüse stellen Margerita und ihre Mutter „Pestat“ her, eine Masse, die wie eine Wurstmasse in einen Darm gefüllt wird und so bis zu einem Jahr gelagert werden kann. „Pestat“ ist ein uraltes Würzmittel, das in der Küche vielseitig zur Geschmacksverbesserung verwendet werden kann, jedoch in den letzten Jahrzehnten völlig in Vergessenheit geraten ist. Dem Engagement der Familie Missana ist es zu verdanken, dass es jetzt dieses alte traditionelle Gewürz wieder gibt.

Gänse

Den Stellenwert, den unter dem Geflügel das Huhn in der steirischen Küche einnimmt, kommt in Friaul Julisch Venetien der Gans zu. Die Gänsezucht hat in Friaul, vor allem in der Region südlich von Udine, zwischen den Flüssen Tagliamento und Isonzo eine mehr als 2000 jährige Tradition. Gänse aus Morsano al Tagliamento etwa, sind genauso zu einem Begriff geworden wie Prosciutto aus San Daniele oder Polenta aus Mortegliano. Die Gänse wurden nicht nur wegen ihres hervorragenden Fleisches sehr geschätzt, sondern auch wegen der vielseitigen Verwendung ihres Fettes in der Küche, vor allem auch wegen ihrer Daunen. Gänse waren ohne Unterbrechung immer schon ein wichtiger Bestandteil der Küche Friaul Julisch Venetiens und Lebensgrundlage für zahlreiche landwirtschaftliche Betriebe, die sich auf die Gänsezucht spezialisiert hatten.

Wie in Österreich ist auch in Friaul Julisch Venetien die im Ofen gebratene Gans, die traditionellste aller Zubereitungsarten, vom Speiseplan zu Martini und Weihnachten nicht mehr wegzudenken.

Laura Driussi, Fraforeano di Ronchis

„Die mit den Gänsen lebt", könnte man von Laura behaupten, die ihre ganze Leidenschaft den Gänsen, angefangen von deren Aufzucht bis hin zum fertigen Gericht auf dem Tisch, gewidmet hat. Ihr Betrieb, den sie als Agrotourismus-Betrieb führt, liegt in Fraforeano nördlich von Latisana, im Zentrum des traditionsreichsten Gänsezuchtgebietes. Laura, eine ausgebildete Tierärztin, verwendet ausschließlich Gänse der Rasse „Oca grigia friulana", eine Gans mit schwarzem Haupt, grauer Brust, schwarzen Flügeln und weißem Hinterteil, die für diese Gegend seit mehr als 200 Jahren typisch ist.

Jährlich zieht Laura etwa 3000 Gänse auf, sie bezieht die einen Tag alten Junggänse von einem Zuchtbetrieb in Palmanova und füttert diese nach einem konsequent eingehaltenen Fütterungsplan. In den ersten beiden Monaten bekommen die Gänse für den Skelettaufbau eine Getreidemischung aus Soja, Mais, Weizen und Gerste. Die Tiere werden ausschließlich in Freigehegen gehalten, in denen sie die Möglichkeit haben, zusätzlich neben dem Getreide auch Gras und Heilkräuter zu fressen. In der zweiten Fütterungsperiode, die ebenfalls zwei Monate dauert, wird der Sojaanteil der Getreidefütterung reduziert und der Mais auf 50% angehoben, im letzten Monat wird größtenteils nur mehr Mais gefüttert. Ungeachtet ihres Gewichts werden die Tiere mit 5 Monaten geschlachtet, weil dies der Zeitpunkt ist, zu dem das Fleisch und das Fett in einem perfekten Verhältnis zueinander stehen und das Fleisch eine zarte Konsistenz, den typischen Geschmack hat und angenehm saftig ist. Die nach 5 Monaten geschlachteten Gänse haben je nach Geschlecht, im ausgenommenen und geputzten Zustand ein Fleischgewicht von etwa 4 bis 6 kg. Bei Gänsen, die erst nach 7–12 Monaten geschlachtet werden ist der Fettanteil höher, die Zubereitungszeiten in der Küche sind wesentlich länger und das Fleisch verliert seinen typischen Geschmack.

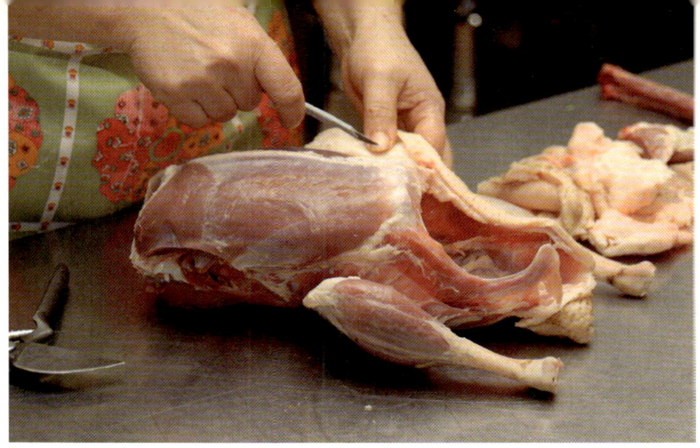

Aus dem Gänsefleisch stellt Laura nach alter Tradition eine Salami her, in die zu 30% Pancetta, der für Friaul Julisch Venetien typische, durchzogene Schweinespeck beigegeben wird. Zu den von Laura hergestellten Gänsefleischspezialitäten gehören weiters eine luftgetrocknete Gänsebrust und ein leicht geräucherter Prosciutto von der ganzen Keule. Eine nach französischer Art hergestellte und mit Trüffelöl verfeinerte Gänseleberpastete sowie verschiedene Saucen für die Zubereitung von Pasta runden die Produktpalette der kalten Gerichte ab.

Wenn man zu Laura zum Essen kommt, empfiehlt sie als Antipasto ein Carpaccio. Ein gekochtes, fein aufgeschnittenes Gänsefleisch, das mit Öl, Rosinen und Pinienkernen auf Ruccola angerichtet wird.

Die absolute Spezialität von Laura ist jedoch ein Gänsebraten, für den sie die Gans enthäutet, zerteilt und bei einer Temperatur von maximal 80° C mindestens drei Stunden im Rohr braten lässt, wobei die Kerntemperatur des Fleisches 65 Grad nicht überschreiten sollte.

Ein weiteres Erlebnis auf der Speisekarte ist eine mit Kastanien gefüllte Gans, die Laura ohne Knochen zubereitet und als Beilage Bratkartoffel und Blattspinat empfiehlt.

Tomaten und Sahne kommen in Lauras Küche nicht vor. Gewürzt wird neben Salz nur mit Rosmarin und Majoran und den Geschmack bekommt Laura in Ihre Gerichte unter anderem durch die Verwendung von vielerlei Gemüsearten und Wein.

Es ist ein absolutes Erlebnis, Laura beim Zubereiten einer Gans zuzusehen. Ihre Ausbildung als Tierärztin kann sie dabei nicht verleugnen, sie verwendet für diese Arbeit kein Messer sondern ein Skalpell, mit dem sie mit ausgesprochener

Fisch | Pesce

Fisch | Pesce

Weststeirischer Karpfen

Die Fischzucht hat in der Weststeiermark eine lange Tradition, wobei in den zahllosen Teichen fast ausschließlich die Karpfenzucht betrieben wurde. Der Karpfen war früher die klassische Fastenspeise, steht heutzutage jedoch mit Schwerpunkten zu Weihnachten bzw. zur Fastenzeit das gesamte Jahr auf der Speisekarte.

Es ist nicht bekannt, ob der Karpfen ursprünglich in mitteleuropäischen Gewässern heimisch war, die Heimat sind wahrscheinlich die Zuflüsse des Schwarzen Meeres und des Kaspischen Meeres. Dies geht aus frühchristlichen Funden von Schuppen und Skeletten, die von einer Wildform des Karpfens stammen könnten, hervor.

Die Teichwirtschaft in der Steiermark mit dem Zentrum in der Weststeiermark hat sich in den letzten Jahren zu einer zusätzlichen Einkommensquelle für viele bäuerlichen Betriebe entwickelt. Von der gesamtösterreichischen Teichfläche von etwa 2.900 ha liegen etwa 1.000 ha in der Steiermark. Die steirischen Teichwirte produzieren jährlich etwa 600 Tonnen Speisekarpfen, die österreichische Gesamtproduktion liegt bei etwa 1.000 Tonnen.

Im Herbst, ab und zu auch im Frühjahr werden die Teiche abgefischt, die Fische nach Größe sortiert und anschließend zum Verkauf in Frischwasserbecken gegeben. Auf diese Art und Weise werden die Fische „ausgewässert" und sollen einen möglichen Lehmgeschmack, den sie in den Naturteichen annehmen können, wieder verlieren.

Nach dem meist anstrengenden Abfischen werden die Fischer, um wieder zu Kräften zu kommen, zum Essen und Trinken geladen, wobei üblicherweise frisch gefangene Fische zubereitet werden und man sich so gleich von der Qualität der Fische überzeugen kann. Dabei hält man sich streng an den Grundsatz, dass „ein Fisch schwimmen muss" und trinkt folglich reichlich zum frisch zubereiteten Fisch.

Schamberger Grammelkarpfen

Karpfen filettieren, salzen und pfeffern und in Grammelfett auf der Hautseite langsam herausbacken. Vor dem Servieren umdrehen und etwa eine halbe Minute auf der Fleischseite in der heißen Pfanne rasten lassen.

Zu diesem Karpfen trinkt man am besten einen gut gekühlten Schilcher.

Fisch | Pesce

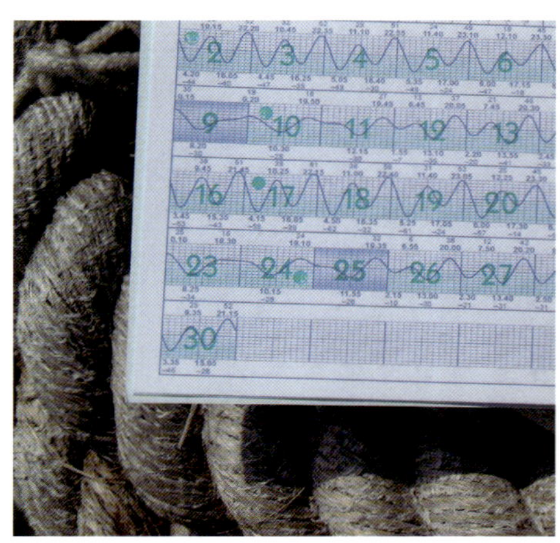

Lagune von Grado

Dreimal musste die geplante Bootsfahrt in die Lagune von Grado kurzfristig wegen schlechter Wetterverhältnisse abgesagt werden, beim vierten Anlauf klappte es endlich. An einem sonnigen und windstillen Frühlingstag ging es vom Porto San Vito in Grado los.

Giuliano Felluga steuert das für die Flachwasserverhältnisse in der Lagune bestens geeignete Boot mit einem flachen Boden mit wenig Tiefgang. Unsere kleine Gruppe führt Oscar Marchesan von der „assoziazione graisini de palu", der Vereinigung der Gradeser der Lagune, an. Oscar kennt die Lagune bis in den letzten Winkel, kennt jeden Fischer und weiß über die Verhältnisse in der Lagune bestens Bescheid. Die „assoziazione graisini de palu" zählt derzeit 220 Mitglieder und besteht seit 27 Jahren. Die Gruppe hat sich zum Ziel gemacht, die Kultur der Lagune zu pflegen und zu erhalten. Mit an Bord ist auch Marco Zampar aus Grado, mein ständiger Begleiter bei meinen unzähligen Besuchen der Weinbaubetriebe. Marco war bei meinen Recherchen in Friaul Julisch Venetien eine der wichtigsten Personen, er kennt „Gott und die Welt", keine Tür bleibt ihm versperrt, keine Information wird ihm vorenthalten.

Die Lagune von Grado erstreckt sich östlich von Murano bis nach Grado, westlich davon schließt die Lagune von Marano an. Hunderte von kleinen Inseln, die bei Flut nur wenige Dezimeter aus dem Wasser ragen, gliedern die Lagune in eine einzigartige Landschaft mit einem unüberschaubaren Netz von breiteren und schmäleren Kanälen.

Als seeunkundiger Binnenländer wundere ich mich, warum Giuliano nicht den direkten Weg auf ein bestimmtes Ziel ansteuert, sondern in weiten Schlangenlinien durch die Lagune kurvt. Auf meine Frage klärt mich Oscar auf, dass ein bestimmter Kurs in den Fahrrinnen, die durch „pali", aus dem Wasser ragende Beton- oder Holzpfeiler markiert sind, eingehalten werden muss, um nicht im seichten Wasser auf Grund zu laufen. Ein Bootsverkehr in der Lagune ist nur in bestimmten, dafür vorgesehen Kanälen möglich, die eine dementsprechende Wassertiefe aufweisen. Durch die ständige Strömung verlanden die Kanäle rasch, aus diesem Grunde müssen sie in regelmäßigen Abständen ausgebaggert werden. Mit dem ausgebaggerten Schlamm befestigt man gleichzeitig die kleinen Inseln.

Bei einer längeren Bootsfahrt müssen zusätzlich die Wasserverhältnisse bei Ebbe und Flut berücksichtigt werden. Zu diesem Zwecke hat jeder Bootsführer einen Jahreskalender an Bord, in dem die Wasserverhältnisse, die eindeutig in Zusammenhang mit den Mondphasen stehen, für jeden Tag graphisch dargestellt sind. Es kann schon passieren, dass man bei einem längeren Aufenthalt auf einer der Inseln von einem Niedrigwasserstand mehrere Stunden festgehalten wird und erst wieder die nächste Flut zur Weiterfahrt abwarten muss.

An Kreuzungspunkten von Kanälen oder bei Abzweigungen stehen sogenannte „briccole", drei rot-weiß oder grün-weiß bemalte Pfeiler, an denen gelbe oder blaue Richtungspfeile und Gefahrenhinweise angebracht sind.

Die Bootsreise führt uns vorbei an vielen kleinen Inseln mit den typischen, mit Stroh gedeckten „Casoni", den alten Fischerhütten, die vor wenigen Jahrzehnten noch von Fischern bewohnt waren, die ihren Fang alle paar Tage nach Grado auf den Fischmarkt brachten. Die Kanäle für den Bootsverkehr werden beidseitig von einer einzigartigen, für den Betrachter reizvollen Moorlandschaft begleitet, die sich beim Zurückweichen des Wassers bei Ebbe ständig verändert. Auf der kleinen Insel „mota safon", auf der die „graisini de palu" eine alte „casone" liebevoll restauriert haben, stimmen wir uns mit „vino sfuso", einem offenen Wein auf unser nächstes Ziel, die Insel Anfora, an der einstigen Grenze der österreichisch-ungarischen Monarchie zu Italien, ein. Zu ihrem Namen kam diese Insel durch die zahlreichen Amphoren, die auf dieser Insel und im Bereich der benachbarten Insel Porto Buso aus dem Schlamm geborgen werden konnten. Es ist anzunehmen, dass sich an diesem Ort ein römischer Weinhafen befunden hat. Giuliano steuert zielsicher die Bootsanlegestelle vor der Trattoria „ai Ciodi", einem Anlaufpunkt vieler Lagunenbesucher, an. Mauro betreibt mit seinen beiden Söhnen Pietro und Cristiano das Restaurant, in dem man die einfache Fischküche der Lagune genießen kann. Einer der beiden Söhne ist gerade auf Fischfang gefahren, der zweite Sohn bekocht die Gäste, die zu dieser Zeit im Frühjahr nur vereinzelt auf diese Insel kommen. Im Sommer sieht die Geschichte anders aus, in der Hochsaison können Sie nicht mehr in Ruhe, im Schatten der Bäume die Fischspezialitäten genießen.

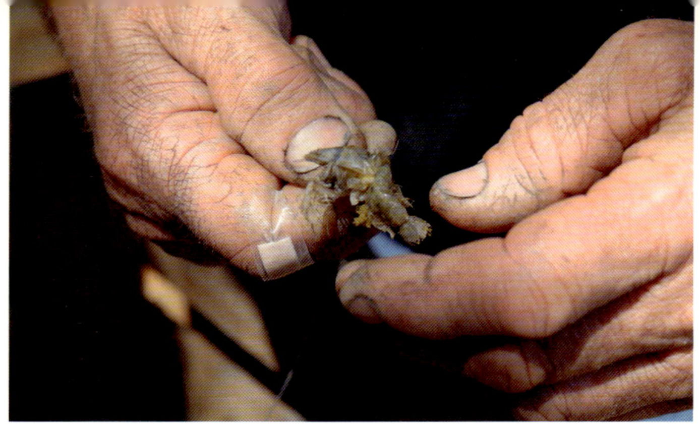

Mauro ist gerade beschäftigt, „carbole", kleine Krebse als Köder für den Aalfang auf kleine Angelhaken aufzubringen. Bei Ebbe ziehen sich die „carbole" in kleine Löcher im Moorboden zurück, von dort werden sie von den Fischern eingefangen und als Köder auf einer langen Leine auf Angelhaken befestigt. Die Leine wird am Abend in der Lagune mit Stäben befestigt und die Köder, als Lockmittel für die Aale, knapp über Grund, unerreichbar für Krabben, ausgehängt. Zeitig am nächsten Morgen werden die Leinen eingeholt, in der Hoffnung einige „bisati", wie die Aale im Gradeser Dialekt genannt werden, die sich an den „carbole" verbissen haben, einzufangen.

Seit Generationen betreibt die Familie von Mauro schon die Lagunenfischerei. „Von der Fischerei kann man heute in der Lagune kaum noch leben. Früher war der Zugang zum Meer noch frei, heute sind Schutzdämme errichtet worden, viele Fische finden nicht mehr den Weg vom offenen Meer zwischen den Dämmen hindurch in die Lagune", beklagt sich Mauro. „Zudem hat die industrielle Fischerei in der nördlichen Adria den Fischbestand dezimiert, sodass sich überhaupt weniger Fische als früher in die Lagune verirren" ergänzt Oscar. „Heute kommen die Söhne der ehemaligen Fischer am Wochenende auf Besuch zu ihren Eltern in die Lagune und essen Fleisch, denn Fisch ist zu kostbar geworden" scherzt Oscar.

Wir essen einfach aber gut. Als Vorspeise gibt es in Öl eingelegte, gesalzene Sardinen, wie ich sie noch nirgendwo besser gegessen habe, gefolgt von „sievoli", in Salz eingelegte Meeräschen. Die „sievoli" werden mindestens ein halbes Jahr in Salz konserviert, vor der Zubereitung müssen sie etwa einen halben Tag in Wasser eingelegt werden um das Salz zu verlieren. Anschließend werden sie gekocht, mit Zwiebel, Wacholderbeeren und Olivenöl angerichtet und als kalte Vorspeise mit weißer Polenta gegessen. Diese Zubereitungsart der Meeräsche ist eine Spezialität des Hauses, die man in keinem anderen Restaurant findet. Zu dem Fischgericht gibt es einen einfachen Tocai Friulano des Weinguts Villa „vicentina" Giardi, das einige Kilometer nördlich der Lagune liegt. Die Villa dieses Weinguts hat insofern Berühmtheit erlangt, als dort zu Beginn des 19. Jahrhunderts eine Zeit lang die Schwester von Napoleon Bonaparte gelebt hat, erzählt mir Oscar, der mit dem Weißbrot die letzten Olivenölreste von seinem Teller auftunkt. Als nächstes wird Pasta mit verschiedenen Muscheln wie „petoci" und „peverasse" sowie Tintenfisch aufgetischt. „Boreto alla Graisana", das für die Lagune typische Gericht aus Fischstücken in einer Sauce, hat in unseren Mägen keinen Platz mehr, wir entschließen uns, das Fischmahl mit einem Grappa, in den „artemisia palustre", ein Kraut aus der Lagune eingelegt ist, zu beenden und treten schweren Herzens die Heimreise an, es wäre auf dieser Insel viel länger auszuhalten.

Auf der Rückfahrt begegnen uns einige Fischer, wir wollen aber noch Gaddi Vitige, der eine der schönsten Fischerhütten besitzt, einen kurzen Besuch abstatten. Leider hat es Gaddi, dem Oscar tags zuvor unseren Besuch angekündigt hat, vorgezogen, den Tag in Grado, und nicht, wie nahezu täglich üblich, in der Lagune zu verbringen, Wir stehen vor verschlossener Tür und können Gaddis Refugium leider nur von außen bewundern.

Bevor wir wieder in den Hafen von Grado einlaufen, sehen wir linkerhand die auf einer „briccola" stehende Statue „Madonnina del Mare", zu der die „graisani de palu" wie jedes Jahr am 25. April Blumen bringen und im Anschluss daran, wie schon seit mehr als 100 Jahren, in der Kirche auf der Insel Santa Maria di Barbana eine Messe feiern und um den Segen für das kommende Jahr bitten.

Wieder festen Boden unter den Füssen, lassen wir ebenfalls einer alten Tradition folgend, den unvergesslichen Ausflug in die Lagune mit einem Glas Wein ausklingen.

LA

Delikatessengeschäfte | Negozi di specialità gastronomiche

Greißlerei De Merin, Straden

Ganz gegen den Trend der letzten beiden Jahrzehnte, wo zahlreiche Greißlereien in der Steiermark den Supermärkten weichen und zusperren mussten, wurde im Jahre 2005 in Straden in der Oststeiermark die Greißlerei De Merin aufgesperrt.

Namensgebend für die Greißlerei war die adelige Familie „De Merin“ , die einstigen Burgherren von Straden.

Eine Greißlerei, von der Bedeutung her, ein kleines Lebensmittelgeschäft, lässt sich vom Wort Grieß ableiten, ein Greißler war demnach ein Kaufmann, der unter anderem Grieß verkaufte.

Die neu eröffnete Greißlerei De Merin entstammte der Idee einer Vereinigung von Landwirten und Winzern der Pfarre Straden, ihre in der Region, nach traditioneller und naturgerechter Art erzeugten landwirtschaftlichen Produkte, gemeinsam an einem dementsprechenden Ort anzubieten.

Delikatessengeschäfte | Negozi di specialità gastronomiche

Die vielfältige Produktpalette der Greißlerei reicht von Fleisch, Wurst, Käse, Bäckereien über Weine, Schnäpse und Säfte bis zu Nudeln, Marmeladen und Eingelegtem. Vor der Aufnahme der regionaltypischen Produkte in das Warenangebot werden diese einer strengen Qualitätsprüfung durch ausgesuchte, erfahrene Fachleute unterzogen.

De Merin wird vom bekannten Winzer Albert Neumeister betrieben, insgesamt beliefern 60 Landwirte aus der Region Straden die Greißlerei mit hochwertigen Produkten.

„Man kann in der Greißlerei De Merin den Genuss entdecken, das Delikate spüren und dadurch das Land erleben"

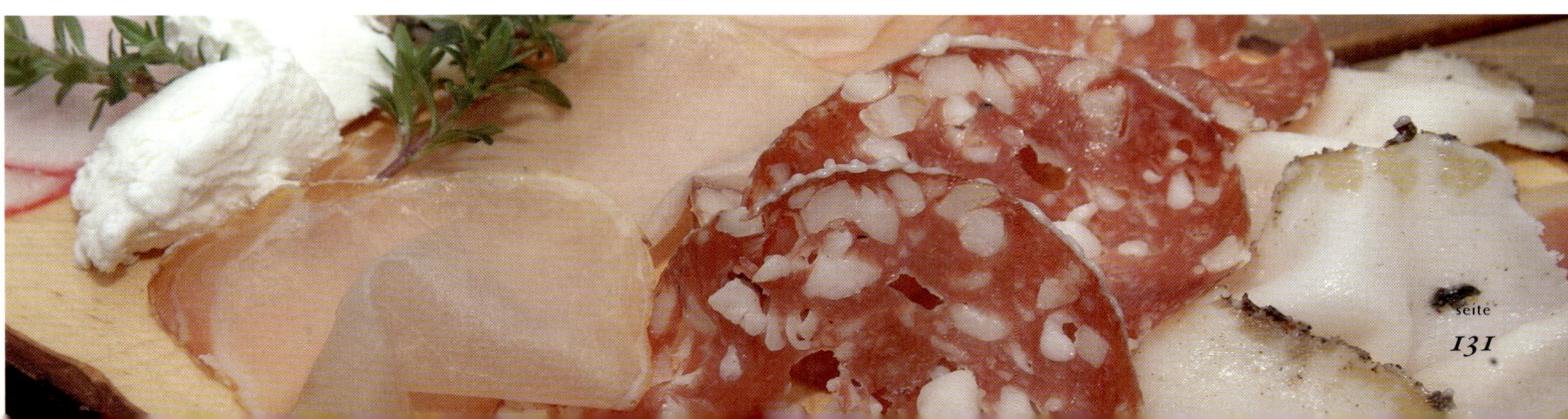

Delikatessengeschäfte |Negozi di specialità gastronomiche

Delikatessen Frankowitsch, Graz

Wem als kleiner Imbiss zwischendurch bei einem Spaziergang durch die Grazer Innenstadt ein Paar Würstel und ein Bier an einem der zahlreichen Würstelstände nicht nobel genug ist, der geht nur wenige Meter vom Grazer Hauptplatz entfernt, in die Stempfergasse zum „Frankowitsch" auf ein Frankowitsch-Brötchen und einem Pfiff Bier. Meist bleibt es nicht bei einem Brötchen, kann man doch aus einem Sortiment von 50 verschiedenen Brötchen auswählen. Die Frankowitsch-Brötchen, die es schon seit mehr als 50 Jahren gibt, sind legendär, sie haben das Delikatessengeschäft, das von Herbert Frankowitsch im Jahre 1932 eröffnet wurde, weit über Graz hinaus berühmt gemacht. Ein Besuch beim „Frankowitsch" gehört zum Pflichtprogramm eines Grazer Stadtrundganges.

Die Frankowitsch-Brötchen schmecken heute genauso, wie sie vor 50 Jahren geschmeckt haben. Seit 1989 wird der „Frankowitsch" von Erika und Josef Heissenberger geführt, Vergrößerungen des Buffetbereiches und Umbauarbeiten haben das Flair und die Atmosphäre des Lokals in keiner Weise gestört, größten Wert legte die Familie Heissenberger aber auf Kontinuität der Qualität und Besonderheit der bekannten Brötchen.

Das Geheimnis der Frankowitsch-Brötchen liegt in dem besonders feinen Brot, einem süßen Sandwich-Brot, das nach einem eigenen, für Frankowitsch entwickelten Rezept, von drei Grazer Bäckereibetrieben hergestellt wird. Die Brötchen werden nach Bedarf ständig frisch, ohne Konservierungsstoffe zubereitet. Konservierungsstoffe wären auch nicht notwendig, denn die Lebenserwartung der Brötchen ist kaum länger als eine Stunde. Die Brötchen werden mit verschiedensten Delikatessen und frisch gemachten Aufstrichen belegt, einer der Klassiker ist ein Brötchen mit Beinschinken und frisch geriebenem Kren.

Seit einigen Jahren ist dem Delikatessengeschäft eine hauseigene Patisserie angeschlossen, in der neben traditionellen Backwaren verschiedenste Stückdesserts, wahre Kunstwerke aus Schokolade, zartem Bisquitteig und verschiedensten Früchten, nach dem Vorbild französischer Patisseriekunst, angeboten werden.

Die Patisserie ist ein idealer Ort für eine „süße Draufgabe" auf ein vorher im Buffet konsumiertes Fisch- oder Schafkäsebrötchen.

Wenn Sie etwas mit nach Hause nehmen wollen, kann Ihnen im Delikatessengeschäft, dem eigentlichen Frankowitsch-Betrieb bestens geholfen werden.

Im Delikatessengeschäft bekommen Sie alles, was Ihr kulinarisches Herz begehrt. Die Palette der angebotenen Produkte reicht von Käse über Wurst- und Schinkenwaren, Aufstrichen, Fischspezialitäten, verschiedensten Sauerwaren, Essig und Ölen, bis zu Weinen und Spirituosen. Das Weinangebot liest sich wie das „who is who" der nationalen und internationalen Weinszene, genauso können Sie sich bei den angebotenen Delikatessen auf eine internationale Schlemmerreise begeben. Viele der regionalen angebotenen Köstlichkeiten sind saisonal abgestimmt.

Alles Käse – Nussbaumer, Graz

Wenn Sie auf der Suche nach einer besonderen Delikatesse sind, ist der kleine Feinkostladen „Alles Käse – Nussbaumer" in der Paradeisgasse 1, am Weg zwischen Grazer Hauptplatz und der Hauptbrücke, sicherlich die erste Adresse in Graz. Den „Nussbaumer", wie der Delikatessenladen in Graz genannt wird, gibt es schon seit 1903. Es ist das älteste Delikatessengeschäft und wird heute in dritter Generation von F. Nussbaumer geführt.

„Wir versuchen die Sinne Augen, Gaumen und Nase leben zu lassen" berichtet F. Nussbaumer über seine Firmenphilosophie. „Wir führen was uns schmeckt", erklärt er weiter, ein Blick in das Geschäft täuscht nicht darüber hinweg, dass F. Nussbaumer ein Anhänger des guten, gehobenen Geschmacks sein muss.

Beim „Nussbaumer" bekommen Sie regionale Spezialitäten und internationale Delikatessen, beeindruckend ist die extrem große Auswahl an Käsesorten.

„Wir verkaufen keine Namen, wir verkaufen nur das Produkt, zu dem wir stehen und von dem wir überzeugt sind" sagt F. Nussbaumer zu seinem Motto hinsichtlich der Produktauswahl.

Delikatessengeschäfte | Negozi di specialità gastronomiche

Bei der Vielzahl der angebotenen Produkten aus Friaul Julisch Venetien wie etwa Schinken aus San Daniele, Panchetta, Lardo, Montasio, Kaffee aus Triest, Grappa und verschiedensten Weinen, könnte man fast glauben, sich in einem Feinkostladen in Udine oder Triest zu befinden. „Wir führen neben den regionalen steirischen Spezialitäten sehr viele internationale, landestypische Delikatessen, wir repräsentieren die Steiermark mit ausgewählten, hochwertigen Produkten, der Großteil der steirischen Spezialitäten wird jedoch über ein Netz von Direktvermarktern an die Kunden gebracht".

Der „Nussbaumer" ist neben seiner vielfältigen Auswahl an österreichischen und internationalen Spezialitäten aber auch für die täglich frisch zubereiteten Köstlichkeiten wie Schweinsbraten, Roastbeef, Fleischlaibchen, verschiedenste Aufstriche und Salate bekannt. Die Zwiebelkuchen aus eigener Küche sind schon fast zur Legende geworden.

„Wir sorgen dafür, dass die Menschen gut essen und gut trinken können".

Hingehen und probieren, Ihre Nase, Ihr Gaumen und Ihre Augen werden beim „Nussbaumer" nicht zu kurz kommen.

Delikatessengeschäfte |

Negozi di specialità gastronomiche

Tosoni, Spilimbergo

Der Name Tosoni ist untrennbar mit Käse verbunden. Ist doch Asino, die vielleicht traditionsreichste und charakteristischste Käsesorte Friauls, ein Produkt von Tosoni. Er wird in Spilimbergo, einer mittelalterlichen Stadt, die für ihre Mosaikschule weltweite Berühmtheit erlangt hat, erzeugt.
Die Familie Tosoni produziert diesen berühmten Käse schon seit 200 Jahren. Daneben betreibt Tosoni in Travesio, einer Ortschaft an den südlichen Ausläufern der Alpen, eine Käserei, in der unter anderem der berühmte Montasio hergestellt wird.

Der Stammsitz der Firma Tosoni, wird von den beiden Brüdern Claudio und Roberto geführt. Er befindet sich in einem vor einigen Jahren neu errichteten Gebäude, in dem die Asino Käserei, mehrere Reifekeller für Käse, diverse Lagerräume und ein Delikatessengeschäft untergebracht sind. Tosoni betreibt auch drei fahrende Käseläden, die täglich, außer Sonntag, auf Wochenmärkten eine überaus reichhaltige Käseauswahl anbieten.

Das Angebot des Delikatessengeschäftes in Spilimbergo spiegelt die Leidenschaft der Brüder Tosoni für typische, lokale Erzeugnisse wider. Neben traditionellen Produkten aus Friaul Julisch Venetien werden aber auch kulinarische Spezialitäten aus allen Regionen Italiens angeboten.

In der „Formaggeria Astoria", einer Tosoni Filiale in Tolmezzo wird neben einem reichen Käseangebot ein besonderes Augenmerk auf eine erlesene Auswahl seltener Bergkäsesorten von den Almen der umliegenden Regionen gelegt.

La Baita, Udine

„La Baita", die kleine Hütte, in der wörtlichen Übersetzung, ist ein weiteres kleines Delikatessengeschäft von Tosoni, nur wenige Schritte von der „Piazza delle Erbe" entfernt. Tosoni betreibt diesen Laden, den es schon mehr als 50 Jahre gibt, seit dem Jahre 2001. Es ist das letzte Geschäft im Zentrum von Udine, das seit der Eröffnung vor mehreren Jahrzehnten noch immer die gleichen Artikel verkauft. Der Laden ist aufgrund seiner Auswahl an Delikatessen so beliebt und bekannt, dass er sicher nicht, wie fast alle kleineren Läden in der Nachbarschaft, einer Boutique, einem Schuhgeschäft oder einem Cafe Platz machen muss.

La Baita ist Anlaufstelle für Feinschmecker, die das Besondere und Allerfeinste lieben.

Der Philosophie Tosonis folgend, spannt sich das reichhaltige Sortiment von Käsespezialitäten, Wurst- und Schinkenwaren vorwiegend aus der Region Friaul Julisch Venetiens. Dieses wird vortrefflich ergänzt um Delikatessen aus ganz Italien bis zu ausgewählten kulinarischen Spezialitäten aus Europa.

Delikatessengeschäfte | Negozi di specialità gastronomiche

Sandro Michelutti, Udine

Ein altes Fahrrad, das aus einem Museum stammen könnte und ständig vor dem kleinen Geschäft in der Via del Carbone unweit des Piazza Matteotti in der Innenstadt von Udine lehnt, fällt auf. Es ist wahrscheinlich absichtlich dort aufgestellt, damit das kleine Geschäft, die Fleischerei Michelutti, nicht übersehen wird. Insider und Leute, die auf gute Qualität von Fleisch und Fleischprodukten Wert legen, brauchen diesen Hinweis nicht, denn die kennen Vater und Sohn Michelutti, beide mit dem Vornamen Sandro. Es gibt nichts, was die beiden am Fleischsektor nicht anzubieten haben – und das in erstklassiger Qualität.

Vater Sandro ist gelernter Fleischhauer. Er betreibt das kleine Geschäft seit 1963. Vor Jahren schon ist er in Pension gegangen und hat das Geschäft seinem Sohn übergeben, unterstützt diesen aber immer noch mit seinen mittlerweile 67 Jahren. Die beiden sind ein „echt gut eingespieltes Gespann", es ist ausgesprochen interessant den beiden bei ihrer Arbeit zuzusehen. Vater Sandro putzt Fleischstücke und legt diese, ausgeprochen appetitlich arrangiert, in der Vitrine zurecht. Sohn Sandro kümmert sich freundlich um die Kunden.

Das Frischfleischangebot reicht von Schweinefleisch, Kalbs- und Rindfleisch, Lamm über verschiedenstes Wildfleisch bis zu Geflügel aller Art. Es sind vorwiegend Fleischwaren kleineren Produzenten aus der Region, die bei Michelutti angeboten werden.

Ebenfalls reichhaltig ist die Auswahl an verschiedensten Kochwürsten und Salamiarten. Prosciutto aus San Daniele, Sauris und Cormons darf ebenso nicht fehlen wie eine Vielzahl an luftgetrockneten und geräucherten Speckwaren.

Neben Fleischwaren werden bei Michelutti auch verschiedene Käsesorten von kleinen Produzenten aus dem Friaul und verschiedene Sauerwaren, wie etwa Essiggurken, angeboten.

Wenn es Ihre Zeit erlaubt und das Geschäft nicht gerade mit Kunden überfüllt ist – aufgrund der geringen Größe des Geschäfts reichen da schon drei Personen – bitten Sie einen der beiden Sandros um eine kleine Portion Mortadella, Salami und Käse und um ein Glas Merlot und schauen Sie einfach dem Treiben im Geschäft zu.

RAUCH

Bauernmarkt | Mercati di agricoltori

„Wos mitnehmen der Herr?"

So werden Sie nahezu von jeder zweiten Marktfrau angesprochen, wenn sie durch den Bauernmarkt am Kaiser-Josef-Platz, unmittelbar hinter der Grazer Oper gehen. Die „Standler" auf dem größten von 13 Bauernmärkten, die es in der Stadt Graz gibt, trotzen jedem Wetter, egal ob der kalte Winterwind am frühen Morgen über den Platz fegt, oder ob die Sommersonne am späten Vormittag auf die einzelnen Marktstände herunterbrennt. Bei jedem Wetter verkaufen die Bauern aus dem Umland von Graz von Montag bis Samstag ihre frischen Waren auf diesem Markt. Schon vor 6 Uhr am Morgen bauen die „Standler" ihre Marktstände auf und bieten Gemüse, Fleisch- und Wurstwaren, Backwaren, Kernöl, Obst, Blumen und vieles mehr an. Pünktlich um 13 Uhr muss der Platz geräumt werden, eine halbe Stunde später erinnert am Platz nichts mehr an den belebten Bauernmarkt.

Bauernmarkt | Mercati di agricoltori

Bauernmarkt | Mercati di agricoltori

Früher war dies der Holzmarkt- oder Markthüttenplatz, ehe er im 19. Jahrhundert aus Dankbarkeit gegenüber Kaiser Josef, der den Protestanten Glaubensfreiheit gewährte, in Kaiser-Josef-Platz umbenannt wurde. Heute ist der Kaiser-Josef-Platz ein Synonym für kulinarischen Genuss, Frische und höchste Qualität. Ein Großteil der Produkte stammt aus biologischem Anbau, das Angebot richtet sich nach der jeweiligen Jahreszeit. Zu Ostern werden etwa Fleisch –und Selchwaren, Eier und Osterbrot in großen Mengen angeboten, im Frühjahr unter anderem vielerlei Gemüsepflänzchen zum Aussetzen im eigenen Garten. Im Sommer bestimmt frisches Gemüse das Angebot, im Herbst hingegen kann man aus einer Vielzahl frischer Obstsorten auswählen.

Am vielfältigen Angebot der Grazer Bauernmärkte zeigt sich der Ursprung der bäuerlichen, traditionellen Küche am eindrucksvollsten.

0450

San Vito al Tagliamento

Etwas abseits der Verbindung zwischen Codroipo und Pordenone liegt die Stadt San Vito al Tagliamento, ein städtebauliches Juwel der Sonderklasse. San Vito ist ein altes Siedlungsgebiet, Ausgrabungen belegen, dass der Ort schon zwischen dem 9. und 7. vorchristlichen Jahrhundert besiedelt wurde. Die Stadt, die heute etwa 15.000 Einwohner zählt, wurde an den sogenannten „risorgive", das sind teils ergiebige Quellen, an denen das Wasser der Alpenflüsse Tagliamento, Meduna und Cellina, die in den mächtigen Schotterflächen der „Grave" versickern, entlang eines Quellhorizonts wieder zum Vorschein kommt. Auch die Römer nutzten diese Gunstlage für eine Siedlung aus, der alte Stadtkern, wie er heute noch zum Großteil erhalten ist, entwickelte sich im 12. und 13. Jahrhundert. Die Geschichte ist eng mit den Patriarchen von Aquilea verbunden. San Vito al Tagliamento ist neben Aquileia die zweitälteste Stadt vom Friaul. Die Struktur der Stadt ist mittelalterlich, Ende des 12. Jahrhunderts wurde die Stadtmauer mit mehreren Türmen, die gleichzeitig als Zugang zur Stadt dienten, errichtet. Zum Schutze der Stadt wurde zusätzlich ein Wassergraben entlang der Stadtmauern angelegt, der heute noch auf weiten Strecken erhalten ist.

San Vito war früher eines der Zentren der Seidenspinnerei, zahllose Maulbeerbäume, deren Blätter die Futtergrundlage der Seidenraupen darstellten, sind in der Umgebung der Stadt, heute noch stumme Zeugen dieser Zeit.

Wochenmarkt in San Vito al Tagliamento

Sehr viele Orte in Friaul Julisch Venetien haben ihren Wochenmarkt, an denen Lebensmittel und Waren verschiedenster Art angeboten werden. Auf dem wunderschönen Hauptplatz von San Vito al Tagliamento und in zahlreichen Seitengassen der Innenstadt wird schon seit dem Jahre 1341 ununterbrochen, jeden Freitag, ein sehr interessanter Markt mit einem vielfältigen Warenangebot abgehalten. Es ist dies einer der ältesten und größten Wochenmärkte in ganz Friaul Julisch Venetien.

Es gibt kaum eine schönere und attraktivere Kulisse für einen Markt, als den langgestreckten Hauptplatz zwischen dem „Torre Raimonda" und dem „Torre Scaramuccia". Der im venezianischen Stil errichtete Hauptplatz wird von wunderschönen, alten Häusern mit ihren typischen Arkadengängen allseits begrenzt.

Bauernmarkt | Mercati di agricoltori

Schon zeitig am Morgen stellen die Marktfahrer ihre Stände auf, die Käseverkäufer parken ihre geräumigen, modernen Marktautos ein, die Freitag für Freitag zentimetergenau immer am selben Platz abgestellt werden. Als Gast des Hotels Patriarca, das direkt an den Raimonda-Turm angebaut ist, konnte ich dieses Schauspiel vom ersten Stock des Hotels aus, oft genug miterleben.

Der Markt stellt sich in einem bunten, abwechslungsreichen Bild dar, die Bewohner von San Vito und aus der näheren Umgebung versorgen sich an diesem Wochenmarkt mit frischem Obst und Gemüse, allerlei Käse, Prosciutto und Wurstwaren jeglicher Art. Neben frischen Meeresfischen und Meeresfrüchten werden am Markt Gewürze, Blumen, Gemüsepflanzen, Textilien und Haushaltswaren aller Art angeboten. Sie können sich von der Unterwäsche über Schuhe, Hemden, Hosen und Kleidern bis zum Strohhut auf diesem Markt einkleiden.

Man trifft sich am Markt, geht in eines der Kaffeehäuser auf einen Espresso und schaut von den Arkaden aus, dem bunten Treiben, den preisfeilschenden Käufern und den mit Säcken und Taschen vollbepackten, nach Hause eilenden Leuten zu. Der Freitag-Markt in San Vito al Tagliamento ist eine einzigartige Institution, ein wahres Erlebnis, das es schon seit über 650 Jahren gibt, es wird diesen Markt auch die nächsten 650 Jahre noch geben.

RAPE
2003

Wein | Vino

Wein | Vino

Weinland Steiermark – „klein aber fein“

Obwohl die Weinanbaufläche der Steiermark von etwa 3.700 Hektar lediglich 7% der österreichischen Gesamtanbaufläche ausmachen, kann man zweifelsohne vom „Weinland Steiermark“ sprechen.

Trotz der geringen Größe der Weinanbaufläche hat sich die Steiermark in den letzten beiden Jahrzehnten auch international zu einem führenden Weinland entwickelt, vor allem auf dem Weißweinsektor.

In der Steiermark hat der Weinbau eine große Tradition. Schon vor etwa 2.500 Jahren wurden in der Steiermark von den Kelten wild wachsende Reben für die Weinzubereitung genutzt. Eine Weinkultur wurde jedoch erst von den Römern betrieben, zahlreiche Funde von Trinkgefäßen, Weinbehältern sowie Steinreliefs im südsteirischen Raum zeugen von der Weinkultur der Römer. Nach dem Einbruch der Weinwirtschaft zur Zeit der Völkerwanderung folgte mit der aufkommenden Christianisierung ein enormer Aufschwung des Weinbaus im Hochmittelalter.

Im 19. Jahrhundert erlangte der Weinbau in der Steiermark durch das Wirken Erzherzog Johanns einen weiteren Aufschwung, vor allem hinsichtlich der Qualität des Weines. Erzherzog Johann betrieb in Pickern bei Marburg ein Musterweingut, wo er sich darauf konzentrierte, in der Steiermark noch unbekannte Rebsorten, die er aus dem Ausland holte, hier auszupflanzen und zu kultivieren. Auf diese Art und Weise kamen etwa der Traminer, der Chardonnay sowie der Sauvignon, heutige Leitsorten im steirischen Weinbau, in die Steiermark.

Die Entwicklung des Weinbaus erlebte nicht nur in der Steiermark, sondern nahezu in ganz Europa Mitte des 19. Jahrhunderts durch den Reblausbefall sowie durch die Einschleppung des Oidiums und durch das Auftreten der Peronospora einen katastrophalen Einbruch. Der Wiederaufbau des Weinbaus gelang durch die Auspflanzung von Reben auf reblausresistenten, amerikanischen Unterlagsreben.

Ende des 19. Jahrhunderts war die damalige Steiermark mit etwa 35.000 Hektar eines der bedeutendsten Weinländer in der österreichisch-ungarischen Monarchie. Durch die Folgen des ersten Weltkriegs ging die damalige Untersteiermark an Jugoslawien verloren, was einen Verlust der steirischen Weinanbaufläche von etwa 30.000 Hektar bedeutete.

Heute produzieren die steirischen Weinbauern auf etwa 3.700 Hektar in drei Weinbaugebieten jährlich etwa 150.000 Hektoliter Wein.

Steirischer Wein gehört seit Jahren zur Weltspitze.

Welschriesling

Der Welschriesling ist nach dem Grünen Veltliner die zweitwichtigste Weißweinsorte. In der Steiermark hat sich diese Rebsorte zum Klassiker entwickelt mit den Hauptanbaugebieten in der Süd- und Südoststeiermark, wo nahezu 30% der Rebfläche mit dieser Rebe bepflanzt sind.

Die Herkunft des Welschriesling ist nicht genau bekannt, dem Namen nach könnte man als Ursprungsland Italien vermuten, aller Wahrscheinlichkeit nach kam jedoch diese Rebe aus Frankreich nach Österreich. Mit Sicherheit aber ist der Welschriesling ampelographisch nicht mit dem Rheinriesling verwandt.

Der Welschriesling, eine sehr spät reifende Rebsorte, liefert regelmäßig hohe Erträge, beste Ernten werden auf sandigen, gut wasser- und nährstoffversorgten Böden erzielt.

Der Wein hat bei guter Reife ein fruchtiges und feinwürziges Bouquet mit prägnanten Apfelaromen, charakteristisch ist auch die markante aber nicht zu aufdringliche Säure. Der Welschriesling ist am besten als Jungwein zu trinken. Nach mehrjähriger Lagerung kann er seine Fruchtigkeit verlieren, die für die steirische Ausbaulinie typisch ist.

Weingut Scheucher, Labuttendorf

„Der Welschriesling gehört zum Pflichtprogramm eines steirischen Weingutes, bei dem man nicht viel herumexperimentieren und nur beschränkt kreativ sein kann. Alle anderen Weine gehören zum Kürprogramm, bei dem man wesentlich mehr Gestaltungsspielraum hat“ berichtet Paul Berger, der Junior im Weingut Scheucher, der für den Keller zuständig ist. Er weiß wovon er spricht, hat er doch die Fachhochschule Geisenheim im Rheingau mit Fachrichtung Önologie und Kellerwirtschaft absolviert.

Der Welschriesling von Scheucher besticht durch eine charmante Stilistik, die Aromatik nach Zitrusfrüchten und Äpfel einer saftigen Variante lassen den Welschriesling ausgesprochen attraktiv erscheinen.

„Wichtig ist eine gezielte, langsame Gärführung, dass die für den Welschriesling typischen, jedoch leicht mobilen Aromen nicht schon bei der Gärung abhanden kommen. Eine selbst auferlegte Ertragsreduktion, eine sehr späte Lese zur Erlangung der optimalen physiologischen Reife und der gefühlvollen Umgang mit dem Produkt, unterstützt durch moderne

Kellertechnik, führt zwangsläufig zu einer entsprechenden Qualität", erklärt Paul Berger seine klare Philosophie der Weinherstellung.

Der Weinbaubetrieb hat sich aus einem landwirtschaftlichen Betrieb, zu dem früher auch eine Mühle gehörte, entwickelt. Neben einer eigenen Anbaufläche von 5 ha am Pößnitzberg, einer der besten Lagen in der Südsteiermark, verarbeitet das Weingut zusätzlich Trauben einer Anbaufläche von 7 ha, die von Vertragstraubenproduzenten bezogen werden.

Vor Jahren noch haben Gottfried und Johanna Scheucher einen Buschenschank betrieben, der neben den Weinen vor allem für die gute Jause bekannt war. Heute hat man den Schwerpunkt auf den Qualitätsweinbau verlegt, der Buschenschank wurde geschlossen, allerdings produziert Johanna Scheucher noch immer, jedoch nur für den Hausgebrauch, Speck, Würste und Schinkenspezialitäten aus Duroc Schweinen, die in Freilandhaltung aufgezogen werden. Gottfried Scheucher und sein Schwager waren überhaupt die ersten, die diese alten Schweinerassen, unter anderem auch das Mangalitzaschwein, wieder in die Steiermark gebracht haben. Bei einer Weinverkostung auf dem Weingut Scheucher können Sie in den Genuss der Köstlichkeiten von Johanna Scheucher kommen. Nutzen Sie die Chance, denn kaufen kann man die Schmankerln leider nicht.

Wein | Vino

Weißburgunder

Der Weißburgunder (Pinot blanc), der neben dem Grauburgunder (Ruländer) und dem Chardonnay (Morillon) zur Burgunderfamilie zählt, ist in der Steiermark nach dem Welschriesling die am weitesten verbreitete Weißweinsorte. Der Weißburgunder stellt hohe Ansprüche an den Boden sowie an die Lage, er liefert bei Vollreife gehaltvolle, hochwertige Weine mit mandelartigen und nussigen Aromen, meist mit pikanter Säure.

Daniel Jaunegg, Eichberg

Daniel Jaunegg, am Eichberg-Trautenburg in der Gemeinde Leutschach zuhause, hat im Jahre 2002 das elterliche Weingut übernommen und zählt zweifelsohne, trotz seines jugendlichen Alters von 24 Jahren, zur Garde der steirischen Topwinzer. Schon sein Vater Johann war vor allem mit der Sorte Weißburgunder unter den besten steirischen Produzenten zu finden, der Sohn setzte diese Tradition fort.

Daniel Jaunegg achtet pennibel auf die Pflege und Betreuung der Weingärten, die sich in besten Lagen in der unmittelbaren Umgebung des Betriebes befinden. Die zum Großteil nach Süden und Südwesten ausgerichteten Weingärten mit den Lagen „Muri" und „Knily" liefern Traubenmaterial mit großem Potenzial, die sich in der typischen Stilistik seiner Weine widerspiegelt. Die bewirtschaftete Rebfläche beträgt 8 ha, im Ausmaß von ca. 4 ha werden Trauben zugekauft.

Um kellertechnisch nichts dem Zufall zu überlassen, hat Daniel Jaunegg im Herbst 2004 einen, neuen, kellereitechnisch auf den letzten Stand eingerichteten Keller in Betrieb genommen. Edelstahl dominiert im modernen Keller, daneben aber auch kleine und große Eichenfässer für den Ausbau der Lagenweine.

Das neue Kellergebäude fällt in der südsteirischen Landschaft durch seine gewagte architektonische Gestaltung auf. Man muss Daniel Jauneg, seinen Architekten sowie der, die Baubewilligung erteilenden Behörde ein Kompliment für deren Mut aussprechen, an einem exponierten, gut einsehbaren Ort im Naturpark Südsteirisches Weinland ein solches Gebäude zu planen und zu genehmigen. Das Gebäude zeichnet sich trotz der architektonischen Eigenheit durch ausgesprochene Funktionalität aus. Man merkt dem jungen Winzer die Freude und Begeisterung an, in diesem Ambiente den Weinen seinen Stempel aufzudrücken.

Daniel Jaunegg baut zwei Weißburgunderlinien aus, zum einen den Weißburgunder Klassik, zum anderen einen Klevner, eine Spielart des Weißburgunders aus einem etwa 30 jährigen Rebenbestand. Im Vergleich zum Weißburgunder zeichnet sich der Klevner durch eine Kleinbeerigkeit und durch eine intensive Struktur und Frucht aus. Diese „kräftige Variante" des Weißburgunders wächst auf der Lage „Schlossberg" und wird im großen Holz ohne biologischen Säureabbau ausgebaut.

Auf die Frage nach seiner Philosophie erklärt Daniel Jaunegg, dass er vor allem auf den Sortentypus Wert legt. Man soll bei seinen Weinen die Herkunft aus der Südsteiermark schmecken.

Als Speiseempfehlung rät Jaunegg zu seinem Weissburgunder Geflügel- und Spargelgerichte, zu seinem Klevner können die Speisen durchaus etwas deftiger sein.

Gelber Muskateller

Der Gelbe Muskateller gehört zu den ältesten bekannten Rebsorten mit weltweiter Verbreitung in unterschiedlichsten Varianten und Spielarten. Der Muskateller stammt vermutlich aus Vorderasien. Die Verbreitung nach Mitteleuropa verdanken wir den Römern.

In Österreich hat sich diese Rebsorte vor allem in der Steiermark zu einer ausgesprochenen Spezialität, vor allem als Aperitifwein, entwickelt. Die Anbaufläche in der Steiermark beträgt lediglich 3% der Gesamtrebfläche, der Trend ist jedoch leicht steigernd. Noch vor 15 – 20 Jahren kannte man den Muskateller fast ausschließlich als halbtrocken oder süß ausgebauten „Frauenwein", der typische steirische Muskateller in der „modernen" Ausbauart zeigt ein unvergleichliches, fruchtiges Muskataroma, eine rassige Säure und wird grundsätzlich trocken ausgebaut. Es gibt nahezu keinen anderen Wein, der bei entsprechender Reife ein derart intensiv aromatisches Bouquet vermittelt, wie der typische steirische Muskateller.

Wein | Vino

Johann Skringer, Eichberg – Trautenburg

Einer, der sich seit Jahren unter anderem mit dem Ausbau des Gelben Muskateller intensiv beschäftigt, ist Johann Skringer, dessen Weingut sich hoch oben am Eichberg, westlich von Leibnitz, in nahezu 600 m Seehöhe befindet.

Als Absolvent der Weinbauschule Silberberg übernahm er 1990 im Alter von zwanzig Jahren den elterlichen Betrieb und konnte sich sogleich in der steirischen Weinszene etablieren. Von Anfang an setzte Johann Skringer voll auf die Weißweinproduktion. Heute bewirtschaftet er eine Rebfläche von 7,5 ha, die ausschließlich von Weißweinsorten bestockt sind.

Johann Skringer hat sich mit Weißburgunder und Sauvignon blanc einen Namen gemacht. Sein Muskateller steht den beiden genannte Weinen jedoch nichts nach.

„Bei uns heroben auf dem Eichberg findet der Muskateller in den Lagen „Trautenburg" und „Eichberg" durch die sandigen, kalkfreien Böden sowie durch das einzigartige Mikroklima optimale Standortbedingungen vor".

„Der Muskateller ist eine anspruchsvolle Sorte, er fordert den Winzer voll heraus", berichtet Johann Skringer weiter. Der Muskateller ist eine starkwüchsige, spätreifende Sorte. Sie benötigt daher um das physiologische Reifepotential voll auszuschöpfen, eine schwachwüchsige Unterlage. Die Lese des Muskateller erfolgt sehr spät, der Wein wird „knochentrocken" im Edelstahl ausgebaut.

Der Muskateller von Johann Skringer besticht durch ein betörendes Aromenspiel, das von reifen Zitrusfrüchten über reifes Steinobst bis zu würzigen Muskattönen reicht.

„Ich will hier am Eichberg sorten- und lokaltypische Weine produzieren, nur bestes, physiologisches Traubengut verarbeiten, – mir geht es nicht um die Zuckergrade. Ich möchte hinsichtlich der Stilistik meiner Weine typisch steirisch bleiben und aus dem, was mir die Natur in meinen Weingärten bietet, das Optimum herausholen".

Morillon

Den Morillon, der heute neben dem Sauvignon blanc die bedeutendste Leitsorte der steirischen Weißweine darstellt, verdanken wir Erzherzog Johann, der auf der Suche nach Qualitätsreben, in der ersten Hälfte des 19. Jahrhunderts, zahlreiche Rebsorten von Frankreich in die Steiermark brachte und in Musterweingütern auspflanzte. Unter diesen war auch der Morillon, eine Rebsorte, die aus der Ortschaft Morillon in der Burgund geholt wurde. Da man nicht wusste, um welche Sorte es sich handelte, wurde sie einfach nach dem Ort, in dem sie gefunden wurde, benannt. Der Wein wird heute noch in der Steiermark als Morillon bezeichnet, lange Zeit hielt man diesen für einen klassischen weißen Burgunder, erst seit etwa 30 Jahren weiß man, dass es sich bei dieser Rebsorte genetisch um eine Spielart des Chardonnay handelt. Der steirische Morillon ist im Vergleich zum französischen Chardonnay eine andere Selektion, beide Rebsorten haben aber als Erkennungsmerkmal das selbe 5-lappige Blatt mit der markant ausgebildeten Stielbucht. Vielfach wird der Morillon, vor allem außerhalb der Steiermark, als Chardonnay bezeichnet.

Manfred Tement, Berghausen

Die Erfolgsgeschichte des steirischen Weins ist eng mit dem Namen Manfred Tement verbunden, er war Mann der ersten Stunde im steirischen Qualitätsweinbau. Das Weingut Tement zählt seit vielen Jahren zu den Top Weingütern der Steiermark, vor allem am Weißweinsektor mit den Sorten Sauvignon blanc und Morillon, die mittlerweile schon Kultstatus erlangt haben und zu den besten Weißweinen der Welt zählen.

Manfred Tement hat im Jahre 1979 den elterlichen Betrieb mit einer Anbaufläche von 2,5 ha übernommen, in den letzten Jahren wurden die Weingartenflächen wesentlich erweitert, derzeit wird eine Fläche im Ausmaß von etwa 60 ha bewirtschaftet. Schon für seinen Vater hatte der Morillon einen sehr hohen Stellenwert, für ihn war dieser Wein die wichtigste Sorte. Es ist kein Geheimnis, dass Sauvignon blanc eigentlich die große Liebe von Manfred Tement ist, mit der selben Akribie und Leidenschaft konzentriert er sich aber auch auf den Morillon, den er zu etwa 70% klassisch, den Rest als elegante Lagenweine ausbaut. Manfred Tement war in der Steiermark maßgeblich an der Bezeichnung „Steirische Klassik" beteiligt, eine Weinlinie, die überwiegend im Stahltank ohne biologischen Säureabbau ausgebaut wird und die sich durch Frische und Fruchtigkeit auszeichnet. Der klassische Morillon von Tement bildet allerdings eine Ausnahme, er reift im großen Holzfass.

„Der Morillon verlangt förmlich nach einem Holzausbau, dieser ist wichtig für die Atmung des Weines sowie für die Mikrooxidation. Eine langsame Sauerstoffzufuhr und ein langer Hefekontakt kann mit einem großen Holzfass am besten durchgeführt werden".

Bei den Lagenweinen führt Manfred Tement einen biologischen Säureabbau durch, dieser lässt durch die weichere Säure den Wein harmonischer werden, zudem erlangt der Wein eine wesentlich bessere Haltbarkeit. Die Ausbauvariante der Lagenweine sieht zuerst eine zwölfmonatige Lagerung im kleinen Holz vor, anschließend weitere zwölf Monate im großen Holz.

▷ **Herr Tement, Sie sind ein Weinfanatiker, gehen einen geradlinigen Weg. Ihr Sauvignon blanc zählt zu den weltbesten Weinen, kann Ihnen das mit dem Morillon auch gelingen und wie weit kommt Ihnen der Morillon bei Ihrem Vorhaben entgegen?**

„Beim Sauvignon sind wir in der Steiermark die besten, der Grund dafür liegt in der Tatsache, dass wir in der Südsteiermark für den Sauvignon die besten Voraussetzungen hinsichtlich Boden und Klima haben. Beim klassischen Morillon zählen wir in der Südsteiermark ebenfalls zu den besten, in der hochwertigen Form stehen wir international mit dem Morillon jedoch an zweiter Stelle. Sie dürfen aber nicht vergessen, dass uns die international an der Spitze stehenden Chardonnay-Produzenten beispielsweise aus Frankreich, Erfahrungen von mehreren Jahrzehnten voraus haben.

Der Morillon ist im Vergleich zum Sauvignon blanc viel anspruchsvoller und auch schwieriger zu behandeln. Der Morillon ist kein „Nasenwein", er ist ein Wein, bei dem am Gaumen viel mehr kommt, als man in der Nase riecht. Der Sauvignon hat vom Aroma her ein gutes Blendwerkzeug, der Morillon kann mit seinem Aroma nicht so blenden, beim Morillon kommt es auf seine wahre Größe an. Beim Sauvignon dominiert immer die Fruchtigkeit der Trauben, beim Morillon steht der traubeneigene Geschmack im Hintergrund, der Wein wird geprägt von der Mineralität aus dem Terroir, die Sekundärkomponenten werden betont, nicht zu sehr die Primärfrucht. Die Böden, vorwiegend Kalkmergel und Muschelkalk, in unseren Lagen Zieregg und Sulz kommen dem Morillon sehr entgegen. Um das Potential des Morillon voll auszuschöpfen, ist ein Holzausbau unerlässlich. Durch die langsame Sauerstoffzufuhr und Atmung des Weines im Holzfass kommen Aromen zu Vorschein, die tief im Wein sind, außerdem verlängert eine Holzreifung die Haltbarkeit des Weines. Der klassisch ausgebaute Morillon hat eine dezente Fruchtnote, die an Bananen erinnert, die holzgereiften Lagenweine sind würzig mit einer cremigen Komponente, einem Resultat aus dem Zusammenspiel von Terroir, Traubenmaterial und Holzausbau. Ich versuche meinen Weinen Kraft, Harmonie und Wärme zu verleihen, ich will mit meinen Weinen aber auch beweisen, dass wir in der Steiermark haltbare Weine mit großem Potenzial erzeugen können Bisher hat sich der Morillon an meine Vorgaben gehalten, ob er das in Zukunft auch tut, weiß ich nicht, ich jedenfalls will aus dem Morillon einen großen Wein machen, der Weg dazu ändert sich jedoch ständig".

Sauvignon blanc

Der Sauvignon blanc war früher in der Steiermark unter der Bezeichnung Muskat Sylvaner bekannt, es ist eine Rebsorte, die schon über 200 Jahre in der Steiermark angebaut wird. Der Ursprung der Sauvignon Traube liegt in Frankreich, sie wurde unter Erzherzog Johann in der ersten Hälfte des 19. Jahrhunderts in die Südsteiermark eingeführt. Die Rebsorte ist durch die Kleinbeerigkeit kein Massenträger, sie wurde früher kaum sortenrein ausgebaut, sondern diente vorwiegend als Aroma- und Geschmacksbetoner in einem gemischten Satz.

Vor etwa 20 Jahren setzte man sich intensiv mit dem Sauvignon blanc auseinander, der erzielte Erfolg hat den steirischen Winzern recht gegeben auf diese Sorte zu setzen und dessen Potenzial voll auszuschöpfen.

Der Sauvignon blanc, der sich seit Jahren durch die Mithilfe der qualitätsbewussten Weinhersteller zur absoluten Erfolgsrebe der Steiermark entwickelt hat, zeichnet sich durch eine Geschmacksvielfalt aus, die von leicht grasiger Prägung bis zu prägnanten Aromen nach Cassis oder Paprikaschoten bei Verarbeitung vollreifen Leseguts reichen kann. Ein dezenter Holzeinsatz, gepaart mit einer schönen Säurestruktur macht den Sauvignon zu einem unverwechselbaren steirischen Wein, der auf internationaler Ebene nicht nur mit den besten Sauvignons der Welt mithalten kann, sondern sich seit Jahren regelmäßig im internationalen Spitzenfeld positioniert hat.

Erich und Walter Polz, Spielfeld

Die beiden Brüder Erich und Walter Polz aus Spielfeld zählen schon seit Jahren mit ihrem Sauvignon blanc konstant zu den österreichischen, aber auch internationalen Spitzenproduzenten.

Anfang der 80er Jahre haben sie das zum damaligen Zeitpunkt flächenmäßig noch wesentlich kleinere Weingut von ihrem Vater übernommen, mittlerweile bewirtschaften sie eine Rebfläche von knapp mehr als 100 ha und avancierten folglich zum größten steirischen Weinbaubetrieb.

Sauvignon blanc wird am Weingut Polz in zwei Linien ausgebaut, die größte Menge kommt als „Steirische Klassik" in den Handel, ein leichter Wein mit typisch grünen Nuancen, der rein im Stahltank ausgebaut wird.

Die besten Sauvignons des Weinguts Polz gedeihen auf der Lage Hochgrassnitzberg, einer nach Südwesten geneigten Hanglage in Spielfeld. Der Sauvignon blanc, der an und für sich auf allen Böden gedeiht, findet auf dieser Lage neben lehmreiche Böden auch sandige Muschelkalk-Verwitterungsböden vor, er entwickelt sich auf diesen Bodenverhältnissen in dieser Exposition zur absoluten Perfektion. Die Weine bestechen durch eine klare, konzentrierte Frucht.

Die Schieferböden der Lage Theresienhöhe im Sausal, auf der ebenfalls Sauvignon blanc ausgepflanzt ist, verleihen diesem eine hohe Mineralik und eine pikante Frucht.

Die Weine der Lage Theresienhöhe werden im Stahltank vergoren und anschließend, damit der Wein „ausatmen" kann, ins große Holz gegeben.

Die Lage Hochgrassnitzberg wird im großen Holz ausgebaut, von besonders guten Jahrgängen wird eine Reserve erzeugt.

Die Brüder Polz versuchen durch eine spätest mögliche Lese den Trauben die optimale physiologische Reife angedeihen zu lassen, die sich im Wein durch eine besondere Aromatik nach Cassis, Stachelbeeren und gelbem Paprika sowie durch ein längeres Lagerungspotenzial niederschlägt.

„Wir wollen kräftige, gehaltvolle Weine erzeugen, damit die Steiermark endlich den Ruf verliert, nur ein typisches Jungweingebiet zu sein. Wir wollen Kompetenz zeigen und beweisen, dass bei uns große Weine wachsen, dafür halten wir uns nach dem Leitsatz, dass nur der gut ist, der ständig an sich arbeitet".

Traminer

Brachte man hinsichtlich des Aufschwungs des Weinlandes Steiermark mit den Rebsorten Chardonnay, Schilcher, vor allem aber mit Sauvignon blanc in Verbindung, so war es um die Rebsorte Traminer eher still. Man kann fast sagen, dass der Traminer wie der Sämling oder der Müller-Thurgau in den letzten Jahrzehnten nahezu in die Bedeutungslosigkeit abgesunken ist. Den Klöcher Traminer Winzern ist es jedoch gelungen, einerseits durch innovative Ideen, vor allem aber durch konsequentes Festhalten an einer klar definierten Qualitätsschiene, den Traminer nicht nur in der Steiermark, sondern in ganz Österreich zu einem Aushängeschild in der Weinlandschaft werden zu lassen. Der Traminer feierte in den letzten 15 Jahren eine neue Blüte, rund um Klöch gedeihen heute Traminer von internationalem Ruf.

Der Weinbau in der Oststeiermark mit Klöch als Zentrum hat eine sehr lange Tradition, er wurde schon vor mehr als 2000 Jahren von den Römern betrieben, die die naturräumlichen Grundlagen und Bedingungen dieser Region für den Weinbau erkannten.

Neben den günstigen klimatischen Verhältnissen stellen die Vulkanverwitterungsböden, eine Folge der regen vulkanischen Tätigkeit im Tertiär vor mehreren Millionen Jahren, beste Voraussetzungen für den Weinbau dar.

Die Traminertraube hat ihren Ursprung nicht, wie man vermuten würde, in der Gegend um Tramin in Südtirol. Der bekannte Weinort Tramin ist lediglich der Namensgeber für diese Rebsorte, die schon vor mehr als 1000 Jahren im Gebiet um Tramin kultiviert wurde.

Vielmehr waren es, wie auch am Beispiel anderer Rebsorten, die Römer, die diese Rebe aus dem Mittelmeerraum zu uns brachten. Der Traminer dürfte seine Heimat in Ägypten haben, fand man doch in Pharaonengräbern Traubenkerne, die eindeutig der heutigen Traminerrebe zugeordnet werden konnten.

Vom Traminer gibt es unterschiedliche Spielarten. Die am häufigst angebauten Varianten sind der klassische Traminer und der Gewürztraminer. Zur Traminerfamilie gehören weiters der Rote, Weiße und Gelbe Traminer, die sich hinsichtlich der Farbe und des Geschmacks von den Hauptsorten geringfügig unterscheiden.

Alle Traminerspielarten stellen hohe Ansprüche an Boden, Klima und Lage, die sehr geringe Kalkverträglichkeit ist für den Traminer charakteristisch, dies ist auch der Grund dafür, dass gute Traminerqualitäten nur in bestimmten Gebieten, wie etwa in der Oststeiermark, erzielt werden können.

Die qualitativ hochwertigsten Traminer werden in hohen Prädikatsweinstufen erreicht. Diese Weine habe eine prägnante Aromafülle mit einem intensiven Duft nach Wildrosen. Die nach moderner Stilistik ausgebauten Traminer sind durchwegs trocken. Es werden aber auch in Abhängigkeit vom jeweiligen Jahrgang, sämtliche Prädikatsweinstufen mit mehr oder weniger Zuckerrest erzeugt.

Josef Nell, Klöch

Am Hochwart, einem Hügelzug oberhalb der Traminerhochburg Klöch, befinden sich einige der besten Traminerlagen, von denen Josef Nell, eine der bemerkenswertesten Winzerpersönlichkeiten in der Oststeiermark, profitiert. Zum Weingut Gießauf-Nell am Hochwart gehören 6 ha Rebfläche, knapp mehr als 40% sind mit Traminer bestockt, in Zukunft soll der Traminerantell auf über 50% angehoben werden.

Bei den Traminervarianten des Weingutes dominiert der Gewürztraminer und Traminer, gefolgt vom Roten Traminer und dem erst seit jüngster Vergangenheit im Ertrag stehenden Gelben Traminer. Obwohl sich Josef Nell erst seit 1991 intensiv mit dem Weinbau beschäftigt, konnte er sich, getrieben von einem konsequentem Qualitätsgedanken, im absoluten Spitzenfeld der österreichischen Traminer Produzenten platzieren.

Sämtliche Traminersorten werden grundsätzlich im Spätlesebereich geerntet, ohne diese als „Spätlese" zu deklarieren. Dabei kommen Josef Nell sicherlich die besonderen klimatischen Verhältnisse in der Oststeiermark entgegen, jährliche Niederschlagsmengen von lediglich 600 bis 700 mm sowie trockene und sonnige Herbstmonate lassen bei dementsprechenden späten Leseterminen hochgradiges Lesegut zu. Durch konsequenten Rebschnitt liegen die Hektarerträge zwischen 4.000 und maximal 5.000 kg.

In Abhängigkeit von der Außentemperatur lässt Josef Nell die gerebelten Trauben bis zu 24 Stunden aus Gründen der Geschmacks- und Farbstoffausbeute auf der Maische stehen.

Der Gewürtraminer xxNell, Josef Nells Paradesorte, wird zum Teil als Geschmacksunterstützung im Holzfass ausgebaut. Der Wein hat Kraft, ein ausgeprägtes Aroma und entspricht durchaus internationaler Stilistik.

Typisch für alle Traminer von Josef Nell ist ein starker Duft nach Wildrosen, beim Gewürztraminer kommen noch Gewürznelkennoten dazu. Bis auf den Gelben Traminer, einem relativ hellen, gelblichgrünem Wein, ist für alle anderen Traminersorten eine kräftige Farbe mit teilweise intensiv goldorangen Tönen charakteristisch.

„In meinem Traminer spüre ich die für unsere Gegend typische Mineralik. Ich will nur die von der Natur vorgegebenen Voraussetzungen ausnutzen und dabei keine Fehler machen", so die Grundphilosophie von Josef Nell.

Als Essensempfehlung rät Josef Nell zu seinem Gewürztraminer ein Backhendl, aber auch dunkles, deftiges Fleisch, neben dem der Traminer aufgrund seiner Fülle und Aromakraft keineswegs „untergeht".

Dem Weingut Gießauf-Nell ist ein gemütlich eingerichteter Buschenschank angeschlossen, in dem Sie sich bei einer steirischen Jause nicht nur dem Traminer, sondern auch einem Welschriesling, Weißburgunder, Morillon, Muskateller, Sauvignon blanc oder Zweigelt hingeben können.

Wein | Vino

Zweigelt

Der Blaue Zweigelt ist die am weitesten verbreitete Rotweinsorte in Österreich. Auch in der Steiermark ist der Blaue Zweigelt unumstritten die beliebteste Rotweinrebsorte, sie fand hier ideale Boden- und Klimaverhältnisse vor.

Die Zweigeltrebe, eine österreichische Neuzüchtung, ist dem aus Graz stammenden, ehemaligen Direktors der Bundesanatalt für Wein- und Obstbau in Klosterneuburg Dr. Fritz Zweigelt zu verdanken. Ihm gelang im Jahre 1922 eine Kreuzung aus St. Laurent x Blaufränkisch, die ursprünglich unter dem Namen „Rotburger“ bekannt wurde und sich aufgrund der geringen Bodenansprüche und der teilweise hohen Erträge sehr schnell zur häufigst ausgepflanzten Rotweinsorte entwickelte. Im Jahre 1975 wurde der „Rotburger“ im Rahmen der Qualitätsweinrebensorten Verordnung zur Rotweinsorte „Blauer Zweigelt“ umbenannt.

Bei vollreifem Lesegut entwickelt sich der Zweigelt zu einem intensiv rubinfarbigen Wein mit einem sortentypischen Aroma nach reifen Kirschen und Weichseln.

Karl Thaller, Maierhofen

Als Karl Thaller 1987, damals noch als Kellermeister im Weingut Herberstein, mit einem Zweigelt Jahrgang 1986 österreichischer Salonsieger wurde, war er selbst überrascht, dass einem unbekannten und relativ unerfahrenen Winzer aus einem ausgesprochenen Weißweinland, wie es die Steiermark ist, ein solcher Erfolg gelingen konnte. Wenige

Jahre später konnte Karl Thaller mit Rotweinen aus seinem eigenen Weingut ähnliche Erfolge erzielen, heute wird er als Pionier der steirischen Rotweinszene gehandelt und zählt zu den österreichischen Spitzenrotweinproduzenten.

Karl Thaller hat voll auf den Rotwein gesetzt. Auf 80 % der Anbaufläche wachsen Merlot, Shiraz, Cabernet Sauvignon Blauer Burgunder und die Leitsorte im Rotweinbereich, der Blaue Zweigelt. Dieser Rebsorte kommen die Bodenverhältnisse und vor allem die klimatischen Verhältnisse in der Oststeiermark sehr entgegen, Karl Thaller hat vor Jahren schon erkannt, welches Potenzial sowohl im Blauen Zweigelt, als auch im Anbaugebiet selbst, liegen. Der Blaue Zweigelt, eine frühreife Sorte, erreicht in der Oststeiermark konstant die physiologische Reife. Mit einer zusätzlich konsequenten und gewissenhaften Arbeit im Weingarten erzielt Karl Thaller mit seiner heutigen Erfahrung ständig beste Ergebnisse mit dieser Rebsorte. Bei einer Bestockung von 5500 Reben je Hektar, erzielt Karl Thaller Hektarerträge bis maximal 6000 kg, durch eine selbst kreierte Erziehungsform seiner Rebstöcke und einem konsequenten Rebschnitt ist die Erntemenge zu Gunsten der Qualität begrenzt.

Die Trauben werden zwischen 8 und 12 Tagen auf der Maische belassen und zum Teil im Barrique ausgebaut. Durch den neuen großzügig gestalteten Barriquekeller in seinem „Weinschloss“ sind die Voraussetzungen für optimale Reifebedingungen gegeben, durch den Neubau des modernen Kellers hat sich Karl Thaller die Möglichkeit geschaffen, seine Philosophie voll umsetzen zu können.

Sein Zweigelt zeichnet sich durch eine sortentypische Aromatik mit einem Duft nach reifen Weichseln und Kirschen aus. Er ist kompakt, dicht und hat viel Finesse. Der Zweigelt von Karl Thaller gibt sich immer weich und charmant, trotz der Fülle und Dichte elegant und feminin.

„Das Toplesegut muss sensibel verarbeitet werden. Ich kann im Keller nur mehr beschränkt in das Weinmachen eingreifen. Ich bin der Regisseur, plane das „Kunstwerk Wein“ indem ich mir vorher den gesamten Produktionsvorgang im Geiste zurechtgelegt habe, so dass am Ende das Produkt passt. Beim Wein kann man nicht wie ein Koch nachwürzen, wenn das Gericht nicht den Vorstellungen entspricht“.

Wein | Vino

Schilcher

Die Blaue Wildbachertraube, aus der der Schilcher, ein einzigarztiger, säurebetonter Wein hergestellt wird, dürfte von einer Wildrebenart stammen, die schon zur Zeit der Kelten, um etwa 400 vor Christus kultiviert wurde. Der daraus gewonnene Wein kann somit zu einem der ältesten Weine in Mitteleuropa gezählt werden.

Die Bezeichnung Schilcher steht für eine Weintypologie, nicht für eine Rebsorte. Der Schilcher verdankt seinen Namen seiner schillernden Farbe, die je nach Anbauregion von hellrosa über zwiebelschalenfarbig bis zu dunkelrosa reichen kann. Die erste namentliche Erwähnung des Schilchers kommt in einem Dokument aus dem Jahre 1580 vor, in dem er vermutlich aufgrund seiner Farbe als „Schiller" bezeichnet wurde. Man kann daraus schließen, dass der Schilcher schon im 16. Jahrhundert zu einem rosafärbigen Wein, die typische Charaktereigenschaft des klassischen Schilchers, ausgebaut wurde.

Als Schilcher dürfen nur Weine deklariert werden, die zu 100% aus der Blauen Wildbacherrebe gekeltert werden, die ausschliesslich in der Steiermark gewachsen sind.

Hauptanbaugebiet des Schilchers ist die Weststeiermark, auf 90 % der Weinbaufläche ist diese Sorte ausgepflanzt. Der Grund für die starke Konzentration des Anbaus der Wildbacherrebe auf die Weststeiermark liegt an den für diese Rebsorte günstigen Bodenbeschaffenheiten. Die Wildbacherrebe bevorzugt tiefgründige, lockere und fruchtbare Verwitterungsböden aus kristallinem Schiefer, wie sie an den östlichen Ausläufern der Koralpe vorkommen. Die Weingärten befinden sich in frostsicheren Lagen zwischen 400 und 600 m Seehöhe. Auf den kristallinen Böden erlangt der Wein eine fruchtbetonte Aromatik mit einem breiten Duftspektrum nach schwarzen Johannisbeeren, Himbeeren und Erdbeeren sowie die für den Schilcher typische spritzige Säure.

Die Blaue Wildbacherrebe zählt zu den spätreifenden Sorten, meist wird sie erst in der zweiten Oktoberhälfte geerntet. Die gewünschte Rosafärbung wird durch die Stehzeit der gerebelten Trauben auf der Maische vor dem Pressvorgang reguliert.

Der Schilcher wird in praktisch allen Qualitätsweinstufen, vom „einfachen Trinkwein" bis zum Eiswein, wenn es die Temperaturbedingungen zulassen, ausgebaut. Aufgrund der verstärkten Nachfrage nach prickelnden Weinen in den letzten Jahren haben zahlreiche Schilcherproduzenten auf diesen Trend reagiert und ihr Schilcherangebot durch die Produktion von Schilchersekt erweitert. Auch der Ausbau der Blauen Wildbacherrebe zu Rotwein nimmt in den letzten Jahren immer mehr zu.

Wegen seiner reschen und belebenden Säure und Frische wird der Schilcher sehr gerne als Aperitif getrunken. Brettljause und Schilcher werden in der Weststeiermark bei Getränke- oder Essensbestellungen schon in einem Atemzug genannt, die Kombination aus Brettljause und Schilcher hat sich schon fast zu einem Wahrzeichen der Weststeiermark entwickelt.

Hannes Resch, Wildbach

Unweit von Deutschlandsberg liegt Wildbach, der namensgebende Ort für die Blaue Wildbacher Traube und sozusagen die Heimat des Schilchers, der in diesem Raum schon immer in seiner klassischen, traditionellen Art hergestellt wurde.

Zu den Leitbetrieben der Schilchererzeuger muss das Weingut Resch vulgo „Longus" gezählt werden. Seit Beginn der 90 er Jahre hat sich Hannes Resch, ein Absolvent der Weinbauschule Klosterneuburg, ganz der Schilcherproduktion verschrieben.

„Ich habe in meinen Weingärten die besten naturräumlichen Voraussetzungen für die Wildbacherrebe, daraus will ich in Wildbach, im Herzen der Schilchergegend, einen „klassischen Schilcher" produzieren".

Dass sich Hannes Resch ganz auf den Schilcher konzentriert hat, beweist die Tatsache, dass etwa 95% seiner Weingartenflächen mit Blauem Wildbacher bepflanzt sind. Die Weingärten sind auf unterschiedliche Riede mit unterschiedlichen Bodenverhältnissen verteilt, dementsprechend sind auch die Charaktereigenschaften der verschiedenen Schilcher, die Hannes Resch erzeugt.

Befragt auf seine „Schilcherphilosophie" antwortet Hannes Resch spontan mit der Aussage, dass er versucht, die Lesetermine möglichst spät anzusetzen, zum einen, um den Trauben die höchstmögliche Reife angedeihen zu lassen und durch den spät angesetzten Lesetermin, die Trauben bei möglichst niedrigen Aussentemperaturen zu ernten. Kühles Lesegut, so Hannes Resch, bringt den Vorteil, die Trauben länger auf der Maische stehen lassen zu können. Eine Verlängerung der Maischestandzeit von einigen Stunden bringt den Vorteil, dass die Aromaausbeute erhöht wird, jedoch nicht die Gerbstoffe, bei kühlerem Lesegut erfolgt auch die Farbstoffauslaugung aus den Traubenschalen wesentlich langsamer. Ist die Norm der Maischestandzeiten für den Schilcher beim Großteil der Schilcherproduzenten durchwegs bei etwa 4 – 6 Stunden oder teilweise noch kürzer, belässt Hannes Resch seine Wildbacher Trauben bis zu 24 Stunden auf der Maische ohne Gefahr zu laufen, dass der Wein zu dunkel wird.

„Durch die relativ lange Stehzeit auf der Maische bekommt der Wein zusätzlich Kraft und eine Vielfalt an Aromen, die die Haltbarkeit des Schilchers wesentlich erhöhen. Der Schilcher ist an und für sich ein Wein, der frisch getrunken werden soll, ich möchte einen Schilcher erzeugen, der mindestens drei Jahre halten soll, ohne seinen Sortentypus zu verlieren".

Hannes Resch lässt seinen Schilcher ausschließlich im Stahltank ohne biologischen Säureabbau vergären.

Zur Philosophie von Hannes Resch gehört auch, dass er bei seinen Weinen besonders auf die Herkunft der Trauben aus den verschiedenen Lagen achtet. Hannes Resch war unter den weststeirischen Schilcherbauern einer der ersten, der die Vorteile besonderer Lagen erkannte und die Weine nach Lagen getrennt ausbaute.

Die zwei besten Lagen von Hannes Resch sind die nach Süden ausgerichteten Lagen Wildbachberg und Kögerlberg. Auf den kristallinen, kalkfreien Verwitterungsböden dieser Lagen, die sich durch die Korngröße des Bodens und durch die Bodenwasserführung unterscheiden, gedeihen außerordentlich kräftige Weine, deren Terroirunterschiede sich markant im Charakter der Weine widerspiegeln.

„Es zahlt sich aus, dass man die Weine getrennt nach ihren Lagen ausbaut, ich bin überzeugt, dass bei optimal ausgereiftem Lesegut vor allem die Lage den Charakter des Weines prägt und lediglich untergeordnet der Zuckergehalt der Trauben".

Die feinkörnigen, gut wasserversorgten Böden am Wildbachberg ergeben durchwegs rassige, säurebetonte Weine mit einem fruchtigen, ausgeprägten Duft nach schwarzen Johannisbeeren. Auf den sandigen und trockeneren Böden am Kögerlberg sind die Erträge geringer, die Weine jedoch konzentrierter, hochfärbiger mit einem stark betonten Duft nach Erdbeeren. Der Schilcher vom Kögerlberg ist zweifelsohne die Paradesorte von Hannes Resch, es war vor Jahren der erste Schilcher, der neben seiner markanten Säure von etwa 9 g, auch Kraft hatte.

„Der Schilcher darf nicht berühmt sein, dass er ein saurer Wein ist, er muss vor allem durch Kraft und Frucht brillieren, die Säure soll dazu nur ein angenehmer Partner sein".

Wein | Vino

Erich Kuntner, St. Ulrich im Greith

Dass man aus der Blauen Wildbacherrebe nicht nur den klassischen Schilcher herstellen kann, beweist Erich Kuntner, der gemeinsam mit seinem Sohn Thomas Weine in unterschiedlichen Variationen aus dieser Rebe keltert.

Erich Kuntner stammt aus einer Weinbaufamilie aus Feuersbrunn in Niederösterreich, absolvierte die Weinbauschule in Klosterneuburg und kam im Jahre 1976 nach St. Ulrich im Greith in die Südweststeiermark, wo er einen damals noch kleinen Betrieb übernahm, den er im Laufe der Zeit auf die heutige Anbaufläche von 4,5 ha erweiterte. Auf etwa 40% der Rebfläche ist Blauer Wildbacher ausgepflanzt, der Rest verteilt sich auf die Sorten Weißburgunder, Sauvignon, Muskateller, Morillon, Zweigelt und Blauburger.

Erich Kuntner freundete sich als „Nichtsteirer" sehr rasch mit dem Schilcher an und gehörte auch gleich zu den steirischen Top-Produzenten. Da er am Rotweinsektor schon Erfahrung hatte, dachte er sich, dass es doch möglich sein müsste, aus der Wildbachertraube einen Rotwein zu keltern.

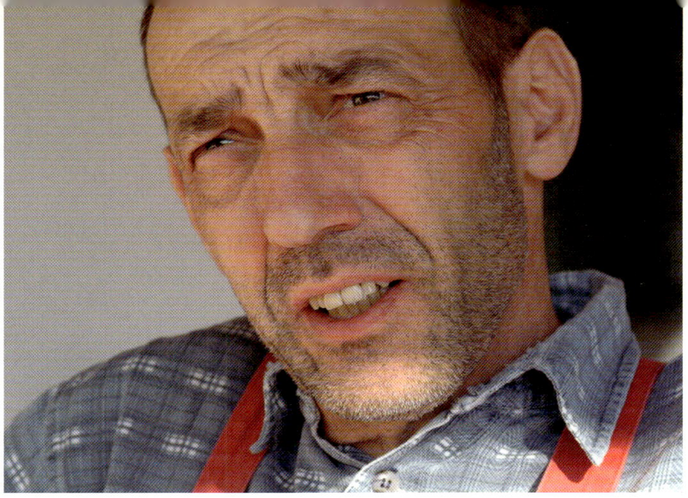

Aus persönlichem Interesse und auch aus Neugierde ließ er im Jahre 1990 einen Teil seiner Wildbachertrauben nicht wie üblich nur wenige Stunden, sondern eine Woche auf der Maische liegen und erzeugte daraus einen Rotwein. Er war der erste aus der Reihe der Schilcherproduzenten, der diesen Schritt wagte. Der Erfolg gab ihm recht, der Wein wurde angenommen.

Seither erzeugt Erich Kuntner jedes Jahr einen "Blauen Wildbacher", sammelte Erfahrung mit diesem Wein hinsichtlich der optimalen Maischestandzeit, die einen wesentlichen Einfluss auf den Gerbstoffgehalt des Weines hat. Bei zu langer Standzeit auf der Maische werden die Tannine zu intensiv, der Wein wird eckig und bekommt eine Härte, die auch bei mehrjähriger Reifung nicht mehr abgebaut wird.

Der Blaue Wildbacher hat eine intensive granatrote Farbe, die Gerbstoffe der Trauben verleihen dem Wein eine Eigenwilligkeit und eine unvergleichliche Note. 1992 startete Erich Kuntner den ersten Versuch, den Blauen Wildbacher im Barrique reifen zu lassen, das Ergebnis war überzeugend, die besonders guten Jahrgänge werden seither 12 – 15 Monate im kleinen Holz belassen. Dieser Wein zeigt sich äußerst komplex und fruchtig, das Holz drängt sich nicht zu sehr in den Vordergrund. Durch den Barriqueausbau erhöht sich zudem die Lebensdauer des Weines.

„Commeo" ist eine Kreation von Erich Kuntner, in die er zu zwei Drittel Blauen Wildbacher und zu einem Drittel Blauen Zweigelt „zusammenfließen" lässt. Der in kalifornischer Eiche ausgebaute Wein besticht durch Dichte und Fruchtigkeit, der Zweigelt lässt die Härte des Blauen Wildbacher in den Hintergrund treten und verleiht dem Wein eine angenehme Rundheit.

Ende der 90er Jahre hat Erich Kuntner sein Sortenangebot mit dem „Clavesco", einem weißgepressten Wein aus der Wildbachertraube um eine interessante Facette erweitert. Nur vollständig gesunde, unversehrte Trauben aus einer frühen Lese können für den „Clavesco" verwendet werden. Damit der Wein von den Traubenschalen nicht Farbe annimmt, müssen die Trauben unmittelbar nach dem Rebeln sofort und so schonend wie möglich gepresst werden. Der „Clavesco" unterstreicht den grünen grasigen Weintyp, der hinsichtlich seiner Säure zwischen einem klassischen Weißwein und einem Schilcher liegt. Durch seine Frische und Fruchtigkeit am ehesten mit einem Welschriesling vergleichbar, wird der „Clavesco" gut als Sommerwein angenommen.

Weinbau in Friaul Julisch Venetien

Zu den allseits bekannten italienischen Weinbauregionen wie etwa der Toskana oder dem Piemont muss man heute zweifelsohne auch das Friaul zählen, kommen doch seit Jahren nicht wenige international anerkannte Spitzenweine aus dieser nördlichsten italienischen Weinbauregion. Kaum ein anderes Gebiet weltweit hat in wenigen Jahrzehnten eine dermaßen gigantische Entwicklung im Weinbausektor, von einer kaum wahrgenommenen Region zu einem renommierten, nicht mehr übersehbaren Qualitätsweinbaugebiet erfahren. Weine aus Friaul Julisch Venetien genießen heute weltweit besten Ruf.

Die Geschichte des Weinbaus in Friaul Julisch Venetien reicht bis in die vorrömische Zeit zurück. Schon die antiken Völker haben erkannt, dass das Klima sowie die Böden dieser Region beste Voraussetzungen für den Weinbau darstellen.

Die Weinrebe gelangte durch die Griechen nach Sizilien und Süditalien, von den Römern wurde schließlich der Wein nach Norditalien gebracht. Etwa 200 vor Christus war das Weinanbauzentrum in Norditalien im Bereich von Aquileia. Seit etwa dieser Zeit kann man im Friaul von einer Weinkultur sprechen, erzeugten die Römer doch schon einen anspruchsvolleren Wein, sozusagen den ersten „Qualitätswein".

Der Aufschwung des Weinbaues erlangte zur Zeit der Völkerwanderung einen schweren Einbruch, Friaul Julisch Venetien bekam durch die Lage die Auswirkungen der Völkerwanderung voll zu spüren, der Weinbau kam nahezu zum Erliegen. Erst im Mittelalter erfuhr die Weinkultur durch die Klöster eine Wiederbelebung. Die Mönche waren die Erhalter des Wissens über die Weinherstellung und brachten es zuwege, Weine von hoher Qualität herzustellen. Es war dies die Zeit, in der die wichtigsten autochthonen Rebsorten Friaul Julisch Venetiens, wie etwa Ribolla, Picolit, Pignolo und Sciopettino, in dieser Region kultiviert wurden.

In weiterer Folge bestimmte das politische Geschehen die Entwicklung des Weinbaus maßgeblich. Der östliche Teil Friauls kam politisch gesehen unter die Herrschaft der Habsburger, der westliche Teil fiel unter die Regentschaft Venedigs. Diese politische und kulturelle Teilung beeinflusste die Weinkultur in der Form, dass im östlichen Landesteil, von den Österreichern, als traditionelle Weißweintrinker gesteuert, forciert Weißweine angebaut wurden, der westliche Landesteil entwickelte sich hingegen unter der Regie Venedigs zu einem Rotweinland. Diese mehrere Jahrhunderte andauernde politische Situation prägte die Weinkultur nachhaltig, bis der nächste Tiefschlag, diesmal nicht politisch, den Weinbau kräftig erschütterte.

Die aus dem Ausland eingeschleppten Schädlinge wie Mehltau, Peronospora und vor allem die Reblaus, hinterließen nicht nur in Oberitalien, sondern europaweit verheerende Spuren. Durch den Reblausbefall wurde nahezu der gesamte Rebbestand Friaul Julisch Venetiens vernichtet, wenige widerstandsfähige Rebstöcke, unter anderem auch der Refosco, überlebten diese Katastrophe. Noch in den Anfängen einer Wiederauspflanzung von Weinstöcken auf reblausresistenten Unterlagen erlitt der Weinbau durch die beiden Weltkriege den nächsten Rückschlag.

Nach Kriegsende waren es vor allem viele private Weinbauern und Kleinbetriebe, die den Weinbau wieder in Schwung zu bringen versuchten. Allerdings wurden vorwiegend Massenweine minderer Qualität erzeugt, aus kommerzieller Sicht spielte der Weinbau eine untergeordnete Rolle. Einen richtigen Aufschwung erlebte der Weinbau in Friaul Julisch Venetien erst in den 60er Jahren, als vor allem engagierte Newcomer und Quereinsteiger die für den Weinbau vorhandenen prädestinierten natürlichen Ressourcen nutzten und mit viel Engagement ins Weingeschäft einstiegen. Es ist diesen Winzern einerseits gelungen, mit bekannten Sorten wie Sauvignon, Chardonnay oder Merlot international Anschluss zu finden, andererseits gelang ihnen auch der Versuch, die traditionellen Sorten Friaul Julisch Venetiens modernst auszubauen und sie über die Landesgrenzen hinaus bekannt zu machen.

Unter Ausnutzung modernster Kellertechnologien durch innovative Winzer entwickelte sich Friaul Julisch Venetien innerhalb einer Generation zur führenden Weißweinregion Italiens.

Die gesamte Rebfläche Friaul Julisch Venetiens von 20.000 ha, macht lediglich 2 % der gesamtitalienischen Rebfläche aus 70 % der in Friaul Julisch Venetien erzeugten Weine sind Qualitätsweine aus DOC deklarierten Produktionsgebieten. Im Vergleich dazu beträgt der DOC Weinanteil an der gesamtitalienischen Weinproduktion hingegen lediglich 15 %. Diese Zahlen belegen eindrucksvoll den heutigen Stellenwert des Weinbaues in Friaul Julisch Venetien.

Tocai friulano

Der Tocai friulano ist der am häufigsten getrunkene Weißwein in Friaul Julisch Venetien. Er führt hinsichtlich der Anbaufläche unumstritten die Rangliste unter den Weißweinen an. Bestellt man in einem Buffet oder in einer Osteria einen „Tajut", dem Ausdruck für ein Glas Wein, so bekommt man, ohne eine Weinsorte zu nennen, automatisch einen Tocai friulano.

Er ist der beliebteste Wein, den man nahezu täglich bei jeder Gelegenheit trinkt, der „Tajut" ist meist ein einfacher Wein, der jung getrunken wird, bei dementsprechender Mengenreduktion kann allerdings aus der Tocai friulano Rebe ein erstklassiger, anspruchsvoller Wein erzeugt werden.

Gerade in letzter Zeit wurde über den Tocai friulano viel diskutiert, weniger über den Wein selbst und um dessen Qualität, sondern um den Namen und um die Herkunft des Weines. Ungarn wollte seinen Tokajer schützen und setzte in einem internationalen Rechtsstreit durch, dass den Italienischen Produzenten die Bezeichnung Tocai untersagt wurde. Zwischen Friaul und Ungarn gab es immer schon Differenzen hinsichtlich der Abstammung und Herkunft dieser Rebe. Ampelographischen Untersuchungen zufolge stammt der Tocai friulano mit ziemlicher Sicherheit von der alten französischen Rebsorte Sauvignonasse ab, die vor mehreren hundert Jahren in das Friaul gelangte. Die in Frankreich gänzlich in Vergessenheit geratene Rebsorte hat sich in wenigen Jahrhunderten in Friaul Julisch Venetien an die örtlichen naturräumlichen Verhältnisse völlig angepasst, Italien hat sozusagen dazu beigetragen, diese Sorte überleben zu lassen. Vom Friaul aus gelangte die Rebsorte nach Ungarn, später wurden Rebstöcke von Ungarn wieder ins Friaul zurückgebracht, mit ihnen auch der Name Tocai. Der Tocai friulano hat mit dem ungarischen Tokajer, außer der Namensähnlichkeit, gar nichts zu tun, der ungarische Name Tokaj bezeichnet eine Region und nicht eine Rebsorte, der ungarische Tokajer, im Regelfall ein Süßwein, wird in erster Linie aus den Trauben der Sorten Furmint und Gelber Muskateller gewonnen.

Der Tocai friulano ist eine spätreifende Sorte, die in guten Hanglagen und bei einem dementsprechenden Qualitätsrebschnitt erstklassige Weine ergibt. Mit der wuchsstarken und ertragskräftigen Sorte in weniger guten Lagen im Flachland wurden viele Jahrzehnte Massenweine erzeugt. Der Tocai friulano bekam dadurch ein schlechtes Image, das in den letzten 15 Jahren durch innovative Winzer, zu denen auch Mario Schiopetto gehörte, wieder korrigiert haben.

Mario Schiopetto, Capriva del Friuli

Das Weingut Schiopetto gehört zu den ältesten Betrieben im Collio, Mario Schiopetto, der zu den Pionieren unter den Weinmachern im Friaul gezählt werden muss, begann 1965 vorerst nur als Pächter, ab 1989 schließlich als Besitzer eines Weingutes in Capriva, sich mit dem Weinbau intensiv auseinanderzusetzen. Er fand dort, im Herzen des Collio, optimale Voraussetzungen vor, seine Ideen und Vorstellungen umzusetzen. Mario Schiopetto hat jahrelang ganz Europa bereist, zahlreiche Weinbaubetriebe besucht und Erfahrung gesammelt, die er dann auf die Verhältnisse in seinem Betrieb umgelegt hat. Mario Schiopetto hat Methoden im Weinbau, die er auf seinen Auslandsreisen erfahren hat, eingeführt, die im Friaul noch keiner vorher kannte. Von Mario Schiopetto stammt der Ausspruch, dass man zur Herstellung eines guten Weines deutsche Technologie, französische Finesse und italienische Trauben brauchen würde.

Nach dem Tod von Mario Schiopetto im Jahre 2003 führten seine Tochter Maria Angela sowie seine Söhne Carlo und Giorgo den Familienbetrieb im Sinne ihres Vaters mit Erfolg fort.

Alle Generationen der Familie Schiopetto haben sich zum Leitsatz gemacht, dass man, um guten Wein herzustellen, versuchen muss, die Natur zu verstehen, sie zu respektieren und gut mit ihr umzugehen.

Das Weingut Schiopetto bewirtschaftet eine Gesamtrebfläche von 30 ha, der Schwerpunkt wird auf die Herstellung von Weißweinen gelegt, wobei der Tocai friulano zu den Paradesorten des Weingutes zählt. Die Weingärten in Capriva, in denen der Tocai friulano wächst, sind die ältesten Rebanlagen des Betriebes und zählen zu den besten Lagen im gesamten Collio. Die Trauben werden schonend gepresst. Um die Gärung einzuleiten und kontrolliert ablaufen zu lassen, wird dem Most eine im eigenen Betrieb aus der jeweiligen Rebsorte vermehrte Hefe beigesetzt. Die Reifung des Weines erfolgt mit einer Dauer von 7–8 Monaten in Edelstahlbehältern.

„Der Tocai von Schiopetto zeichnet sich durch ein markantes fruchtiges Aroma nach Mandeln und Birnen aus, der leichte Bittermandelton setzt sich am Gaumen angenehm fort. Typisch für den Tocai ist seine strohgelbe Farbe mit leichten grünlichen Anklängen.

„Wir wollen keine uniformen Weine machen, wir wollen mit unseren Weinen unsere Region darstellen und das gelingt uns mit dem Tocai friulano immer besonders gut."

Chardonnay

Der Chardonnay zählt in Friaul Julisch Venetien zu den fremdstämmigen Weißweinsorten, die Traube, die französischen Ursprungs ist, dürfte jedoch Ende des 19. Jahrhunderts zur Zeit der österreichisch – ungarischen Monarchie, vermutlich von der Steiermark aus, nach Julisch Venetien, in den Raum von Görz gelangt sein. Erst nach dem zweiten Weltkrieg hat sich diese Rebe auf ganz Friaul Julisch Venetien verbreitet.

Chardonnay ist die weltweit verbreitetste Rebe, der Wein ist elegant, hat einen Duft nach Äpfeln und frischem Brot mit leichten Karamel-Anklängen. Vollreifer Chardonnay eignet sich sehr gut für den Barriqueausbau, vielfach wird die Rebsorte auch als Grundwein für die Schaumweinherstellung verwendet.

Andrea Magnas, Cormons

Einige Kilometer außerhalb von Cormons liegt im DOC Weinbaugebiet Isonzo del Friuli das Weingut Magnas. Schon der Großvater von Andrea, der das Weingut seit 10 Jahren leitet, hat schon Weinbau betrieben. 9 ha Rebfläche gehören zum Weingut, 70 % der Anbaufläche verteilen sich auf die Weißweinsorten Chardonnay, Tocai friulano, Pinot Grigio und Sauvignon blanc, als Rotweine runden Merlot und Cabernet franc das Sortiment ab.

In den letzten Jahren ist Andrea besonders durch seinen Chardonnay aufgefallen, der ihm in den letzten Jahren zahlreiche Auszeichnungen einbrachte. Andrea erntet maximal sieben Tonnen Trauben je Hektar, im Weingarten kommt er ohne Chemieeinsatz durch.

Die Gärung der Weißweine erfolgt ausschließlich in temperaturkontrollierten Edelstahltanks, er belässt den Wein etwa ein halbes Jahr auf der Hefe. Etwa 10 % der Erntemenge des Chardonnay reifen 6 bis 7 Monate im Barrique und werden schließlich mit dem im Stahltank ausgebauten Wein verschnitten.

Der Chardonnay von Magnas besticht durch seine intensive Farbe, ist sehr kräftig aber doch elegant in der Nase, im Duft und im Geschmack erinnert er an exotische Früchte.

Der Chardonnay von Magnas ist ein eleganter Speisebegleiter zu Fisch und verschiedenen Antipasti.

Das Weingut Magnas wird als Agroturismo-Betrieb geführt, mehrere liebevoll eingerichtete Zimmer laden zum Verweilen auf dem Weingut ein. Legendär ist die Jause, die bei Magnas angeboten wird, jährlich werden einige selbst gefütterte Schweine geschlachtet und zu Köstlichkeiten wie Prosciutto, Ossocollo, Pancetta oder Lardo verarbeitet. Sämtliche Spezialitäten vom Schwein, Käse und verschiedene Marmeladen aus eigener Produktion und frisch zubereitete Mehlspeisen werden zum Frühstück angeboten. Es lohnt sich, einige Urlaubstage bei Familie Magnas zu verbringen.

Sauvignon blanc

Das Herkunftsland des Sauvignon ist Frankreich, die Rebe wurde Mitte des 19. Jahrhunderts nach Italien gebracht, wo sie in weiterer Folge in den Hügeln des Collio optimale Voraussetzungen hinsichtlich der Standortansprüche fand. In Abhängigkeit der Boden- und Klimaverhältnisse entwickelt der Sauvignon bei Vollreife ein vielschichtiges Aroma mit üppigen Duftnoten, die von Pfirsich über Grapefruit und Cassis bis zu Holunder reichen können.

Villa Russiz, Capriva del Friuli

Ein Weingut, das seit Jahren mit dem Sauvignon hervorragende Qualitäten aufwarten kann, ist das Weingut Villa Russiz in Capriva del Friuli im Herzen des Weinanbaugebietes Collio.

Der Sortenspiegel von Villa Russiz ist vorwiegend auf Weißweine ausgerichtet, wobei die Böden des Collio um Capriva del Friuli, sowie die optimalen Expositionen der Weingärten in der Hügellandschaft ideale Voraussetzungen für die Rebsorte Sauvignon blanc darstellen.

Die Gründung der Azienda Agricola Villa Russiz geht auf den französischen Grafen Teodoro de La Tour zurück. Gemeinsam mit seiner aus Österreich stammenden Gemahlin Elvine Ritter schlug er im Jahre 1869 seinen Wohnsitz in den Hügeln des Collio auf, um dort unter idealen Bedingungen seiner großen Leidenschaft, dem Weinbau, nachzugehen. Der Graf führte nach französischem Vorbild moderne önologische Techniken ein. Durch seine Erfolge wurden die Weine des Collio weit über die Grenzen Italiens hinaus international bekannt. Nach dem Tod des Grafen führte seine Gattin das Weingut weiter. Sie überließ es schließlich dem italienischen Staat, in dessen Besitz es heute noch ist.

Von den 94 ha Grund, die zum landwirtschaftlichen Betrieb gehören, sind 30 ha Rebfläche. Durch die Mengenbegrenzung in der Auspflanzung der Rebstöcke zwischen 4.500 und maximal 7.000 Reben je ha, ist eine Lese von Traubenmaterial höchster Konzentration gewährleistet. Das außerordentliche Mikroklima in den vorwiegend nach Süden und Südosten ausgerichteten Weinbergen trägt zusätzlich zur optimalen Qualität der Trauben bei.

Seit dem Jahre 1988 bestimmt Gianni Menotti die Geschicke im Weinbau der Villa Russiz. Schon sein Vater hat 35 Jahre lang den Weinbaubetrieb Villa Russiz geleitet.

Zahlreiche Auszeichnungen und Prämierungen, vor allem der Weißweine, sind Ausdruck der hohen fachlichen Kompetenz Gianni Menottis. Seine Sorgfalt bis ins kleinste Detail, sowohl im Weingarten als auch im Keller, sind die Grundvoraussetzungen für seine Erfolge, die vom Gambero Rosso gebührend gewürdigt wurden und ihn folglich zum „Önologen des Jahres 2006 in Italien“ kürten.

Gianni Menotti

▷ **Herr Menotti, wieso legen Sie Ihr Hauptaugenmerk unter den Weißweinen gerade auf den Sauvignon?**

Der Sauvignon ist von den Weißweinen meine Lieblingssorte. Es ist eine große Herausforderung, einen wirklich guten, anspruchsvollen Sauvignon zu vinifizieren.

Als ich im Jahre 1988 das Weingut übernommen habe, fand ich Sauvignon auf fünf unterschiedlichen Standorten ausgepflanzt vor. Ich hatte zwei hervorragende Sauvignons in Erinnerung sowie eine konkrete Vorstellung, wie Sauvignon schmecken sollte. In weiterer Folge suchte ich die für den Sauvignon optimalen Standorte aus. Den Wein aus diesen Lagen nannte ich Sauvignon de la Tour, in Anerkennung an die ersten Besitzer, die diese Traube aus Frankreich ins Friaul geholt hatten. Mittlerweile sind es wieder drei Weingärten, die Trauben für den Sauvignon de la Tour in der Qualität liefern, die ich mir vorstelle.

▷ **Den Sauvignon bauen Sie nicht, wie derzeit vielfach üblich, im Barrique aus:**

Der Sauvignon von Villa Russiz hat diese Ausbauart nicht notwendig, unser Sauvignon nimmt soviel Potenzial aus dem Weingarten mit, dass es meiner Meinung nach keinen Sinn ergibt, diesen Wein zusätzlich in Holzfässern reifen zu lassen.

▷ **Worauf kommt es an, einen hochwertigen Sauvignon erzeugen zu können?**

Für einen hochwertigen Sauvignon sind die Bodenbeschaffenheit, das Mikroklima und die Exposition des Weingartens von großer Bedeutung. Optimal ist eine nach Südosten ausgerichtete Lage, der Sauvignon verträgt keine zu direkte Sonnenbestrahlung. Wenn man mit äußerster Sorgfalt vom Rebschnitt bis zur Ernte den Weingarten bearbeitet, schafft man die Grundlage für einen hochwertigen Wein.

▷ **Wie schaffen Sie es, Ihrem Sauvignon die typische Aromavielfalt zu verleihen?**

Der Geschmack und das Aroma werden ausschließlich durch die Wahl des Lesetermins gesteuert. Nur mit voll ausgereiftem Traubenmaterial kann man dem Wein die typische Aroma- und Geschmacksvielfalt verleihen. Wichtig ist zudem auch eine gute Balance zwischen Alkoholgehalt und Säure des Weins. Ich bevorzuge für den Sauvignon de la Tour einen etwas höheren Alkoholgehalt, mit einer ausgewogenen Säure ist dieser Wein lange haltbar.

Verduzzo

Der Verduzzo Friulano, eine der ältesten Rebsorten Friauls, ist eine autochthone Sorte Norditaliens, die zu den klassischen Rebsorten Friauls gezählt werden kann. Aus dem Verduzzo Giallo werden meist süße Weine gewonnen, wenn die gelesenen Trauben zusätzlich noch nachgetrocknet werden, kann daraus ein hochqualitativer Süßwein mit einer intensiv goldgelben Farbe mit orangefarbenen Nuancen gewonnen werden, der intensiv nach Honig und reifen Marillen duftet. Die geeignetsten Lagen finden sich im Norden des Weinbaugebietes Colli Orientali in den Gemeinden Nimis und Ramandolo. Die spezielle klimatischen Verhältnisse sowie die in südexponierten Hanglagen angelegten Terrassenweingärten erlauben sehr hohe Reifegrade. Obwohl in dem Gebiet zum Teil extrem hohe Niederschläge auftreten, kommt es praktisch nie zu einem Botrytisbefall der Tauben, da die Weingärten einerseits der Sonnenbestrahlung, andererseits den trocknenden Winden ausgesetzt sind.

Dario Coos, Ramandolo

Die Familie Coos betreibt schon seit Anfang des 19. Jahrhunderts Weinbau in den Hügeln von Ramandolo. Dario Coos leitet heute in fünfter Generation den Betrieb. Nach alter Tradition und althergebrachter Technik produziert er den für die Region typischen Verduzzo in unterschiedlichen Ausbauarten.

Die größtenteils auf Terrassen angelegten Weingärten liegen in Höhenlagen zwischen 200 und 400 m Seehöhe, auf einer Rebfläche von 5 ha gedeiht größtenteils Verduzzo, Picolit und Refosco ergänzen das Rebsortenangebot.

In Abhängigkeit vom Lesetermin vinifiziert Dario Coos unterschiedliche Qualitäten des Verduzzo, die Trauben der frühesten Lese Ende Oktober werden zu einem Wein mit dem Namen „Il Longhino“ verarbeitet. Die schon während der Reifezeit zum Zwecke der Aromasteigerung ausgedünnten Trauben erreichen durch den späten Lesetermin eine hohe Zuckerkonzentration und einen passenden Säuregehalt. Nach einer kurzen Aromaauslaugung werden die Trauben schonend gepresst, die anschließende Vergärung erfolgt in Stahltanks. Der Wein mit goldgelben Farbnuancen hat einen fruchtigen, frischen Duft nach Honig, die Süße geht eine optimale Verbindung mit dem charakteristischen Gerbsäuregehalt ein.

Aus der zweiten Ernte Ende Oktober bis Mitte November wird der Klassiker des Weinbaubetriebes Coos, der „Ramandolo“ erzeugt. Der Name dieses Weins bezieht sich auf das Herkunftsgebiet und ist gesetzlich geschützt. Die Trauben für die Herstellung des „Ramandolo“ müssen ausschließlich in Ramandolo kultiviert und vinifiziert werden. Der späten Lese der Trauben kommt der Umstand entgegen, dass die Verduzzotraube über eine dicke Traubenhaut verfügt, die einerseits einen natürlichen Schutz gegen Krankheiten und gegen Austrocknung darstellt, andererseits verhindert die Dickschaligkeit der Beeren das Auftreten von Botrytis.

Der „Ramandus“ von Dario Coos ist ein Süßwein, der ausschließlich aus Verduzzotrauben, die im sogenannten „Passito“ Verfahren“ nachgetrocknet werden, erzeugt wird. Infolge des späten Lesetermins der für den „Ramandus“ vorgesehenen Trauben Mitte November ist der Zuckergehalt schon sehr hoch, durch die bis zu drei Monaten dauernde Nachtrocknung wird der Zuckergehalt noch zusätzlich angehoben. Während der Lagerung der Trauben in einem gut durchlüfteten Raum kann es zu einem Gewichtsverlust von nahezu 50% kommen, dementsprechend gering ist schließlich die Ausbeute. Aus 100 kg Trauben können im Schnitt nicht mehr als 15 – 20 Liter Wein gekeltert werden, dieser jedoch wie im Falle des „Ramandus“, mit einem Restzuckergehalt von 140 g je Liter.

Die Vergärung des „Ramandus“ erfolgt ausschließlich im Barrique, der Wein zeichnet sich durch eine intensiv goldgelbe Farbe und einem betörenden Duft nach Honig und Dörrobst aus.

Der Wein ist der ideale Begleiter zu Edelschimmelkäse sowie zu süßen Nachspeisen.

Ribolla Gialla

Der Ribolla Gialla gehört zu den ältesten Rebsorten Friauls. Aus Dokumenten geht hervor, dass Ribolla Gialla schon im 12. Jahrhundert im Friaul kultiviert wurde.

Ribolla Gialla zählte früher nicht zu den hochwertigen Rebsorten. Vielfach wurde aus ihr zwar ein geschmackvoller, aber doch dünner und anspruchsloser Wein gekeltert. Erst das Umdenken der Winzer in Richtung Qualitätsweinerzeugung vor etwa 20 Jahren, ließ die Rebsorte Ribolla Gialla wieder auferstehen, indem man versuchte, ihr Potential voll auszuschöpfen.

Das blumige Bouquet des Ribolla Gialla erinnert an den Duft von Zitrusfrüchten, unverwechselbar ist seine markante gelbliche Farbe.

Die besten Lagen für Ribolla Gialla im Friaul finden sich auf den sonnenausgesetzten Hügeln in den Weinbaugebieten Collio und Colli Orientali.

Isidoro Polencic, Cormons

„Doro" Polencic, ein „alter Hase" in der Weinszene von Cormons, hat vor einigen Jahren den Weinbaubetrieb seinen Kindern übergeben, Michele und Alex leiten die Geschicke im Weinbau, deren Schwester Betty kümmert sich um die Vermarktung der Weine.

Die Familie Polencic bewirtschaftet eine Rebfläche von 25 ha, wobei 80% mit Weißweinreben bepflanzt sind. Der Großteil der Weinbauflächen liegt im Anbaugebiet Collio auf den Standorten Cormons, Ruttars und Plessiva. Cabernet und Merlot werden in einem Ausmaß von 3 ha im Weinbaugebiet Isonzo angebaut.

Der Ribolla Gialla von Polencic besticht durch seine für diese Sorte typische Fruchtigkeit. Die relativ hohe Säure ist mit dem Alkohol gut ausbalanciert, was dem Wein eine ausgesprochene Harmonie verleiht.

Der Ribolla Gialla ist eine schwierig zu behandelnde Rebe, erklärt Michele Polencic. Sie gedeiht am besten auf kargen Böden in sonnigen Lagen. Die hohe Säure des Ribolla kann den Winzer manchmal vor Probleme stellen, durch eine extrem späte Lese kann man jedoch diesem Problem entgegenwirken.

Der Ausbau des Ribolla erfolgt zum Großteil in Stahltanks. Der Einsatz von Barrique soll sich im Hintergrund halten, um das typische Fruchtaroma nicht abzuschwächen, Michele betont, dass er darauf Wert legt, die Trauben in seinem Wein zu schmecken.

Ribolla Gialla ist ein idealer Speisebegleiter zu Fischgerichten, er eignet sich auch vorzüglich als Aperitif.

Picolit

Wenn Trauben zur Zeit der Blüte durch Witterungseinflüsse geschädigt werden, kommt es meist zu einem schütteren Beerenbehang und folglich zu empfindlichen Ertragseinbußen. Beim Picolit, einer sehr alten und bekannten Rebsorte Friaul Julisch Venetiens, werden von Natur aus nur wenige Beeren pro Traube befruchtet, die Traube dünnt sich praktisch selbst aus, was einerseits zu geringeren Erträgen führt, andererseits jedoch den angenehmen Effekt mit sich bringt, aus höher konzentriertem Traubengut, das reich an Extrakten und Zucker ist, hoch qualitative Süßweine produzieren zu können. Die Ursache dieser Blütenmissbildung bzw. Befruchtungsstörung ist bis heute nicht bekannt und kann nur in einem sehr geringen Maße beeinflusst werden, in dem man Picolitreben in Gesellschaft mit anderen Weißweinsorten für eine zusätzliche Insektenbestäubung in ein und derselben Weingartenanlage auspflanzt.

Picolit ist eine sehr alte autochthone Rebsorte, die schon vor 2000 Jahren bekannt und weit verbreitet war, dann aber aus unerklärlichen Gründen verschwand und erst im 18. Jahrhundert wieder entdeckt und schließlich verstärkt ausgepflanzt wurde.

Der Picolit besticht durch seine elegante, nicht zu aufdringliche Süße, durch seinen Duft nach Honig, Kastanien und reifen Pfirsichen, sowie durch seine intensive strohgelbe Farbe.

Zu den klassischen Weißweinsorten, die das Weingut Polencic anbietet, gehört auch ein Picolit, eines der Aushängeschilder dieses Betriebes. Der Picolit von Polencic wurde in höheren, der Sonne ausgesetzten Lagen mit einer Stockdichte von 7000 Pflanzen pro ha ausgepflanzt. Picolit wird grundsätzlich als letzte Weißweinsorte Ende Oktober gelesen. Die Fermentation sowie die anschließende Reifelagerung erfolgt in gebrauchten Barriquefässern.

Der Wein besticht neben seiner kräftigen goldgelben Farbe durch einen nahezu betörenden Duft nach Bratäpfeln, kandierten Früchten und Honig. Etwa 30 g Restzucker verleihen dem Wein einen wuchtigen Körper, die Süße ist keineswegs aufdringlich.

Der Picolit von Polencic ist ein einzigartiges Geschmackserlebnis. Es ist ein Wein für den man sich zum Trinken Zeit und Muße gönnen sollte, um ihn in seiner ganzen Kraft richtig erleben zu können.

Merlot

Der Merlot wurde erstmals Ende des 19. Jahrhunderts in Italien angepflanzt und verbreitete sich sehr rasch auch in das Anbaugebiet Friaul Julisch Venetien. Die aus Bordeaux stammende Rebe zeichnet sich durch einen sehr starken Wuchs aus, ist folglich sehr ertragsreich und ist hinsichtlich der Standortansprüche außerordentlich genügsam. Dies führte dazu, dass der Merlot neben dem Tocai zur meist verbreiteten Rebsorte Friaul Julisch Venetiens wurde. Jedoch ist aus der Merlottraube meist ein billiger Massenwein erzeugt worden, der für den Ruf des Merlots nicht gerade förderlich war.

Aufgrund seiner Charaktereigenschaft als extrem weicher Wein, fand der Merlot in erster Linie Verwendung in Rotweincuvees gemeinsam mit dem Cabernet Sauvignon oder Cabernet Franc, um deren Härte auszugleichen.

Bei einer optimalen Standortwahl, einer dementsprechenden Ertragsreduktion sowie unter Anwendung zeitgemäßer Technologien beim Ausbau und bei der Reifung des Weines, läßt sich jedoch aus dem Merlot ein sortenreiner Wein mit großem Format und besten Lagerfähigkeiten erzeugen.

Franco Toros, Cormons

Der Name Franco Toros wird üblicherweise mit Weißweinen in Verbindung gebracht, ist dieses Weingut fast jedes Jahr unter den vom Gambero Rosso ausgezeichneten Betrieben für die Rebsorten Tocai Friulano oder Pinot bianco zu finden. Insider wissen jedoch, dass Franco Toros neben seinen ausgezeichneten Weißweinen auch einen hervorragenden Merlot produziert.

Franco Toros verleiht dem Merlot, der an und für sich ein „weicher“ Wein ist, durch eine Barriquereifung von 28 Monaten eine kräftige Tanninstruktur, die trotzdem nicht aufdringlich ist. Der Merlot von Toros ist explosiv in der Nase, duftet nach reifen Kirschen und Pflaumen, die Tannine sind mit dezenten Röstaromen harmonisch eingebunden.

Franco beschreibt seinen Merlot kurz und bündig als „molto cremoso“.

Der gehaltvolle Wein eignet sich als Speisebegleiter hervorragend zu kräftigen Fleischgerichten, Pasteten, Salami oder gut gereiftem Käse.

Franco Toros und sein Bruder Renato produzieren, wie es auf ihrem Bauernhof seit Generationen üblich ist, schmackhafte Schweinswürste und Speckprodukte. Einmal im Jahr, meist zwischen November und Jänner, wird ein Schwein geschlachtet, das zu Salami und köstlichen Bratwürsten verarbeitet wird. Sie können sich glücklich schätzen, wenn Ihnen bei einer Verkostung der Toros Weine hausgemachte Salami gereicht wird. Auf die Qualität der wunderbaren Salami angesprochen, verriet Franco, dass ein Geheimnis in der Herstellung darin liege, die groben Speckanteile in der Salami nicht maschinell zu zerkleinern, sondern mit einem Messer in nicht zu kleine Stücke zu schneiden. Je nach Größe der Salami braucht diese, wie seine Weine, zwei bis drei Jahre Lagerung zum Erreichen der optimalen Reife. Schade, dass man die Fleischwaren von Toros nicht käuflich erwerben kann.

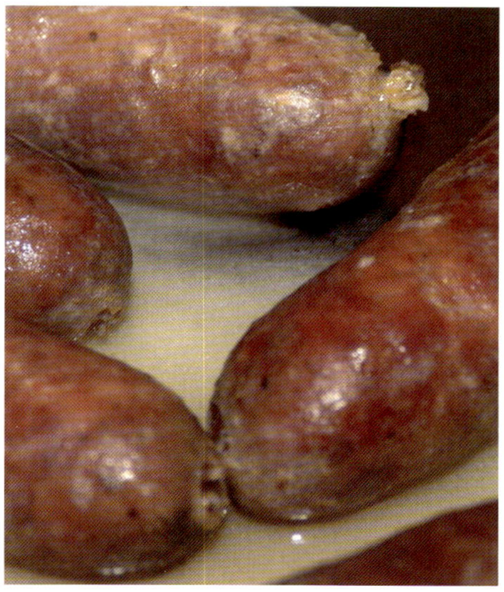

Cabernet Franc – Cabernet Sauvignon

Wie die Weißweinsorten Chardonnay und Sauvignon Blanc sind auch die Rotweinrebsorten Cabernet Franc und Cabernet Sauvignon zu Beginn des 19. Jahrhunderts von Frankreich nach Italien eingeführt worden. Erst in der 2. Hälfte des 19. Jahrhunderts gelangten die beiden Rebsorten nach Friaul, wo sie sich bestens akklimatisiert haben und hochwertige Weine liefern.

Cabernet Sauvignon und Cabernet Franc sind unterschiedliche Traubentypen, sie unterscheiden sich in ihrem Charakter wesentlich. Neuesten Untersuchungen (DNA-Analysen) zufolge ist der Cabernet Sauvignon eine natürliche Kreuzung aus Cabernet Franc und Sauvignon Blanc. Beide Weine stellen keine zu großen Ansprüche an Boden und Klima. Der Cabernet Sauvignon ist im Vergleich zum Cabernet Franc durch einen höheren Gerbstoffgehalt gekennzeichnet, der Cabernet Franc ist im Vergleich säurelastiger.

Der Duft von Cabernet Sauvignon erinnert stark an schwarze Johannisbeeren, der Cabernet Franc hat ein eher kräutig-grasiges Aroma und ist generell nicht so extraktreich. Cabernet Franc fand früher sowohl in Frankreich als auch in Italien hauptsächlich als Verschnittwein Verwendung.

Castelvecchio Sagrado

An den nördlichen Ausläufern des Karstplateaus, das von Görz über Duino nach Triest und weiter nach Istrien reicht, liegt der Gutsbetrieb von Castelvecchio. Das Weingut Castelvecchio umfasst eine Rebfläche von 40 ha. Zum Gutsbetrieb gehört weiters ein Olivenhain mit einem Baumbestand von 600 Olivenbäumen sowie 60 ha Wald.

Die Weingärten von Castelvecchio wurden zur Gänze auf Karstverwitterungsböden angelegt. Infolge der hohen Wasserdurchlässigkeit der Böden haben diese eine sehr beschränkte Wasserspeicherkapazität. Ohne intensive Bewässerungsmaßnahmen wäre ein ein Ertragsweinbau auf diesen Böden nicht möglich. Castelvecchio verfügt deshalb über ein Bewässerungssystem in einer Länge von ca. 200 km, wobei die Leitungen in etwa 10 cm Tiefe vergraben sind und jeden einzelnen Rebstock mit Wasser versorgen.

Der Rotweinanteil der gesamten Rebfläche von Castelvecchio beträgt 70%, die Hauptrotweinsorten sind Cabernet Franc und Cabernet Sauvignon, die Rebsorten Merlot, Refosco und Terrano ergänzen das Rotweinangebot.

Giovanni Bignucolo, Önologe, Präsident von Castelvecchio

▷ **Herr Bignucolo, der bedeutendste Rotwein von Castelvecchio ist der Cabernet Sauvignon, gefolgt vom Cabernet Franc. Warum setzten Sie gerade auf diese beiden Rebsorten?**

Beide Weine haben internationalen Ruf, haben sich im Friaul bestens eingelebt, allerdings fanden sie hier und auch im benachbarten Veneto fast durchwegs als Cuveeweine Verwendung. Wir haben das Potential der beiden Cabernets auf unseren Standorten im Karst erkannt und konzentrierten uns auf den sortenreinen Ausbau beider Sorten.

▷ **Welchen Einfluss hat der Standort im Karst auf die Qualität der beiden angesprochenen Rotweine?**

Im den Weingärten von Castelvecchio herrschen besondere Umweltbedingungen, einerseits durch die kargen, mineralischen Karstböden, andererseits durch ein spezielles Mikroklima. Die exponierte Lage von Castelvecchio ist durch besondere Windbedingungen gekennzeichnet. Diese naturräumlichen Voraussetzungen prägen den Charakter unserer Weine.

▷ **Wie erfolgt in Ihrem Weingut der Ausbau von Cabernet Franc und Cabernet Sauvignon?**

Die besonderen klimatischen Verhältnisse erlauben einen extrem späten Lesetermin Ende Oktober. Die optimal ausgereiften Trauben werden in Edelstahltanks vergoren, gepresst und lagern dann ein Jahr in französischen Barriquefässern. Danach geben wir den Wein zur Nachreife in große Holzfässer aus slawonischer Eiche. Diese Lagerung verleiht dem Wein mehr Komplexität und eine ausgewogene Harmonie.

Der Cabernet Sauvignon, der an und für sich hart und kantig ist, erfährt durch die lange Reifung und Respiration in den Holzfässern einen vollmundigen, runden und eleganten Körper.

In besonderen Jahrgängen wie etwa 1995, 1997 und 1999 produzierten wir das Rotweincuvee „Sagrado", bestehend aus Cabernet Sauvignon (55%), Cabernet Franc (40%) sowie einem Terranoanteil von 5%.

Refosco dal peduncolo rosso

Der Refosco ist wahrscheinlich die älteste und auch typischste Rotweinrebe Friaul Julisch Venetiens. Sie dürfte vom Pucinum abstammen, einem Wein, denn schon vor 2000 Jahren die römischen Kaiser schätzten und der in der Umgebung von Aquilea angebaut wurde.

Der Refosco ist eine kräftige widerstandsfähige Rebe, die sogar die Reblausplage, die Ende des 19. Jahrhunderts zur Vernichtung nahezu des gesamten Weinbestandes in Europa geführt hat, schadlos überstanden.

Für den heutigen Refosco wird hauptsächlich eine hochwertige Züchtung, der Refosco dal peduncolo rosso, eine Spielart mit einem roten Traubenstiel, herangezogen. Es ist dies die hochwertigste Refoscoselektion, die sich an die örtlichen Verhältnisse in Friaul Julisch Venetien bestens angepasst hat.

Der dunkelfärbige Wein aus dieser Rebe ist sehr tanninreich, seine Säure ist nicht aufdringlich, sein Aroma erinnert stark an schwarze Johannisbeeren.

Die geeignetsten Lagen für Refosco findet man im DOC Anbaugebiet Friuli Aquileia, dort im besonderen in Scodovacca in der Nähe von Aquileia, sowie im DOC Anbaugebiet Colli Orientali.

Villa Chiozza, Scodovacca

In Scodovacca, nördlich von Aquileia, liegt das Anwesen der Villa Chiozza, die sich im Besitz von ERSA (Agenzia regionale per lo sviluppo rurale) befindet. Dort ist auch der historische Sitz der Friauler Wein- und Rebenkunde und es sei an dieser Stelle erwähnt, dass dort der berühmte französische Forscher Louis Pasteur damit beschäftigt war, ein wirksames Mittel gegen den Reblausbefall der Weinreben zu suchen.

Villa Chiozza bewirtschaftet in Scodovacca unter anderem einen Weingarten, der im Jahre 1936 mit Refoscoreben mit einer Stockdichte von 2500 Pflanzen je Hektar angepflanzt wurde. Der Weingarten ist heute noch nahezu im Vollertrag, eine durchschnittliche Ernte beträgt etwa 10.000 kg/ha.

Die Trauben werden ausschließlich händisch gelesen, der Ausbau erfolgt sortenrein im Weinbaubetrieb der Villa Russiz in Cormons.

Girolamo Dorigo, Buttrio

Girolamo Dorigo muss ohne Zweifel zu den herausragenden Winzerpersönlichkeiten von Friaul Julisch Venetien gezählt werden. Ihm gelang es als Quereinsteiger in kürzester Zeit zu den Topproduzenten zu zählen, er hat durch sein ausgeprägtes Qualitätsdenken die Erfolgsgeschichte des Weines aus Friaul Julisch Venetien auf nationaler und internationaler Ebene entscheidend mitgeschrieben.

Im Jahre 1966 kaufte Girolamo Dorigo die Toplagen Ronc di Juri in Buttrio und Montsclapade in Premariacco. Die Weine aus dieser beiden ausgezeichneten Lagen gehören seit mehr als 30 Jahren konstant zu den Spitzenweinen Friaul Julisch Venetiens.

Mittlerweile bewirtschaftet Girolamo Dorigo eine Rebfläche von 32 ha, auf der nahezu alle Hauptsorten vertreten sind.

Eines der Aushängeschilder in seinem Weinrepertoir ist zweifelsohne der Refosco dal peduncolo rosso aus der Lage Montsclapade.

Die Lese dieses Refosco erfolgt meist Ende September, nur selektiertes Traubengut wird eingemaischt und schonend verpresst. Der Wein kommt dann für 30 Monate zur Reifung in französische Barriquefässer, nach der Flaschenfüllung wird dem Wein noch eine Nachreifung von einem halben Jahr gegönnt.

Trotz der relativ langen Lagerung im kleinen Holz ist der Wein keineswegs tanninlastig. Die natürlich in der Refoscotraube vorkommenden Tannine und Extrakte erfahren durch die Barriquelagerung zwar eine merkbare Anhebung des Gerbstoffgehaltes, sie dient in erster Linie jedoch zur Abrundung und Harmonisierung des Weines.

Der intensiv rubinrote Wein ist komplex und konzentriert, in der Nase zeigt sich der Wein mit fruchtig-würzigen Anklängen und einem angenehmen Röst- und Vanilleton.

Der Wein eignet sich für eine Lagerung von mehr als 10 Jahren, ist ein idealer Essensbegleiter zu kräftigen Wildgerichten, er passt aber auch sehr gut zu Musetto und Brovada, einer der klassischen friulanischen Speisekombinationen.

Pignolo

Der Pignolo kann zu den ältesten friulanischen autochthonen Rebsorten gezählt werden. Es ist gesichert, dass diese Traube ihre Heimat in den Weinbergen der Abtei von Rosazzo im Anbaugebiet Colli Orientali hat. Dies geht aus Dokumenten aus dem Jahre 1398 hervor. In den folgenden Jahrhundert geriet der Pignolo jedoch in Vergessenheit und schien schon ausgestorben zu sein. Die Wiederentdeckung des Pignolo verdanken wir Walter Filiputti, der im Jahre 1978, als er in der Abtei von Rosazzo tätig war, an einer nach Süden gerichteten Wand zwei alte Pignolo Rebstöcke vorfand. Dieser Glücksfall kann durchaus als Geburtsstunde jenes Pignolo bezeichnet werden, der heute zu den ganz großen Rotweinen Friaul Julisch Venetiens zählt.

Der Pignolo ist ein unvergleichlicher Wein mit intensiv rubinroter Farbe, mit einem ausgeprägten, aber ausgeglichenen Tanninspiegel und einem kräftigen Weichsel- und Kirscharoma.

Fulvio Bressan, Farra d'Isonzo

Der Pignolo hat seinen Meister in der Person von Fulvio Bressan, einem der schillerndsten Weinmacher Friaul Julisch Venetiens, gefunden.

Als ich Fulvio Bressan im Oktober 2006 das erste mal besuchte, war er gerade damit beschäftigt, den Pignolo vom Jahrgang 1998 abzufüllen. Dies sagt schon sehr viel über seine Philosophie über Wein aus. Bevor ich ihn über seine Art der Weinherstellung ausfragen konnte, schleppte er mich in einen der Weingärten unweit seines Hauses, zeigte mir die „Erziehungsart" seiner Weinstöcke und wie er mit dem Rebschnitt die Produktionsmenge beschränkt, damit ich ihn schon vor dem geplanten Gespräch, wie er sagte, überhaupt verstehe. Das anschließende mehrstündige Gespräch über seine Weinphilosophie war nur mehr eine Draufgabe und diente lediglich der Feinabstimmung zur Formung seines Persönlichkeitsbildes sowie zu seinen Vorstellungen und Visionen. Bei Fulvio Bressan ist nichts „normal", angefangen vom Sortenspiegel seiner Weine, über deren Vinifikation und Reifung, bis zu seiner Verkaufsstrategie.

Fulvios Vater hat schon vor 40 Jahren Wein gemacht, Fulvio hat als ausgebildeter Psychologe das Weingut vom Vater übernommen, das er nach alter Tradition unter Beachtung von Jahrhunderte langen Erfahrungen seiner Vorfahren im Weinbau weiterführt.

„When you forget your history, you forget yourself"

ist ein Leitspruch Fulvios.

Fulvio hat sich auf die Produktion vorwiegend alter autochthoner Weinsorten wie Schiopettino oder Piognolo spezialisiert. Sein Weinangebot wird durch Pinot Nero, Verduzzo Friulano und Pinot Grigio ergänzt.

Die Qualität des Weins entsteht in erster Linie im Weingarten, im Keller drückt der Winzer dem Wein nur mehr seine persönliche Handschrift auf. An diese Aussage hält sich Fulvio strikt, durch seine selbst auferlegte Mengenbeschränkung kann er zwar weniger Trauben, diese aber von höchster Qualität, ernten. Der Hektarertrag für seinen Pignolo beläuft sich deshalb lediglich auf etwa 4000 kg. In weniger guten Jahren wie etwa 2005 hat er lediglich Schiopettino geerntet. Auf die Ernte der restlichen Sorten hat er überhaupt verzichtet und die Trauben „für die Vögel" am Stock belassen.

Fulvio lässt die Trauben nach dem Rebeln etwa 30 Tage auf der Maische ohne Hefezusatz vergären, da er glaubt, dass zugesetzte Hefe einen Teil des terroirtypischen Geschmacks nimmt. Nach dem Abpressen der durchgegorenen Maische kommt der Wein für mindestens 5 Jahre in große Holzfässer zu 2000 Liter. Erst nach einer weiteren Nachreifung von etwa eineinhalb Jahren in der Flasche darf der Wein das Weingut verlassen.

Der Pignolo von Fulvio zeichnet sich durch eine intensiv dunkle rubinrote Farbe aus, Säure, Gerbstoffe und Alkohol stehen zueinander in wunderbarer Balance und Harmonie. Der Wein hat einen kräftigen, eleganten Körper, trotz der langen Lagerung wirkt der Wein fruchtig, er kann sein ganzes Potenzial erst richtig entfalten, wenn er drei Tage vor dem Trinken geöffnet wurde.

„I know that I am a crazy man."

„When you respect the nature, the nature respects you."

▷ *(Fulvio Bressan)*

Autochthone Rebsorten, Emilio Bulfon, Valeriano

Die Weingärten von Emilio Bulfon liegen an den südlichen Ausläufern der Karnischen Alpen zwischen den Flüssen Tagliamento und Meduno bzw. nördlich von Spilimbergo, im Gemeindegebiet von Castelnovo del Friuli und Pinzano al Tagliamento. Sie gehören zum DOC Anbaugebiet Grave. Auf einer Anbaufläche von etwa 7 ha, größtenteils in Hanglagen, sind ausschließlich wiederentdeckte, autochthone Rebsorten aus dem Friaul angepflanzt. Von einigen Sorten hat man gar nicht mehr gewusst, dass es sie überhaupt gab, andere schienen ausgestorben zu sein. Emilio Bulfon entdeckte einige alte Anlagen, die nicht mehr gepflegt wurden, von Buschwerk überwuchert waren und dadurch in Vergessenheit gerieten. Dank der Leidenschaft von Emilio Bulfon wurden einige dieser alten Rebanlagen wieder zu neuem Leben erweckt. In kleinen Mengen vinifizierte er die wiederentdeckten Sorten, verkostete mit Experten zahllose Weinproben zum Zwecke der Sortenbestimmung und ließ schließlich von den von ihm wiederentdeckten Rebsorten Ableger machen und pflanzte diese in seinen eigenen Weingärten aus. Die erste sortenreine Vinifikation seiner nachgezüchteten und im Jahre 1967 ausgepflanzten Rebstöcke erfolgte 1970. Es ist wiederum seiner Leidenschaft und Begeisterung für diese alten autochthonen Sorten zu verdanken, dass auf sein Bemühen die Sorten Forgiarin, Piculit-Neri, Sciaglin und Ucelut in den nationalen Weinkatalog Italiens aufgenommen wurden.

Heute werden die Weine Emilio Bulfons nicht nur in Italien, sondern weltweit geschätzt.

Mit modernster Kellertechnik vinifiziert Emilio Bulfon seine Weine, die höchsten Qualitätsanforderungen entsprechen. Weinkennern sind nicht nur seine Weine ein Begriff, sondern auch seine selbst gestalteten Flaschenetiketten, auf denen das letzte Abendmahl dargestellt ist, eine Nachempfindung eines mittelalterlichen Freskos in der Kirche von S. Maria dei Battuti in Valeriano.

Die Weißweinsorten Ucelut und Sciaglin haben ihre Heimat um Valeriano, Pinzano und Spilimbergo, die Sorte Cividin stammt aus den Tälern um Cividale und gelangte erst später in Weingärten rechtsufrig des Tagliamento. Es sind durchwegs fruchtbetonte, bukettreiche Weine, die aufgrund ihrer jeweiligen ausgeprägten Persönlichkeit nur sehr schwer mit herkömmlichen Weinen zu vergleichen sind. Der Ucelut, ein intensiv strohgelber Wein, wird meist mit einem Restzuckeranteil ausgebaut und kann durch seinen Duft nach Akazienblüten und Honig am ehesten mit Verduzzo oder Picolit verglichen werden. Ucelut wird hauptsächlich als Dessertwein verwendet, ist aber auch ein idealer Wein außerhalb der Mahlzeiten – einfach zum Genießen.

Piculit Neri, Forgiarin und Cjanorie zählen zu den autochthonen Rotweinen, die Emilio Bulfon seit jeher in seinem Programm hat. Seit kurzem zählt auch Cordenossa, eine alte autochthone Rotweinrebe, die einen dunklen, extrem gehaltvollen Rotwein ergibt, dazu.

Piculit-Neri, nicht zu verwechseln mit der friulanischen Weißweinsorte Picolit ist das Aushängeschild unter den Rotweinen Emilio Bulfons. Der zum Teil im Barrique ausgebaute Wein besticht durch seine elegante Fruchtigkeit mit dezenten Anflügen von Vanille und Kastanienblüten, sowie einem Hauch von Röstaromen.

Vitovska

Die Vitovska zählt zu den weißen autochthonen Rebsorten, die fast ausschließlich in Julisch Venetien, im DOC Anbaugebiet Carso, verbreitet ist. Die Herkunft der Traube ist nicht eindeutig geklärt, der Name ist slowenischen Ursprungs, nach Ansicht von Edi Kante, einer der schillerndsten Persönlichkeiten unter den „Karstwinzern", stammt die Traube aus Dalmatien.
Er hat auf der Insel Korcula ähnliche Reben gefunden. Die Vitovska, die praktisch schon in Vergessenheit geraten war, wurde von einigen Winzern in alten, völlig mit Gestrüpp überwucherten Weingärten vor etwa 20 Jahren wieder entdeckt und neu ausgepflanzt. Es war schließlich Edi Kante, der diese Sorte bekannt gemacht hat, er war der erste, der die Vitovska sortenrein ausgebaut hat, viele Jahre wurde dieser Wein aufgrund seiner Würzigkeit und des fruchtigen Aromas meist als Cuveewein zur Geschmacksaufbesserung verwendet.

Paolo und Valter Vodopivec, Colludrozza

Oberhalb des Dorfes Colludrozza, nahe Sgonico, fallen einem schon von weiten mehrere große Glashäuser auf, in denen die Brüder Paolo und Valter Vodopivec, der jeweiligen Jahreszeit entsprechend, verschiedene Topfpflanzen, wie etwa Begonien, Geranien, Chrysanthemen oder Primeln züchten. Mitte Dezember lichtet sich das rote Meer von Weihnachtssternen in den Glashäusern langsam, der Großteil der fast unnatürlich tiefroten Weihnachtssterne wurde schon an den Blumengroßmarkt nach Triest geliefert. „Es hat sich in unseren Glashäusern ein natürliches Ökosystem aufgebaut, wir verwenden keinen Dünger und keine chemischen Mittel, die Insekten vertreiben wir mit Knoblauch" erklärt mir Valter die Philosophie, mit der sie nicht nur als Blumenzüchter, sondern auch als Weinbauern großen Erfolg haben.

Die Brüder haben im Jahre 1994, zur damaligen Zeit noch einen kleinen Weinbaubetrieb von ihrem Vater übernommen, der, wie es im Karst üblich war, Terrano und Vitovska ausgepflanzt hatte. Paolo und Valter wollten sich nicht mit mehreren Sorten „verzetteln", sondern sich mit ganzer Kraft und Leidenschaft auf eine für den Karst typische Rebsorte konzentrieren und ersetzten den Terrano durch ihre Lieblingssorte, der Vitovska, von der sie mittlerweile eine Fläche von 4,5 ha bewirtschaften. Die eigenen Wege, die sie in ihrer Gärtnerei gehen, beschreiten sie auch im Weinbau. Für die Schädlingsbekämpfung verwenden sie keine chemischen Mittel, der Weingarten wird ausschließlich mit Kuhmist gedüngt. Um die gesamte Kraft des Karstbodens und der Rebstöcke voll auszunutzen, haben sie sich auf eine beinharte Mengenbegrenzung eingeschworen, indem sie auf einem Rebstock nicht mehr als einen halben Kilogramm Trauben reifen lassen. Diese Qualitätslinie setzt sich im Keller fort. Für viele Weißweinproduzenten völlig unverständlich, lassen sie die Trauben, wie bei der Rotweinherstellung, sechzehn Tage auf der Maische liegen. Nach der schonenden Pressung wird der Wein ohne jeglichen chemischen Zusatz für zweieinhalb Jahre zur Reifung in große Holzfässer aus slawonischer Eiche gegeben. Ohne den Wein zu filtrieren oder mit Schwefel zu stabilisieren, wird dieser nach der langen Holzfasslagerung in Flaschen abgefüllt und erst nach einer Flaschenreifung von einem halben Jahr zum Verkauf angeboten.

Um dem Wein eine zusätzliche Note von Originalität und Bodenverbundenheit zu geben, haben die Brüder Vodopivec nach mehrjährigen Versuchen den Reifeprozess des Weines insofern modifiziert, indem sie den Wein nach dem Abpressen vorerst für ein halbes Jahr in große, im Boden vergrabene Amphoren geben und erst nach dieser ersten Reifephase in Holzfässer umpumpen.

Die Vitovska von Vodopivec ist in mehrfacher Hinsicht ein Erlebnis, sie besticht allererst durch eine intensive Bernsteinfärbung, das intensive Aroma setzt sich in seiner Dichtheit am Gaumen fort. Man spürt die Mineralik des Karstbodens im Wein, trotz seiner Urigkeit lässt er eine gewisse Eleganz nicht vermissen.

Wein | Vino

Terrano

Ist die Rede von Karst und Wein, so drängt sich unweigerlich ein Wein auf, der für diese Region zum Mythos geworden ist, der für seinen ausgeprägten Charakter, für seine Wildheit und Ungezähmtheit bekannt ist. Es ist nicht einmal der Versuch unternommen worden, diese Rebsorte in einer anderen Region auszupflanzen, sie gedeiht nur im Karst auf den kargen Böden, nur dort wird aus ihr der tanninreiche, herbe, leicht säuerliche, aber trotzdem harmonische Wein mit einer kräftig tiefroten, fast violetten Farbe hergestellt. Die Rede ist unzweifelhaft vom Terrano, einer autochthonen Rebe, einer uralten Spielart des Refosco. Der Terrano ist an Eigenwilligkeit nicht zu überbieten, man kann sich nur langsam diesem Wein nähern, hat man ihn jedoch einmal akzeptiert, dann gehört man zum Kreise seiner Liebhaber. Akzeptieren Sie ihn nicht gleich nach einer gewissen Phase des Kennenlernens oder Anfreundens, werden Sie wahrscheinlich mit dem Kapitel Terrano abschließen und sich zum Kreise der Terrano-Verweigerer zählen. Der Terrano lässt keinerlei Kompromisse zu, er ist mit einem rassigen Wildpferd zu vergleichen, das entweder auf sich reiten lässt, oder das einen sofort abwirft.

Benjamin Zidarich, Prepotto

Obwohl Benjamin Zidarich ausdrücklich betont, dass er mehr Weißwein als Rotwein produziert und sich auf Vitovska und Malvasia spezialisiert hat, gehört auch sein Terrano zu den absoluten Spitzenprodukten der Karstweine. Das raue Klima im Karst, der durch den hohen Eisengehalt dunkelbraun gefärbte Kalkverwitterungsboden, sowie die extreme Naturverbundenheit von „Benjamino" spiegeln sich in konzentrierter Form in seinem Terrano. Drei Wochen lässt er die gerebelten Trauben, ohne Zusatz von Hefe zur Gärbeschleunigung, auf der Maische in offenen Bottichen vergären, wobei es in dieser Phase darauf ankommt, die Maische ständig umzurühren und den sogenannten „Tresterhut", die leichteren, aufschwimmenden Traubenschalen, immer wieder durch Rühren unterzutauchen. In dieser Zeit wird den Traubenschalen der Großteil der Farbstoffe und der Tannine entzogen, die das spätere Charakteristikum des Weines ausmachen. Zwei Jahre lang lässt Benjamin Zidarich den Terrano in Barriqufässern aus slawonischer Eiche in seinem neu errichteten Keller reifen. Für den Kellerneubau ließ Benjamin neben dem schmucken, alten Bauernhaus einen riesengroßen Schacht in das Karstgestein vortreiben, der durch ein Gewölbe und einer Zwischendecke abgetrennt, in drei Niveaus unterteilt wurde. Ohne zu pumpen fließt der Wein nach dem Pressen, der Schwerkraft folgend, in das nächst tiefere Kellerniveau, um schließlich im untersten Bereich, dem Reifekeller, zu landen. Der Kellerboden ist nicht betoniert, die Kellerwände bestehen aus anstehendem Gestein, dadurch wird ein natürliches Klima mit optimalen Luftfeuchtigkeits- und Temperaturverhältnissen geschaffen, das dem Wein bei der Reifung zum „Atmen" zugute kommt. Die Kalksteine des Aushubmaterials vom Kellerschacht wurden zu Quadern geformt und für die Errichtung des Kellergewölbes und des Mauerwerks für einen großzügig geplanten Zubau weiterverwendet. In der obersten Etage des Neubaus ist unter anderem ein Verkostungsraum mit einem wunderbaren Blick auf das Meer geplant.

Für die Terrano Selektion verarbeitet Benjamin Trauben von Rebstöcken, die schon ein Alter von nahezu dreißig Jahren haben, von jüngeren Rebanlagen keltert er einen Terrano-Tafelwein, der in der Osmiza, die die Familie Zidarich betreibt, ausgeschenkt wird.

Alle Weine von Benjamin Zidarich zeichnen sich durch eine auffallende Mineralik aus, die Vitovska, die 6 Monate im großen Holz und 18 Monate im kleinen Holz lagert, riecht nach Apfel und Tabak und hat einen intensiven Geschmack nach vollreifen Trauben.

„Ich produziere alle meine Weine nach der traditionellen Ausbauart, wie sie im Karst immer üblich und typisch war. Der einzige Unterschied zu früher ist der, dass ich eine rigorose Ertragsbegrenzung im Weingarten einhalte und zur Reifung der Weine nicht nur großes Holz verwende, sondern auch kleine Barriquefässer. Ich respektiere die Natur und lasse sie, so viel es geht, bei der Herstellung meiner Weine mitarbeiten", erklärt mir Benjamin seine „einfache Philosophie zum Wein".

Das Weingut von Benjamin Zidarich befindet sich in Prepotto, einem kleinen Dorf mitten in der reizvollen Karstlandschaft östlich von Aurisina. Die kleine Ortschaft ist ein Phänomen und scheint ein Kraftort für die Karstwinzer zu sein, kommen doch vier von einer handvoll Winzer, die die autochthonen Weine aus dem Karst weit über diese Region hinaus bekannt gemacht haben, aus diesem kleinen Ort. Kante, Lupinc, Skerk und Zidarich sind klingende Namen in der Weinszene. Sie keltern seit einigen Jahren aus den noch vor zwei Jahrzehnten eher anspruchslos ausgebauten Rebsorten Terrano, Malvasia, Vitovska und Glera Weine moderner Stilistik, immer aber unter größter Beibehaltung traditioneller und regionaler Typizität. Bei einem Vergleich der Weine von den Produzenten aus dem Raum Prepotto kommt eine Diversität sehr stark zum Ausdruck, da sich einerseits diese Weine nicht in ein bestimmtes Korsett zwängen lassen, andererseits die Handschrift des jeweiligen Winzers im Charakter ihrer Weine voll durchschlägt.

Auf die Frage, warum sich gerade in der kleinen, unscheinbaren Ortschaft Prepotto diese Weinszene entwickeln konnte, herrscht die einhellige Meinung, dass es die spezielle Lage des Ortes im Karst, gleichzeitig jedoch sehr nahe am Meer gelegen, ausmacht. Die autochthonen Rebsorten lieben einerseits die kargen Karstböden, andererseits das ständige Wechselspiel von rauen Karstwinden und wärmebringenden Winden vom Meer. Im Malvasia von Edi Kante erlebt man den Einfluss vom Karst und Meer in beeindruckender Weise. Den Geschmack dieses Weines bestimmt in erster Linie die Rebsorte Malvasia, für die Robustheit des Weines zeigt sich der Karstboden verantwortlich, das nahe Meer drückt sich im Wein durch ein nicht unangenehmes Aroma nach Jod aus, das den Wein erst zu einem einzigartigen Geschmackserlebnis werden lässt.

ORNELLAIA
BOLGHERI

Vinotheken | Enoteche

Vinotheken | Enoteche

Weinhaus Stainz

Das Weinhaus Stainz, eine Vinothek der besonderen Art, entstammt der Idee einer Gruppe engagierter Weinliebhaber aus Stainz sowie einer Gruppe von Winzern aus der Schilcherregion mit dem Ziel, ein Kompetenzzentrum in Sachen Wein und Genuss zu errichten. Wo noch vor Jahren mittellose Menschen verköstigt wurden und eine Bleibe im sogenannten „Armenhaus", einem der ältesten Gebäude von Stainz gefunden haben, befindet sich seit dem Frühjahr 2006 ein Treffpunkt für Weinfreunde und Genussmenschen. Beim Umbau des Armenhauses ist es dem Architekten gelungen, eine moderne, gemütliche und architektonisch reizvolle Atmosphäre zu schaffen, die das umfangreiche Angebot des Weinhauses noch besser zur Geltung kommen lässt.

Auf vier Stockwerken aufgeteilt befinden sich ein großer Verkaufsraum, ein Verkostungskeller, eine Schauküche und verschiedene Tagungsräume.

Geleitet wird das Weinhaus Stainz von Gerald Summer und Ingrid Pucher, als diplomierte Sommeliers stellen sie ein kompetentes Geschäftsführerduo dar.

Das Weinhaus Stainz hat sich als Unternehmensphilosophie vorgenommen, Weinkultur mit unverwechselbarem Charakter zu vermitteln und österreichische Weine in ihrer Vielschichtigkeit im Weinbaugebiet Weststeiermark zu präsentieren.

Neben Weinen aus der Schilcherregion sowie aus allen Anbaugebieten Österreichs, umfasst das Angebot interessante Weine aus ganz Europa. Das Weinhaus Stainz bietet aber auch ein umfangreiches Sortiment an hochwertigen Naturprodukten, kulinarischen Schmankerln und Edelbränden aus der Region an.

In dem voll klimatisierten Keller werden Weinfächer an Privatpersonen vermietet, die ihre Weine unter bestmöglichen Bedingungen lagern können.

In der Schauküche können Sie sich von Profiköchen bekochen lassen, Sie können sich aber auch selbst als Küchenchef betätigen und Ihre geladenen Gäste verwöhnen.

Das Weinhaus Stainz führt regelmäßig Verkostungen, Seminare und Veranstaltungen zu Spezialthemen durch, wofür ein mit modernster Technik ausgestatteter Seminarraum zur Verfügung steht.

Vinofaktur, Ehrenhausen

„So schmeckt die Südsteiermark" – unter dieses Motto stellten die beiden renommierten Winzer Erich und Walter Polz ihre „Vinofaktur", eine moderne Präsentationsplattform für die besten Weine der Südsteiermark auf einem Platz.

Für den Weinliebhaber werden in dieser einzigartigen Vinothek, die im Mai 2005 eröffnet wurde, knapp 500 Weine, größtenteils aus der Südsteiermark, zur Verkostung bzw. zum Verkauf angeboten.

Holger Massner, ein kompetenter Fachmann, der schon einige Jahre die gesamtsteirische Vinothek in St. Anna am Aigen geleitet hat, wurde mit der Führung der Vinofaktur betraut, gemeinsam mit den Brüdern Polz ist er für die Auswahl der Weine zuständig, wobei sie sich zur Maxime gestellt haben, nur Weine bester Qualität in die Vinothek aufzunehmen, zu der sie zu 100 % stehen können.

In der Vinofaktur werden Sie von ausgebildeten Sommeliers beraten, 15 – 20 Weine können als „Weine des Monats" gratis verkostet werden.

In der Vinothek werden aber nicht nur Weine angeboten, zahlreiche steirische Köstlichkeiten wie Schinken, Käse, Pasteten, Essige, Öle und erlesene Destillate stehen in den Regalen.

Am Programm der Vinofaktur stehen aber auch Weinpräsentationen und Themenverkostungen, als Zukunftsvision stellen sich Erich und Walter Polz die Errichtung eines südsteirischen Weinkompetenzzentrums vor, in dem Sie Wein in allen Facetten erleben können.

Die Vinofaktur liegt am Eingang der südsteirischen Weinstrasse, ein Besuch bietet sich als idealer Start oder als krönender Abschluss einer Fahrt durch das südsteirische Weinland an.

Der Wein D.O.K., Deutschlandsberg

Er lebt „von der Hand in den Mund“, er ist Zahnarzt, heißt Dr. Klaus Ortner, oder einfach „der Wein D.O.K.“, wie ihn viele nennen.

Weil ihm sein privater Weinkeller zu klein wurde, gleichzeitig in seinem Haus ein vermietetes Geschäftslokal frei wurde, gestaltete er dieses kurzerhand zu einer Vinothek um und ließ sein Hobby zu seinem zweiten Beruf werden.

Klaus war immer schon ein extrem „Italien lastiger“ Weinsammler, wobei daran sein Freund Fredi Renner nicht ganz unschuldig ist. Mit ihm zog er durch Italien und Österreich und im Laufe der Jahre hat sich eine beachtliche Menge von Weinen, mit ausgesprochener Betonung auf italienische Herkunft, angesammelt. Dass es zu so einer umfangreichen Sammlung überhaupt kommen konnte, verdankt Klaus einer Eigenheit - für viele jahrelang völlig unverständlich – dass er, bis auf ganz wenige Ausnahmen, aus seiner Sammlung keine Flasche Wein getrunken hat.

Dafür hat heute Klaus Ortner eine der bestsortierten Vinotheken in der Region, wobei das Angebot von einer reichen Auswahl an österreichischen Weinen mit dem Schwerpunkt Steiermark, über Raritäten aus dem Friaul, der Toskana und dem Piemont bis zu Spezialitäten aus Frankreich und Spanien reicht.

In der Vinothek finden auch Veranstaltungen zum Thema Wein sowie interessante Verkostungen statt, Klaus Ortner bietet Produzenten die Möglichkeit, ihre Weine in der Vinothek einem ausgewählten Publikum zu präsentieren.

Vinotheken | Enoteche

Vor einigen Monaten lud Klaus Ortner zu einer einmaligen Verkostung von 13 legendären Jahrgängen des Kultweines Ornellaia aus der Toskana. Nicht so hochkarätig war vor kurzem eine Verkostung von unterschiedlich ausgebauten Schilchern aus der Weststeiermark im Vergleich zu zwei autochthonen Sorten aus dem Weinbaugebiet Carso im Friaul. Im Rahmen dieser Verkostung bat ich Klaus Ortner, Hannes Resch, einen bekannten Schilcherproduzenten und Reinhard P. Gruber, Schriftsteller, Schilcherliebhaber und Autor des Schilcher ABC, eines seiner bekanntesten Werke, zu einer Verkostung mit anschließender Diskussion. Nachdem die Gaumen mit einem Schilchersekt, einem klassischen Schilcher und zwei Rotweinen aus der Schilcherrebe eingepegelt wurden, sind als Vergleich zwei Weine aus Prepotto, ein Vitovska 2004 von Benjamin Zidaric und ein Terrano 2004 von Skerk verkostet worden.

Klaus Ortner zu Vitovska: „Ein kräftiger Wein mit Potenzial, fruchtig in der Nase, ich rieche Birne und eventuell Apfel". „Die Farbe ist ungewöhnlich" sagt Reinhard P. Gruber, „ich kenne nichts Vergleichbares, die Sonne lacht mich an, wenn ich den Wein betrachte. Für mich ist es ein „Wüstenwein", die Phantasie, dass der Wein nach Äpfeln schmeckt, habe ich nicht, dafür schmecke ich Hefe. Der Wein schmeckt mir, er ist außergewöhnlich, so ein Wein ist in der Steiermark und in Österreich nicht vorhanden", bemerkt Reinhard P. Gruber weiter und sichert sich mit einem verschmitzten Lächeln den letzten noch vorhandenen Schluck in der Flasche. „Ich kenne diese Art von unfiltrierten Weinen von Josko Gravner aus Oslavia", bemerkt Hannes Resch, „der Vitovska von Zidarich ist ein Wein, der ewig lebt. Für mich hat er eine Spur zu wenig Säure, ich würde den Wein trotzdem filtrieren, aber das gehört anscheinend zur Philosophie der Karstwinzer".

„Den Terrano kann man mit einem Schilcher durchaus vergleichen" betont Hannes Resch, „der Wein hat kein Makel, ist heftig am Gaumen, für einen Rotwein ist für mich jedoch die Säurestruktur zu hoch". „Die Farbe ist sensationell, der Wein hat eine andere Charakteristik als die Weine in der Weststeiermark. Der Wein ist gut, aber gewöhnungsbedürftig, wie ein Retsina den man zum ersten Mal trinkt. Für mich ist es nicht die Vorstellung von einem Rotwein", charakterisiert Reinhard P. Gruber den Terrano.

Mit einer Schilcherbeerenauslese aus dem Jahr 2005 mit 70 Gramm Zuckerrest holt uns Hannes Resch wieder in die Weststeiermark zurück. „ Das ist ein Schilcher, der bleibt, das ist ein Schilcher, den ich nicht nach einem Jahr ausgetrunken haben muss", stellt Reinhard P. Gruber abschließend fest.

Auf den Spuren Proteo Laurentis

Die „Gran Malabar" hat absoluten Kultstatus in Triest, ebenso Walter Cusmich, der diese Bar, in der einst eine Kaffeerösterei untergebracht war, schon seit fast 20 Jahren gemeinsam mit seinem Schwager Mario betreibt. Hunderte Weine aus den bedeutendsten Anbaugebieten Italiens sowie dem benachbarten Slowenien stehen in den Regalen der Malabar. Die Vorliebe Walters gilt jedoch den autochthonen Weinen aus dem Karst. Leser von Veit Heinichens Kriminalromanen wissen, dass auch Commissario Proteo Laurenti diese Weine liebt und ihn kein Weg an der Gran Malabar auf einen Besuch bei seinem Freund Walter vorbei führt, wenn er in der Nähe zu tun hat. Für einen Vitovska bei Walter macht er gerne auch einen kleinen Umweg. Eine Szene mit Laurenti könnte sich folgendermaßen abgespielt haben:

Walter serviert seinen Gästen, die gerade die Drogerie Toso bewundern, Wein und einige Happen Käse aus dem Karst. An der Drogerie Toso, unmittelbar neben der Malabar, scheint die Zeit stillgestanden zu sein. Walter kassiert, macht noch schnell zwei, drei kräftige Züge an seiner Zigarette, die er in einem Aschenbecher auf einem Stehtisch vor dem Lokal deponiert hatte, dämpft die Zigarette aus, bevor er sich wieder zu einem guten Freund, einem Schriftsteller an die Theke im Lokal stellt. Sie trinken einen Vitovska von Skerk, einem der bekannten Winzer aus dem Karstdorf Prepotto. „Der Vitovska von Skerk sagt mir zu, er ist jedoch weit entfernt vom Geschmacksbild eines internationalen Weines", bemerkt der Schriftsteller. „Ein Vitovska wird Gott sei Dank niemals schmecken wie ein sogenannter internationaler Wein" ergänzt Walter. „Du musst wissen, dass sich die Charakteristik des kargen, eisenhältigen Karstbodens im Geschmack des Weins durchschlägt und ihm eine besondere Mineralik verleiht. Auch die klimatischen Verhältnisse im Karst prägen den Wein, der harte Wind, die Bora, die oft über den Karst fegt und die Niederschläge, die im durchlässigen Kalkgestein sofort versickern, lassen die Rebstöcke leiden, was sich jedoch positiv auf die Charakteristik des Weins auswirkt" fährt Walter fort. „Es kommt aber auch auf den Menschen an, der den Wein macht", betont der Schriftsteller. „Selbstverständlich, die Leute wie Kante, Skerk, Zidarich oder Vodopivec verstehen ihr Handwerk, sie gestalten ihre Weine, die man heute schon sucht," stimmt Walter dem Schriftsteller bei. Auf dem Weg zur Questura schaut Proteo Laurenti bei Walter vorbei und betritt die Malabar. Der Schriftsteller leert rasch sein Glas, nickt Walter zu und verlässt wortlos das Lokal. „Was habt ihr beide gerade getrunken?" fragt Laurenti. „Wie immer einen Vitovska" erwidert Walter. „Ich hätte heute gerne zur Abwechslung einmal einen Refosco von Ferluga" sagt Laurenti in Richtung Walter und beginnt einem neben ihm stehenden, mit Interesse zuhörenden Gast, der sich Laurenti als ein aus Österreich kommender Maler und Weinliebhaber vorstellt, sein Weinwissen aufzudringen. „Der Refosco von Ferluga, dem einzigen Winzer der Stadt Triest, stammt von Rebstöcken, die schon 80 bis 90 Jahre alt sind. Ferluga hat sie vor Jahren gerettet, sie sollten ausgerissen werden." Laurenti doziert angeregt über Rotweine und erklärt dem Österreicher, dass früher die Fischer immer Rotwein zu Fisch getrunken hätten und dass heute die Frage der Getränkeempfehlung zu einem akademischen Problem ausgeartet sei. „Weißt du", sagt Laurenti energisch, „Trinken soll immer ein Genuss bleiben und nicht von irgendwelchen Ignoranten, die bei einer Blindverkostung Weißwein von Rotwein nicht unterscheiden können, reglementiert werden."

Walter ist ein ausgesprochener Fachmann, speziell auf dem Gebiet der autochthonen bodenständigen Weine. Er hat die Winzer, die heute für diese Weine berühmt sind, unterstützt, war deren Sprachrohr und hat sie und die Weine bekannt gemacht.

Seit vielen Jahren veranstaltet Walter am Freitag Weinverkostungen zu denen er Weinproduzenten in die Malabar holt, um ihre Weine zu präsentieren. Über diese Verkostungen wird genau Buch geführt, zu Jahresende 2006 lag man bei Verkostung Nr. 830. Walter bietet diese Möglichkeit der Präsentation vor allem jungen unbekannten Produzenten gleichermaßen auch renommierten und bekannten Winzern.

Die Gran Malabar ist zu einer wichtigen Anlaufstelle für Weinliebhaber geworden, die Leute, die heute die Malabar betreten, wissen, was guter Wein ist.

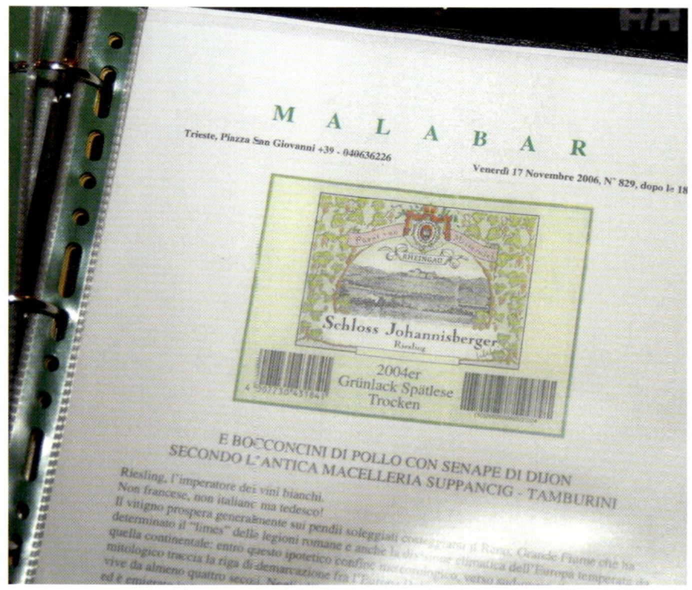

Enoteca di Cormons

Gäbe es die Enoteca von Cormons nicht schon, müsste man sie erfinden, denn sie ist aus dem Stadtbild von Cormons und für die Vielzahl der Weinliebhaber, die sie ständig besuchen, nicht mehr wegzudenken. Die Vinothek wurde im Jahre 1990 aus einem Bedürfnis heraus gegründet, ein gemeinsames Schaufenster für die Collio-Winzer zu gründen, um der Öffentlichkeit einen großen Querschnitt der Weine aus dem Anbaugebiet Collio anzubieten.

33 Produzenten, vom kleinen Winzer angefangen bis zu großen, bekannten Weinbaubetrieben, haben sich diesem Grundgedanken angeschlossen und diese Art der Präsentationsmöglichkeit durch ihre Teilnahme genutzt.

Die Enoteca di Cormons ist im Besitz der Gemeinde Cormons und ist in einem Haus in bester Lage am Hauptplatz von Cormons untergebracht, das unter Rücksichtnahme auf die Bedürfnisse der Vinothek, großzügig renoviert, bzw. umgebaut wurde.

Die Vinothek steht unter der Führung von Dario Raccaro, einem bekannten Weinproduzenten aus Cormons, der die Funktion des Präsidenten ausübt, ihm zur Seite steht eine junge, dynamische Direktorin in der Person von Elena Orzan. Elena besitzt übrigens den höchsten Weingarten im Collio am Monte Quarin in Cormons, der sich bis auf eine Seehöhe von 275 m. erstreckt.

Viele, vor allem der kleineren Weinbaubetriebe, sind erst durch die Vinothek bekannt geworden, durch die Konfrontationsmöglichkeit in der Vinothek mit einer Reihe von anderen Produzenten konnte man Vergleiche anstellen und Erfahrungen austauschen. So haben viele Produzenten in zahlreichen Diskussionen und Fachgesprächen mit Kollegen neue Arbeitsweisen entdeckt und ihr Fachwissen erweitert. Auf diese Art und Weise leistete die Vinothek einen wesentlichen Beitrag zu einer generellen Qualitätssteigerung der Weine aus dem Collio.

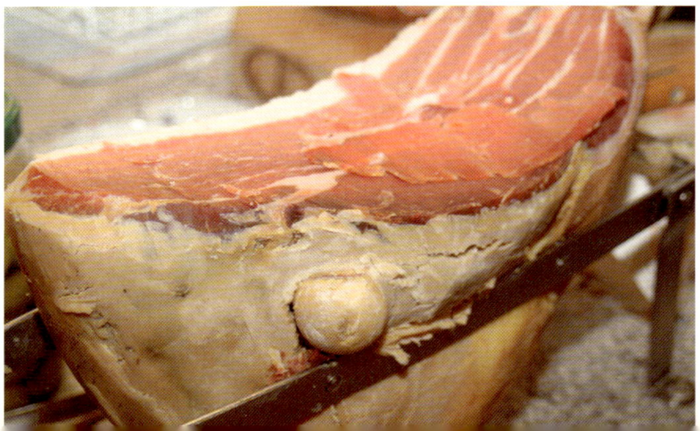

Die Enoteca di Cormons will keine elitäre Verkostungs- und Verkaufsstelle sein, sie sieht sich als Treffpunkt für alle, die Freude am Wein haben. Mehr als 300 verschiedene Weine können in der Vinothek glasweise zu einem moderaten Preis verkostet werden. E wird einem Konsumenten selten gelingen, von einer bestimmten Weinsorte, aus einem so großen Angebot auswählen zu können, wie dies in der Enoteca di Cormons der Fall ist.

Neben Wein wird dem Besucher der Vinothek eine Auswahl von Prosciutto-Spezialitäten und verschiedenster Käsesorten aus der Region angeboten.

Die Enoteca di Cormons hat es sich aber auch zur Aufgabe gemacht, durch zahlreiche Veranstaltungen Weinwissen zu vermitteln. Durch ein hochkarätiges Veranstaltungsprogramm hat sich die Enoteca di Cormons zu einem Kompetenzzentrum in Sachen Wein entwickelt.

In der Veranstaltungsreihe „in vino veritas" werden jeden Samstag Mitgliederbetriebe vorgestellt, von Oktober bis Jänner veranstaltet „Slow Food" in den Räumen der Vinothek Verkostungen von prämierten Weinen, an denen bis zu 200 Personen teilnehmen können.

„Uvaggio nel mondo" ist eine Veranstaltungsreihe, mit der vor etwa 10 Jahren begonnen wurde und im Rahmen dieser Cuveeweine aus dem In-und Ausland vorgestellt werden und von jedermann verkostet und beurteilt werden können. Die Ergebnisse dieser Beurteilungen werden ausgewertet und den jeweiligen Produzenten als wichtiges „feedback" übermittelt.

Das einzigartige an der Enoteca di Cormons ist, dass sich dort fast täglich eine Reihe von Weinproduzenten treffen, mit denen man in einer ungezwungenen Atmosphäre, nicht nur über Wein, locker plaudern kann. Planen Sie Ihren Aufenthalt in der Enoteca di Cormons nicht zu kurz, es zahlt sich auf alle Fälle aus.

Schnaps | Grappa

Destillerie Weutz, St. Nikolai im Sausal

Vor etwa 15 Jahren begann Michael Weutz in der Nähe von Kitzeck im Sausal mit dem Destillieren von verschiedenen Trestern aus dem Traubenmaterial seines Weingartens. Die ersten Brennversuche fanden noch im Saustall statt, heute werden seine Brände in einer hochmodernen Brennanlage, die in einem einzigartigen Gebäude in St. Nikolai im Sausal untergebracht ist, hergestellt.

Der Qualitätsfanatiker Weutz konzentrierte sich anfänglich auf Tresterbrände, die Produktpalette wurde im Laufe der Jahre durch Obst- und Beerenbrände erweitert. Der große Wurf gelang ihm vor wenigen Jahren, als er den ersten Steirischen Whisky brannte, der so großen Anklang fand, dass er in kürzester Zeit ausverkauft war. Mittlerweile destilliert er mehr als 10 verschiedene Whiskysorten, wobei einige derzeit noch im Reifekeller liegen und noch nicht im Verkauf sind.

▷ **Was war der Beweggrund, als Steirer, in einer für den Wein bekannten Region, einen Whisky zu brennen?**

Die Idee zum Whisky hatte ich gemeinsam mit Dr. Michael Löscher, dem erfolgreichen Flamberger Bierbrauer. Wir wollten unser Know How zu einer spirituellen Einheit bringen. Von der ersten Idee, einen Bierbrand zu erzeugen, kamen wir wieder ab, es war für uns nicht die große Herausforderung, der wir uns stellen wollten. Schließlich landeten wir beim Whisky, einem Produkt, das ebenfalls aus Getreide erzeugt wird und in den ersten Produktionsschritten denen der Biererzeugung entspricht. Ich versuchte von Beginn an, meinem Whisky einen steirischen Stempel aufzudrücken und verwende nach wie vor, fast ausschließlich steirische Grundprodukte, die bei uns in der Steiermark gemälzt werden.

▷ **Gibt es einen Unterschied in der Herstellung von Whisky im Vergleich zu Obstbränden?**

Das zu destillierende Ausgangsmaterial unterscheidet sich klarerweise, der Brennvorgang selbst ist nahezu derselbe, allerdings ist mein neues Brenngerät von der Form des Hutes und von der überaus großen Kupferoberfläche extrem auf die Whiskydestillation zugeschnitten. Diese Ausführung bzw. Anlagenkonzeption, als Resultat jahrelanger Tüftlerei und Erfahrungen aus Irland und Schottland, kommt aber auch meinen Fruchtbränden und Tresterbränden zugute.

▷ **Was ist die Besonderheit bei Deinem Whisky?**

Das Besondere an meinem Whisky ist einerseits die Produktion selbst, die von der klassischen Whiskyproduktion abweicht und schließlich das Resultat daraus – ein Whisky, der je nach Machart, ein unvergleichliches, spannendes, abgehobenes Aroma hat. Mein Whisky ist nicht lieblich, er ist schwer zu trinken, das macht seinen besonderen Reiz aus.

▷ **Gibt es von Dir einen typischen steirischen Whisky?**

Jeder Whisky, den ich produziere, ist ein „Steirer", zwei Whiskyvarianten sind jedoch besondere Steirer, zum einen ist das der „Green Panther", bei dem ich Kürbiskerne in die Maische mitverarbeitet habe und zum anderen der „Maroon", bei dem steirisch gebratene Edelkastanien, die traditionelle Zubereitungsart mit Salz, der Maische beigegeben wurden. Es ist mir mit diesem Whisky gelungen, den Kastaniengeschmack herrlich in den typischen Whiskygeschmack einzubinden.

▷ **Was ist Deine Paradesorte?**

Meine Paradesorte ist sicher der „Hot Stone", der einzige so genannte Steinwhisky aus 100% gemälzter Gerste, den ich überhaupt kenne. Die Idee zu diesem Whisky beruht auf einem historischen Hintergrund aus der Biererzeugung, wo früher, zur Verzuckerung, die Maische in Holzbottichen mit heißen Steinen aufgewärmt wurde. Bei der Whiskyproduktion habe ich auf diese Methode zurückgegriffen, wobei noch vor der Gärung in den süßen Gerstensaft rot glühende Basaltsteine versenkt werden. Auf diese Art und Weise wird der Malzgeschmack durch die hohen Temperaturen und einer damit verbundenen Karamelisierung verstärkt. Das Endprodukt zeichnet sich durch ein karameliges, malziges Aroma aus.

▷ **Wie lagern und reifen Deine Produkte?**

Alle Whiskysorten lagern und reifen ausnahmslos im Holzfass, wobei die Größe des Holzfasses auf die jeweilige Reifezeit abgestimmt ist. Bei einer vorgesehenen Reifezeit von 6–9 Monaten verwende ich Gebinde mit einem Inhalt von 28 Litern, bei einer Lagerung bis zu 3 Jahren kommt das Destillat in ein Halbbarrique. Die länger gereiften Sorten gebe ich in das klassische Barriquefass mit 225 Litern. Ich verwende hauptsächlich Fässer aus französischer Eiche in vier unterschiedlichen Toastungsstufen.

Alois Gölles, Riegersburg

Hört man den Namen Gölles, denkt man unweigerlich an Schnaps oder Essig, zwei Produkte, für die Alois Gölles über die Grenzen Österreichs hinaus bekannt ist.

Seit dem Jahre 1979 betreibt Alois Gölles in der Nähe von Riegersburg eine Schnapsbrennerei. Er besuchte die Obst- und Weinbauschule in Klosterneuburg und begann dann, da am elterlichen Betrieb kein Wein angebaut wurde, aus verschiedensten Obstsorten Schnaps zu destillieren. Vorerst betrieb er die Brennerei nur als Hobby, das sich jedoch im Laufe der Jahre ständig ausweitete. Schließlich hat sich ab Mitte der 90er Jahre aus dem einstigen Hobby ein Leitbetrieb in der österreichischen Schnapsbrennerszene entwickelt.

Alois Gölles legte immer Hauptaugenmerk auf die Verarbeitung typischer steirischer Obstsorten wie Zwetschke und Kriecherl oder auf Obstsorten, die es heute nicht mehr zu kaufen gibt. So legte er Obstgärten mit Maschanzka, einer alten steirischen Apfelsorte sowie mit Saubirne und Kriecherl, eine Sorte, die mit der Zwetschke verwandt ist, an.

Schnaps | Grappa

Zur Erzeugung seiner Destillate verwendet Alois Gölles nur gesundes, physiologisch reifes Obst, das nach einer kontrollierten Gärung im doppelten Brennverfahren destilliert wird. Nach dem Einstellen der Destillate auf eine Trinkstärke von 45 % Vol. Alkohol, einem Alkoholspiegel, bei dem das jeweilige Fruchtaroma voll zur Geltung kommt, erfolgt die Flaschenfüllung erst nach einer Reife von mindestens einem Jahr. Ausgewählte Apfeldestillate und Zwetschke werden 6 bis 7 Jahre im Eichenfass gelagert, sie präsentieren nach dieser langen Reifung in Verbindung mit einem angenehmen Holzton ihr volles Aromapotenzial. Der derzeitige Sortenspiegel umfasst 15 verschiedene Schnäpse.

Seit 1984 betreibt Alois Gölles auch eine Essigmanufaktur, in der er ausschließlich vollreife, gesunde und auserlesene Früchte aus eigenem Anbau verwendet. Weine, Bier oder Moste, die ebenfalls zu Essig vergoren werden, bekommt Alois Gölles von hervorragenden Produzenten geliefert. Das Essigsortiment umfasst mittlerweile 15 verschiedene Essige, Aushängeschilder sind seine Balsam-Essige, die nach traditioneller Methode hergestellt werden. Die Balsam-Essige lässt Alois Gölles bis zur Geschmacksharmonie mindestens 8 Jahre in Holzfässern reifen, die edelsten Balsam-Essigsorten gelangen erst nach einer Fasslagerung von mindestens 20 Jahren in den Verkauf.

Alois Gölles hat es geschafft, mit zwei traditionellen, steirischen Produkten den österreichischen Nahrungsmittelmarkt im Spezialitätensektor zu beleben und aufzuwerten. Gleichzeitig hat er aber auch eine Region, die mit diesen Produkten in Verbindung gebracht wird, bekannt gemacht. Um Produzenten die Möglichkeit zu bieten, mit ihren Produkten in die Öffentlichkeit zu gelangen und auf diese aufmerksam zu machen, hat Alois Gölles im Jahre 1991 den „Steirischen Lukullus", einen Preis, der jährlich an einen Produzenten eines landestypischen, hochwertigen Produktes verliehen wird, initiiert und gestiftet. Alois Gölles hat dadurch einen Beitrag geleistet, Produzenten durch positive Berichterstattung und verstärkte Medienpräsenz bekannt zu machen. Zahlreiche, in diesem Buch vorgestellte Produzenten stehen mit ihren ausgezeichneten Produkten, mit denen sie sich am Markt behaupten konnten, auf der Siegerliste der „Lukullus" Preisträger.

Schnaps | Grappa

Destillerie Domenis, Cividale del Friuli

Domenis ist eine der traditionsreichsten Grappa-Destillerien in Friaul Julisch Venetien. Sie wurde im Jahre 1898 von Pietro Domenis in Cividale del Friuli, mitten in den Colli Orientali, einem der bekanntesten Weinanbaugebiete, gegründet. Der Betrieb wird heute von Silvano Domenis und seiner Tochter Christina, bereits in 4. Generation geführt.

Der Firmentradition des Hauses Domenis folgend, reicht die Produktpalette vom hochwertigen Grappa bis zum Traubenbrand. In kleineren Mengen werden aber auch Zwetschken, Kirschen und Birnen zu Fruchtbränden destilliert.

Ende September, Anfang Oktober startet die Brennsaison, die angelieferten Trester müssen so schnell wie möglich verarbeitet werden um die charakteristischen Geschmacksnoten der Trester ohne Geschmacksverluste in das Destillat zu bekommen. Bevor der Weißweintrester destilliert werden kann, wird dieser ohne Hefezusatz unter Luftabschluss in Stahlsilos fermentiert. Die schon bei der Anlieferung durchgegorenen Rotweintrester können sofort destilliert werden. Die Rotweintrester zeichnen sich dadurch aus, dass die Gärung in der Maische gemeinsam mit dem Most der gepressten Trauben erfolgt. Die Geschmacksstoffe, die sich bei diesem Vorgang entwickeln, verleihen nicht nur dem Wein, sondern auch dem Grappa die besondere Aromatik der jeweiligen Traubensorte. Domenis verarbeitet jährlich etwa 3.000 bis 3.500 Tonnen Trester.

Die Destillation der Trester erfolgt bei Domenis im traditionellen diskontinuierlichen Brennverfahren in Brennkolben mit direktem Dampf unter niedrigem Druck. Die derzeitig verwendete Brennanlage wurde im eigenen Betrieb nach dem Vorbild der vom Firmengründer Pietro Domenis kreierten und verwendeten Anlage unverändert nachgebaut.

Große Bedeutung kommt der Lagerung des Destillats bei, da ein wesentlicher Teil der Aromabildung erst bei der Lagerung nach dem Destillieren erfolgt. Ausgewählte Grappe werden im Holzfass gelagert wobei das Destillat bei dieser Lagerungsart nur die durch das Holzfass dringende Luft zur Reifung atmen soll, nicht zu sehr aber den Geschmack des Holzfasses annehmen sollte.

„Unsere Grappe sind traditionelle Produkte, die wir nach traditioneller Art nur mit bestem Rohmaterial herstellen" berichten Christina und ihr Vater, während sie mir einen „Secolo", einen Grappa mit 60 % Vol. Alkohol anbieten, der anlässlich des hundertjährigen Bestehens der Firma vor wenigen Jahren destilliert wurde.

Aushängeschild von Domenis ist zweifelsohne der „Storica", eine Marke die vor etwa 20 Jahren kreiert wurde. Es ist dies ein junger Grappa mit 50 % Vol. Alkohol, den es in den Ausbauarten „Storica nera" und „Storica classica" gibt.

Domenis hat immer schon neben den Tresterbränden auch Traubenbrände erzeugt. Die Herstellung dieses Destillats wurde im Jahre 1951 gesetzlich verboten, ist aber seit 1993 wieder zulässig, Domenis hat darauf hin dieses traditionelle Destillat wieder in die Produktpalette aufgenommen.

Grappa

Grappa ist eines der ältesten und traditionsreichsten Destillate in Norditalien. Grappa wird aus dem Trester, den festen Teilen der Trauben, nach deren Pressung durch Destillation gewonnen.

Grappa ist heute längst nicht mehr der einfache und billige Tresterbrand, der nahezu nach jedem Essen zur Anregung des Verdauungsprozesses getrunken wurde, sondern hat sich durch Können und Erfahrung der Destillateure zu einem Edelprodukt entwickelt, das aus der Topgastronomie nicht mehr wegzudenken ist und auf dieselbe Stufe wie etwa Cognac gestellt werden kann.

Destillerie Nonino, Percoto

Der Aufschwung der Grappa-Kultur in den letzten drei Jahrzehnten ist untrennbar mit dem Namen Nonino verbunden. Benito und Giannola Nonino haben die Produktionsweise des Grappa revolutioniert und aus dem gewöhnlichen, billigen Getränk, das vorwiegend Bauern, Arbeiter und Soldaten getrunken haben, eine anerkannte, hochwertige Spirituose mit Weltruf gemacht.

Seit 1897 widmet sich die Familie der Kunst der Destillation, das Jahr 1973 leitete aber eine Wende ein, als Benito Nonino den ersten „Monovitigno", einen reinsortigen Grappa aus der Picolit Traube kreierte. Zahlreiche Destillateure folgten seinem Beispiel und konzentrierten sich unter anderem auf die Destillation sortenreiner, hochwertiger Traubentrester.

Der nächste Erfolg gelang Benito Nonino im Jahre 1984, nachdem auf seinen Antrag hin, nach jahrelangen und mühsamen Bewilligungsverfahren, die Genehmigung erteilt wurde, einen Traubenbrand aus ganzen Trauben herzustellen, was seit dem Jahre 1951 als Staatsmonopol, nur mehr dem italienischen Staat vorbehalten war. Erst die Initiative von Benito Nonino und die Hartnäckigkeit seiner Frau Giannola bei der Überwindung bürokratischer Hindernisse, ermöglichten es, ihre neu kreierte Linie der „Acquavite d´uva UE" zu destillieren. In Zusammenarbeit mit dem Nationalen Weinbauinstitut in Conegliano wurde ein Versuchsweingarten mit den Rebsorten Picolit, Ribolla Gialla, Fragolino, Schiopettino und Pignolo angelegt. Aus diesen Trauben wird der UE produziert, ein Traubenbrand der Extraklasse.

Seit Jahren sind die drei Töchter Cristina, Antonella und Elisabetta in das Geschäft integriert, alle drei beherrschen die Kunst des Destillierens, ihre Hauptaufgabe im Betrieb ist jedoch die Öffentlichkeitsarbeit und die Vermarktung der Nonino-Produkte im In- und Ausland.

Schnaps | Grappa

Um den Trester möglichst frisch zu verarbeiten, wird bei Nonino zur Zeit der Weinlese rund um die Uhr in 66 Dampfdestillierkolben gleichzeitig destilliert. Nonino arbeitet grundsätzlich nach dem diskontinuierlichen Brennverfahren, das heißt, dass jede einzelne Brennkesselfüllung einen gesamten Destillationsprozess durchläuft und nicht wie bei industrieller Verarbeitung, dem Brennkessel während des Destillationsvorganges ständig neuer Trester zugeführt wird. Das diskontinuierliche Brennverfahren ist aufwendig, da nach jedem Brennvorgang der Brennkessel entleert und wiederbefüllt werden muss, dafür kann jeder einzelne Arbeitsschritt genauestens überwacht werden.

Etwa drei Viertel der Destillate von Nonino sind traditionelle Grappe, die restlichen Produkte sind hochwertige, sortenreine Grappe aus regionalen Rebsorten wie Picolit, Refosco, Verduzzo oder Tocai sowie die sortenrein destillierten Traubenbrände UE oder verschiedene Obstbrände.

Giannola Nonino, die energiegeladene Chefin hat sich für mich Zeit genommen und mir über ihre Firmenphilosophie sowie über die Kunst des Destillierens erzählt. Spätestens seit diesem Interview weiß ich, wie temperamentvoll italienische Frauen sein können.

„Unser oberstes Gebot ist nicht nur, die Qualität, die wir seit Jahrzehnten haben, zu halten, wir wollen immer besser werden, wir sind in einem ständigen Lernprozess um mit unseren Produkten die absolut höchste Qualität zu erreichen. Wir destillieren nur die besten Rohstoffe, etwa 70% unserer Destillate sind traditionelle Grappe, bei denen wir penibel darauf achten, dass die angelieferten Trester umgehend verarbeitet werden um zu vermeiden, dass bei den Trestern eine sekundäre Fermentation einsetzt, die die Qualität vermindert.
Bei Nonino wird ausschließlich mit den von meinem Mann entwickelten diskontinuierlichen Dampf-Brennkolben destilliert, um die von uns gewünschte hohe Qualität zu erreichen. Wir legen auch großen Wert auf die Lagerung und Reifung unserer Destillate. Dafür verwenden wir kleine Holzfässer, in denen es durch den Holzkontakt zu einer geschmacklichen Bereicherung unsere Destillate kommt".

Bier | Birra

Bier | Birra

Die Geschichte des Bieres

Es ist durch Ausgrabungen belegt, dass die Sumerer schon 6000 vor Christus ein bierähnliches Getränk brauten. Im Gegensatz zum Wein, bei dem der in den Trauben enthaltene Fruchtzucker durch die alkoholische Gärung in Alkohol umgewandelt wird, muss bei der Bierherstellung aus Getreide zuerst die im Getreide enthaltene Stärke in Zucker umgewandelt werden, der schließlich in einem weiteren Gärungsprozess Alkohol, bzw. Bier entstehen lässt. Auf diesen biochemischen Prozess wurden die Sumerer bei der Brotherstellung aufmerksam, als man sah, dass in Wasser eingeweichtes Brot unter bestimmten Voraussetzungen zu gären beginnt und daraus in weiterer Folge Bier entsteht.

Die Bierherstellung wurde von den Ägyptern weiterentwickelt, sie versorgten die Armeen des Pharao mit dem nahrhaften Getränk. Die Ägypter brauten schon mehr als 20 verschiedene Biere, die sich einerseits durch die verwendeten Grundzutaten, andererseits durch ihren Alkoholgehalt deutlich unterschieden.

Über die Römer und Griechen gelangte schließlich die Kunst der Bierherstellung nach Europa. Aus klimatischen Gründen wurde in Südeuropa das Bier vom Wein verdrängt, in Mitteleuropa entwickelte sich das Bier jedoch zum beliebtesten alkoholischen Getränk, wobei die Mönche in den Klöstern maßgebliche brautechnische Entwicklungsarbeit zur Bierherstellung leisteten. Das von den Mönchen im Mittelalter entwickelte Brauverfahren wird grundsätzlich heute noch von den kommerziellen Brauereien angewandt.

Neben den Klöstern begannen vor allem Gast- und Landwirte Bier zu brauen, die ersten größeren kommerziellen Brauereien entstanden im 14. Jahrhundert.

Gab es bis zur Mitte des 19. Jahrhunderts in den klassischen mitteleuropäischen Bier produzierenden Ländern eine ausgesprochen hohe Dichte an kleinen Braubetrieben, entstanden im Zuge der Industrialisierung und des sich stetig rationeller entwickelnden Transportwesens immer mehr größere Brauereien, die bis zur Mitte des 20. Jahrhunderts den Großteil der Kleinbrauereien verdrängten. Mit dieser Entwicklung ging leider auch die Sorten- und Geschmacksvielfalt der in den Kleinbetrieben erzeugten Biere verloren.

Dass in Österreich Bier noch immer der beliebteste Durstlöscher ist, beweist die Tatsache, dass der Prokopf-Verbrauch bei etwa 110 Liter pro Jahr liegt, also deutlich über dem EU-weiten Durchschnittsverbrauch von etwa 75 Liter pro Person.

In Österreich hat sich in den letzten Jahren als Gegenbewegung zu den Konzentrationsprozessen auf wenige, den Markt beherrschende Braugroßkonzerne, eine interessante Kleinbrauereiszene entwickelt, die eine Vielzahl von hervorragenden Bierspezialitäten hervorgebracht hat.

Flamberger Bier, St. Nikolai im Sausal

Vom Bier war Michael Löscher immer schon begeistert, seine Begeisterung für dieses Getränk ging sogar so weit, dass er vor mehr als 20 Jahren den Versuch startete, Bier zuhause zu brauen. Beim ersten Versuch musste noch der „Saudämpfer", ein Ofen in dem normalerweise die Erdäpfel und Rüben als Schweinefutter gekocht werden, herhalten. Im Jahre 1995 baute er sich seine erste Brauanlage selbst, einen Kupferdämpfer mit einem Fassungsvermögen von 130 Liter. Seine Ausbildung als studierter Maschinenbauer kam ihm dabei sehr entgegen.

Die ersten Biere braute er sich für den Privatgebrauch, seine Biere fanden einen dermaßigen Anklang, dass er sich entschloss sich selbständig zu machen. Vorerst wurde sein Flamberger Bier, benannt nach dem Erzeugungsort, nur in einem einzigen Gasthaus ausgeschenkt, er musste aber schon bald seine Brauanlage vergrößern, seit 1998 stellt er gewerblich Bier her und beliefert mittlerweile eine Reihe von Gasthöfen in der Region Südweststeiermark und in Graz.

Michael Löscher braut seine Biere im klassischen Brauverfahren, ohne Einsatz von chemischen Mitteln. In Abhängigkeit von der Saison braut Michal Löscher heute etwa 30 verschiedene Sorten Bier aus größtenteils heimischen Produkten.

„Beim Bierbrauen kommt es in erster Linie auf die Beschaffenheit des Wassers an, die stimmt bei uns. Das Brauen selbst ist eine Erfahrungssache und eine Sache des Gespürs, zuviel Hopfen zum Beispiel macht das Bier zu bitter. Ich lege Wert auf eine naturnahe Herstellung, meine Biere werden nicht pasteurisiert, filtriert oder stabilisiert", erklärt mir Michael über seine Philosophie. Kenner seiner Biere wissen, dass diese bei kühler Lagerung nur etwa 3 Monate haltbar sind und eine leichte Trübe haben können.

Michael Löscher arbeitet sehr eng mit Michael Weutz, dem Whiskybrenner und Weggefährten seit der ersten Stunde zusammen.

„Bier und Whisky sind Brüder, ihre Herstellung ist bis auf den letzten Verarbeitungsschritt nahezu ident" sagt Michael und weist darauf hin, dass er in seinem Sortiment auch ein Whiskybier hat.

Fast alle Biere von Michael Löscher sind getreidebetonte Biere, die sich durch einen sehr starken Abgang auszeichnen.

„Beim Bier soll der Geschmack bestimmend sein, man kann ein Bier brauen, wonach man Gusto hat, ein Pils im Sommer, ein Schwarzbier im Winter oder ein Holunderbier im Frühsommer". Mit dieser Aussage weist Michael Löscher auf die Vielfalt seiner Biersorten hin, von denen nur einige aufgezählt werden sollen: Hausbier, Maisbier, Kürbisbier, Hanfbier, Weizen, Schwarzweizen, Schwarzbier, Dinkelbier, Pils, Triticale, Biobier hell, Biobier halbdunkel, Osterbock, Weihnachtsbock, Melissenbier, Roter Baron, Himbeerweizen, Himbeerbier, Honigbier, Sonnenblumenbier..............

Prost!

Brauerei Cittavecchia, Sgonico

Dass Italien ein Land der Weintrinker und nicht der Biertrinker ist, beweist der jährliche Pro-Kopf-Verbrauch an Bier von lediglich 29 Liter, ein Betrag, der wesentlich unter dem EU-Durchschnittswert von 75 Liter pro Jahr liegt. Sogar die Franzosen als ausgesprochene Weinliebhaber, trinken mit 37 Litern im Jahr mehr Bier als die Italiener. Dabei hat Italien, vor allem in den nördlichen Landesteilen eine lange Biertradition, die auf die jahrhundertelange Herrschaft der Habsburger zurückgeht. Ab Mitte des 20. Jahrhunderts konzentrierte sich die Brauindustrie in Händen weniger Großunternehmen. Erst in den letzten beiden Jahrzehnten fand Bier, vor allem bei jüngeren Konsumenten zunehmend Anerkennung, viele Konsumenten wehrten sich jedoch gegen die industrielle Massenproduktion. Diese Situation nutzten zahllose Kleinbetriebe aus, die mit hochwertigen Bieren den Markt, wenigstens am Qualitätssektor, um einiges attraktiver gestalteten. Mittlerweile gibt es in Italien 150 Kleinbrauereien, die zwar mengenmäßig jedoch noch immer eine nachrangige Stellung einnehmen, aber aufgrund ihrer Spezialbiere auf alle Fälle regionale Bedeutung erlangt haben. Eine dieser Kleinbrauereien ist die „Birrificio Cittavecchio" in Sgonico, im Karst oberhalb von Triest.

Die beiden Partner Michele Barro aus Mailand und die Triestinerin Valentina Grego hängten ihre erlernten Berufe als Industrial- und Graphic Designer an den Nagel und begannen im Jahre 1999 im wahrsten Sinne des Wortes Bier zu „designen". Als Grundlage für ihren neuen Job errichteten sie in einer Halle in der Gewerbezone zwischen Opicina und Sgonico eine modernst eingerichtete Braustätte. Technisch auf dem neuesten Stand, wirkt die Brauerei mit ihren Edelstahlgeräten, Leitungen und Lagerbehältern fast steril, lediglich der angenehme Geruch nach Trebern erinnert daran, dass in diesem Gebäude Bier erzeugt wird.

Völlig unbelastet fingen beide an Bier zu brauen, in Österreich, Deutschland oder Tschechien hätten sie sich als Quereinsteiger diesen Job nicht zugetraut, zu sehr sind die Bierherstellungsverfahren in diesen Ländern auf klar definierte Biersorten reglementiert. Ein Pils muss nach Pils schmecken, ein Märzen erlaubt keinerlei Abweichung von einem Standard-Märzenbier. In Italien, einem Land mit einer untergeordneten Biertradition hatten sie die Freiheit, „ihr" Bier, nach „Ihren" Vorstellungen zu brauen. „In Italy we need not follow a certain style, so we had the freedom and could create our own style, producing beer", versucht mir Michele seine Grundphilosophie zu erklären. Seine Biere entsprechen durchaus den Vorgaben bestimmter Sorten, tragen jedoch eindeutig die Handschrift von Michele, der alle seine Biere intensiver, kräftiger, man könnte fast sagen eigenwilliger gestaltet.

Im Sortiment befinden sich das „Chiara", ein helles Bier, das am ehesten einem klassischen Pils entspricht und sich vorzüglich als Getränk zu leichten Fleischgerichten, Fisch, Pizza und Frischkäse eignet.

Das „Rossa" ist ein dunkles, untergäriges Bier mit einem dichten und kompakten Schaum, das nach Wiener Tradition gebraut wird. Es schmeckt ideal zu den klassischen kalten Vorspeisen der Karstregion und zu fast allen Käsesorten.

Nach bayerischer Art wird das „Weizen" erzeugt, ein Bier mit einem typischen Hefeton, ein idealer Speisebegleiter zu gesottenem Schweinefleisch, wie es zur Zeit der österreichisch-ungarischen Monarchie zubereitet wurde. Das „Weizen" passt auch hervorragend zu Fisch und Meeresfrüchten.

Das „Formidable" ist ein Starkbier mit einem Alkoholgehalt von 8 Vol.-%. Das dunkle, kräftige Bier eignet sich sehr gut als Getränk zu deftigen Fleischgerichten, zu gereiftem Käse und auch zu Süßspeisen mit Schokolade.

Anfang Dezember braut Michele ein St. Nikolaus-Bier. Das obergärige Bier hat eine intensive orange Farbe und ist sehr fruchtbetont mit einem Aroma nach Trockenfrüchten, Pfirsich und Marillen.

Die Cittavecchia Biere werden nicht pasteurisiert und filtriert und auch nicht stabilisiert. Durch die Nachgärung in der Flasche, wie dies vor allem bei belgischen Bieren typisch ist, sind die Biere leicht trüb.

Die Brauerei Cittavecchia hat einen Ausstoß von etwa 700 Hektoliter pro Jahr, das Bier kann in einigen Lokalen in der Region von Triest vom Fass getrunken werden, der Großteil wird jedoch in die für Cittavecchia typische 0,7 l Flasche mit ihrem auffallenden, knallroten Etikett gefüllt.

Restaurants | Ristoranti

Grubers Kehlberghof, Graz-Strassgang

Aussicht auf was Gutes – so lautet das Motto von Vinzenz Gruber, seit 1995 Chef vom Restaurant Kehlberghof in der Nähe vom Schloss St. Martin, in erhöhter Lage an den Ausläufern des Buchkogelzuges im Westen von Graz. Vinzenz Gruber und seine Frau Roswitha wollen Gutes in zweierlei Hinsicht bieten, Gutes in der Küche und Gutes im Service. Bei der aussergewöhnlichen Küche im Kehlberghof ist die gute Aussicht, die man vom Lokal aus auf die Stadt Graz hat, eine angenehme Nebensache.

Vinzenz Gruber ist gebürtiger Oststeirer, absolvierte seine Kochlehre im Parkhotel in Graz, ging dann als Jungkoch auf Wanderschaft und war Küchenchef in renommierten Häusern im Inland und Ausland. Er hat im Restaurant Korso in Wien bei Reinhard Gerer gekocht, eine Prägung erfuhr er auch in seiner Zeit von eineinhalb Jahren im „Aubergine“ bei Eckhard Witzigmann in München. Nun führt er sein eigenes Haus, den Kehlberghof, eine der besten kulinarischen Adressen im Großraum Graz.

Vinzenz Gruber ist vor allem die Liebe zum Produkt wichtig, er will aus frischen, natürlichen und erstklassigen Produkten ein Optimum herausholen. Vinzenz Gruber hat sich bemüht, die regionale Küche mit bodenständigen Gerichten wiederzubeleben, seine Liebe gehört aber auch der mediterranen Küche. Er setzt voll auf eine leichte, aber aromabetonte Küche, die er mit einem hohen Maß an Kreativität umsetzt. Am Kehlberghof isst man auch mit dem Auge.

Im Lokal verwöhnt Sie Roswitha, die mit großer Kompetenz ausgestattet, die passenden Weine zu Ihren bestellten Gerichten empfiehlt. Die Weinauswahl im Kehlberghof liegt schwerpunktmäßig auf steirischen Weinen, es werden aber auch österreichische und internationale Spitzenweine angeboten. Sehr groß und erlesen ist auch die Auswahl an Destillaten für den Genuss nach dem Essen.

▷ Tellersulz und Mousse von geräucherten steirischen Edelfischen mit Rohnen und frisch geriebenem Kren
Sauvignon blanc aus der Steiermark

▷ Vogerlsalatsuppe mit Erdäpfelschaum und knusprigem Vulcanoschinken

▷ Lammkotelett mit Kürbiskernkruste auf Endiviensalat und Käferbohnen mit gratiniertem Sterz
Wildbacher blau

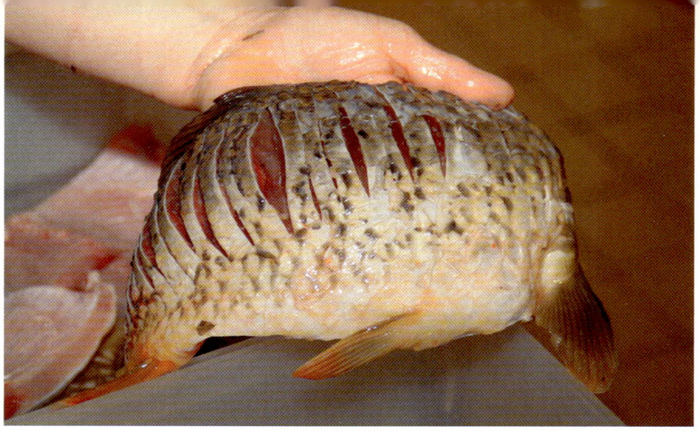

Gasthaus Sackl, Hohlbach

Fährt man von St. Martin im Sulmtal in Richtung Deutschlandsberg, kann man das von mehreren Bäumen verdeckte, unscheinbare Gasthaus Sackl in der kleinen Ortschaft Hohlbach leicht übersehen. Das Gasthaus ist vor allem Anziehungspunkt für Liebhaber von Karpfen, dem typischen Fisch in der Südweststeiermark.

Im Jahre 1960 haben Eduard und Henriette Sackl das Gasthaus, 1964 zusätzlich ein Kaufhaus errichtet. In den letzten 40 Jahren wurde das Gasthaus in mehreren Bauabschnitten vergrößert, das Kaufhaus erlitt wie viele andere kleinere Kaufhäuser in den Dörfern dasselbe Schicksal, sich gegen die großen Supermarktketten nicht durchsetzen zu können und fiel dem „Greißlersterben" zum Opfer. Heute ist Erich Sackl der Eigentümer, er hat den Gastronomiebetrieb im Jahre 1997 von den Eltern übernommen. Für die Küche ist neben Erich auch seine Frau Annemarie verantwortlich, in ihrer Küche dominiert die gut bürgerliche, klassische Hausmannskost mit Karpfen als Schwerpunkt. Die Küche beim „Sackl" ist auf die jeweilige Saison ausgerichtet, die Hauptsaison für Karpfengerichte reicht von November bis zum Karfreitag, im Frühling werden schwerpunktmäßig Spargelgerichte angeboten, im Herbst stehen Wildgerichte in unterschiedlichsten Varianten auf dem Speiseplan.

Der „Sackl" ist aber auch noch bekannt für seine Backhendl, ebenfalls ein Traditionsgericht für die Weststeiermark. Auf Vorbestellung bereitet Annemarie Sackl eine „aufgesetzte Henne" mit Erdäpfeln, ein klassisches, traditionelles Rezept aus der Weststeiermark zu.

Erich Sackl bezieht seine Karpfen von Bauern aus der Region, unter anderem auch von „Onkel Adi", einem ehemaligen Gastwirt, der „in der Gleinz", einem Ortsteil von Frauental an der Laßnitz einige Karpfenteiche besitzt.

„Am liebsten sind mir Karpfen so zwischen eineinhalb und etwa zwei Kilogramm, wichtig ist, dass man sie nicht direkt aus dem Teich verwendet, sie sollten schon mindestens acht Tage im klaren Wasser gewässert werden, dass sie nicht „letteln"", erklärt mir Erich, der gerade die Fische für seine zwei Standardgerichte, dem „Serbischen Karpfen" und dem gebackenen Karpfen zurechtputzt.

Für den „Serbischen Karpfen" wird der Fisch der Länge nach halbiert und „geschröpft", ein Vorgang bei dem der Fisch auf der Außenseite mehrfach eingeschnitten wird, um die feinen Gräten so zu zerkleinern, damit man sie nach dem Herausbraten in Fett mitessen kann. Zum Schluss wird der Fisch mit Knoblauch gewürzt und vor dem Servieren mit Kräuterbutter garniert.

Für den gebackenen Karpfen wird der Fisch in kleinere Stücke zerteilt, gesalzen, gepfeffert und mit Mehl, Milchei und Semmelbrösel paniert und in Palmfett oder Schweineschmalz goldbraun herausgebacken. Als Zuspeise zu den Fischgerichten isst man üblicherweise einen gemischten Salat mit Kürbiskernöl.

Die Gäste vom „Sackl" kommen nicht nur aus der Region, es gibt Stammgäste aus Graz, die am Sonntag vor Weihnachten beim „Sackl" Karpfen essen, sich von Erich einen frischen Weihnachtskarpfen mitgeben lassen und am Nachmittag das Weihnachtskonzert der Markt-Kapelle Frauental anhören. Kulinarischer Genuss und Kunstgenuss in der Weststeiermark. Mehr kann man sich an einem Tag nicht antun.

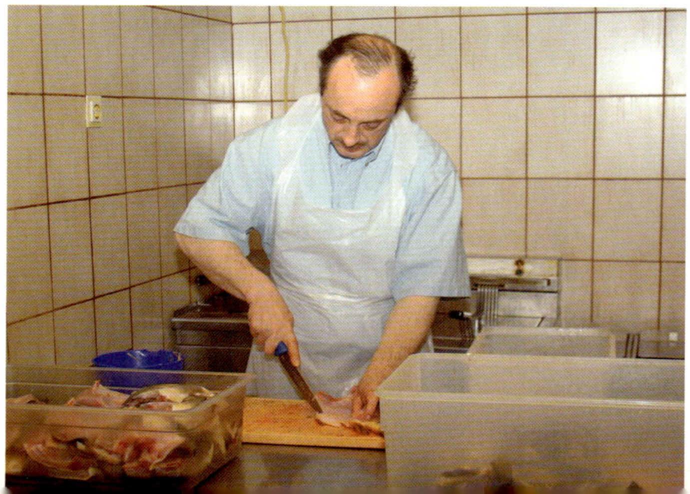

▷ Gemischter Salat mit Steirischem Kürbiskernöl

▷ Karpfen nach Serbischer Art
Weissburgunder aus der Südsteiermark

▷ Gebackener Karpfen
Grauburgunder aus der Südsteiermark

Restaurants | Ristoranti

Kirchenwirt, Kitzeck

Kitzeck ist der höchstgelegene Weinbauort Europas, an der höchsten Stelle des Ortes, unmittelbar neben der Kirche, liegt der Kirchenwirt, der von Alfred und Gertraud Heber geführt wird. Ein Besuch des Kirchenwirts lohnt sich nicht nur wegen der verfeinerten, steirischen Küche mit kreativ zubereiteten, bodenständigen Gerichten, sondern auch wegen der Lage des Gasthauses mit einem Blick auf weite Teile der Südsteiermark und das umliegende Weinland.

Der Kirchenwirt kann auf eine mehr als 100 jährige Tradition zurückblicken, wie der erste Eintrag in das Gästebuch aus dem Jahre 1888 beweist.

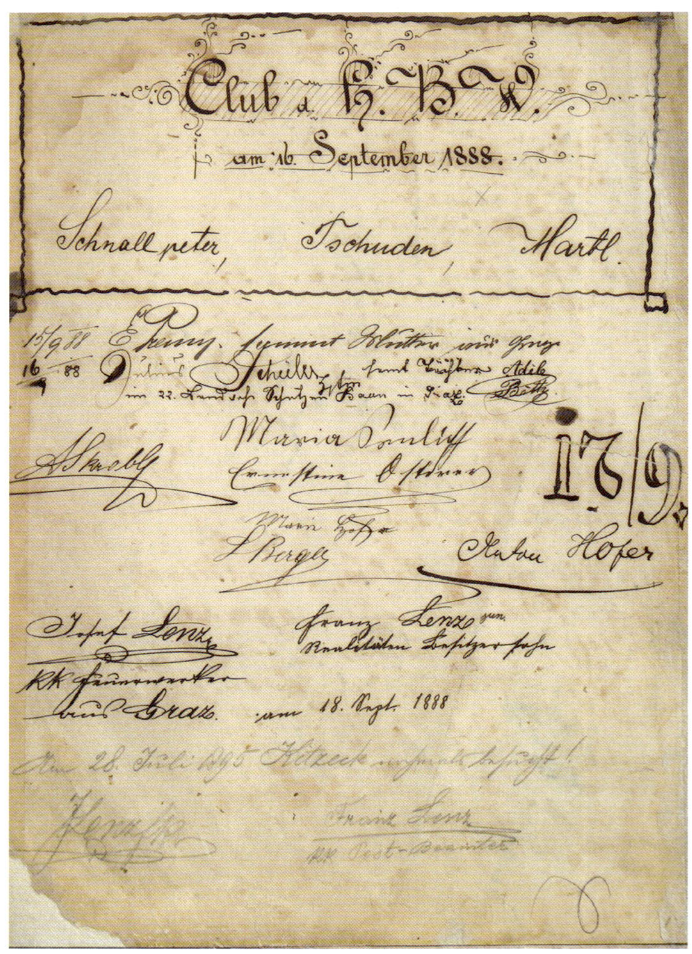

Gertraud Heber verwendet in der Küche ausschließlich Fleisch und Produkte aus biologischem Anbau von kontrollierten Bauernhöfen, wobei der Schwerpunkt bei Lamm, Styria beef, Geflügel, Fisch und Wild liegt. Je nach Saison bietet der Kirchenwirt auch interessante Gerichte mit Spargel und Pilzen, sowie eine umfangreiche vegetarische Küche an.

Alfred Heber ist ein begnadeter Schnapsbrenner, 17 verschiedene Sorten wie etwa Kriecherl, Zwetschke, Weingartenpfirsich, Quitte und Mostbirne stehen auf seinem Programm. Zahlreiche Prämierungen und Auszeichnungen sind der Beweis für die Qualität seiner erzeugten Destillate. Alfred Heber bewirtschaftet auch einen Weingarten mit den Rebsorten Morillon, Weißburgunder und Rheinriesling.

▷ Frühlingskräutersuppe mit Radieschenbrot

▷ Gekochtes Schulterscherzl vom Bioweidekalb mit frisch gerissenem Kren, Röstkartoffeln und Erbsensauce
Klassischer Morillon aus eigenem Anbau

▷ Kürbiskernölparfait
Beerenauslese aus der Südsteiermark

Alla Pace, Sauris

Für die Mühe der beschwerlichen Anreise auf einer 14 Kilometer langen engen, kurvenreichen Bergstrasse nach Sauris di Sotto wird man belohnt, wenn man das Restaurant „Alla Pace" zum Essen besucht. Wie eine Trutzburg beherrscht das imposante Steinhaus den unteren Ortsteil von Sauris, – für einen Ortsunkundigen ist das Gebäude nicht zu übersehen und leicht zu finden.

Das Restaurant besteht seit dem Jahre 1804 und wurde immer als klassischer Familienbetrieb geführt. Die heutigen Besitzer, die Familie Schneider, betreibt das Restaurant seit 1964, angeführt von „Mama Franca", der guten Seele des Betriebes. Der Seniorchef Vinicio steht hinter der Theke. Er sammelt Kräuter und Pilze für die Küche und ist für die Besorgung von Schnaps und Prosciutto zuständig und die beiden Söhne Mauro und Andrea sowie die Tochter Elena lenken die Geschicke im Restaurant.

Seit 1990 ist Andrea Küchenchef im „Alla Pace" und hat das Restaurant durch seine typische lokale Küche weit über die Grenzen von Sauris hinaus bekannt gemacht. Andrea hält sich vorwiegend an alte, überlieferte Rezepte aus der Carnia. Er verpaßt ihnen einen „modernen Touch" um dadurch aus einfachen, vorwiegend aus der Gegend stammenden Zutaten, verführerische und schmackhafte Gerichte zuzubereiten.

Elena ist für die Gästebetreuung und für die Nachspeisen zuständig, wobei sie sich bei deren Zubereitung hinsichtlich der Rezepte und den Zutaten an die Philosophie ihres Bruders hält.

Den bestens sortierten Weinkeller mit einer großen Auswahl an Weinen aus Friaul Julisch Venetien verwaltet Mauro, der über ein profundes Weinwissen verfügt und bei dem sie sich bei ihrem Getränkewunsch in besten Händen befinden.

Die gesamte Familie spricht deren deutschen Dialekt. Versuchen sie ihre Konversation mit den Wirtsleuten nicht in hochdeutsch zu führen, man versteht sie in ihrem jeweiligen Dialekt sicher besser.

Wer sich nach dem Essen den beschwerlichen Weg ins Tal nicht mehr zutraut oder der Verleitung des großen Weinangebotes nicht Stand halten konnte und nicht mehr ein Auto lenken dürfte, kann in der Frühstückspension „Meuble Schneider" der Familie Schneider, nur wenige hundert Meter vom Restaurant entfernt, übernachten.

Den für die karnische Region typischen Menüvorschlag hat Andrea zusammengestellt, Mauro hat die jeweils dazu passenden Getränke empfohlen.

▷ Prosciutto aus Sauris
Tocai friulano

▷ Gefüllte Teigtaschen mit geräuchertem Ricotta
Chardonnay

▷ Fricco und Polenta
Pinot nero

San Daniele

Als ausgebildeter Geograph und Geologe sei mir an dieser Stelle zur Ortschaft San Daniele eine kurze Bemerkung gestattet, die nicht im Zusammenhang mit Kulinarik steht.

San Daniele hat nicht nur mit dem Prosciutto internationale Berühmtheit erlangt, San Daniele hat auch unter Naturwissenschaftern einen klingenden Namen aufgrund der, aus geomorphologischer Sicht, besonderen Lage des Ortes. Der Tagliamentogletscher hat markante Spuren in Form eines mächtigen Endmoränenwalls nach dem Abschmelzen des Gletschers nach Ende der letzten Eiszeit vor etwa 12.000 bis 15.000 Jahren hinterlassen. Die mächtigen Schuttmassen, die der Gletscher vor sich hergeschoben hat, sind nach dem Abschmelzen des Gletschers in einem halbkreisförmig angeordneten Wall mit einer Länge von 28 Kilometer und einer Höhe von mehr als 100 Meter liegen geblieben und bilden heute das von Fachleuten bezeichnete „Moränenamphitheater von San Daniele". Auf diesem Endmoränenwall, der sich von Ragogna über Moruzzo bis nach Tarcento erstreckt, liegt San Daniele, dessen Ortszentrum nahezu auf der höchsten Erhebung dieser eiszeitlichen Ablagerungen liegt. Es gibt im gesamten Ostalpenraum keine, nur annähernd so mächtige und fast vollständig erhaltene Moränenzüge, die den Höchststand der Vergletscherung markieren, wie im Bereich von San Daniele. Aus diesem Grunde ist San Daniele Ziel zahlreicher Exkursionen aus ganz Europa, die zumeist mit einer Verkostung des berühmten Prosciutto aus San Daniele in einem Restaurant, wie zum Beispiel im Ristorante „da Scarpan" ihren Abschluss finden.

Ristorante da Scarpan, San Daniele

Angelico und Luigina Masotti betreiben ihr ausgesprochen gemütlich und stilvoll eingerichtetes Restaurant in San Daniele, etwas versteckt in einem Arkadengang, wenn Sie vom Hauptplatz aus, dem Piazza Vittorio Emmanuele, die nach Osten führende Strasse etwa 100 m weiterverfolgen. Friaulkennern wird Angelico schon bekannt sein, als er vor etwa 15 Jahren in Carpacco , südlich von San Daniele, die Trattoria al Passeggio führte. Schon damals zeichnete sich seine Küche dadurch aus, dass er traditionelle, regionale Rezepte in einer modernen Interpretation umsetzte. Bis Angelico im Jahre 2000 das Scarpan im Ortszentrum von San Daniele übernahm, machte er Station in der Trattoria al Tirasegno, an der Ortsausfahrt von San Daniele Richtung Fagagna.

Von Lokal zu Lokal verfeinerte sich seine Küche, in der ein Schinken aus San Daniele als Vorspeise obligat ist. Den zarten Prosciutto bietet er in Kombination mit zartem, sauer eingelegten Gemüse an. Auf der Speisekarte stehen unterschiedlichste Fleischgerichte, angefangen von Schwein und Rind, über Lamm bis zum Kaninchen. Sehr interessant sind auch seine zahlreichen Fischgerichte mit Forelle.

Wenn Sie nach dem Essen einen Espresso bestellen, wird meist unaufgefordert eine Flasche Grappa auf den Tisch gestellt, um den Kaffee nach eigenen Vorstellung zu verfeinern.

Das Scarpan ist ein besuchenswertes, kleines Lokal, in dem man sich sehr um die Gäste kümmert, auch die Weinauswahl ist bemerkenswert.

▷ Prosciutto di San Daniele mit eingelegtem Gemüse
Tocai friulano

▷ Kürbisgnocchi mit geräuchertem Ricotta
Sauvignon blanc

▷ Schweinswange mit rotem Radicchio und Polenta
Merlot

▷ Schokoladensalami mit Vanillesauce
Ramandolo

Trattoria „Da Nando“, Mortegliano

Fährt man die Staatsstrasse Nr. 353 von Udine nach Süden Richtung Lignano fällt einem nach wenigen Fahrminuten schon von weiten der Campanile von Mortegliano, der höchste Campanile Italiens auf. Der Campanile signalisiert, dass man nicht mehr weit zur Trattoria „Da Nando“ hat, einer der bemerkenswertesten Trattorien von Friaul Julisch Venetien.

Ivan und Sandro Uanetto, die man von ihrem Aussehen her nur sehr schwer als Brüderpaar halten kann, betreiben gemeinsam mit ihrem Vater Nando ein Lokal, das in dieser Region und weit darüber hinaus Kultstatus erlangt hat. Um die Mittagszeit kann es vorkommen, dass der große Parkplatz auf der gegenüberliegenden Seite des Lokals von zahlreichen LKW verstellt ist. Es ist eine ungeschriebene Tatsache, dass LKW Fahrer ein sicherer Gradmesser für die Qualität eines Lokals sind. Am Abend hingegen wandelt sich die Trattoria zu einem Gourmettempel ersten Ranges, wo man in einer ausgesprochen gemütlichen Atmosphäre bestens essen kann.

Ivan und Sandro legen größten Wert auf traditionelle friulanische Küche. Ein Schwerpunkt im kulinarischen Angebot wird im „Da Nando“ auf die Zubereitung von Polenta in unterschiedlichsten Variationen gelegt. Mortegliano ist das Zentrum des friulanischen Maisanbaus. Ivan Uanetto ist Präsident eines Vereins, der sich um die Pflege, Erhaltung und dem Schutz von Polenta als traditionelles Lebensmittel befasst. Im „Da Nando“ wird ausschließlich der “Blave di Mortean“, ein hochqualitativer Polenta aus Mortegliano verwendet.

Bemerkenswert und unerreicht ist im „Da Nando“ das Weinangebot, im hauseigenen Keller lagern unfassbare 120.000 Flaschen, wobei das Angebot von Weinen aus allen Regionen Italiens bis zu internationalen Weinen reicht. Ivan ist ein profunder Weinkenner und es kann schon vorkommen, dass er seinen kompetenten Oberkellner „overruled“ und einen bestellten und bereits geöffneten Wein austauscht, – seinen Vorstellungen als geeigneter Speisebegleiter entsprechend, .

Ivan empfiehlt ein einfaches Menü mit Zutaten und Weinen aus der Region.

▷ Ossocollo, geriebener Formadi Frant, garniert mit Löwenzahn und Bergradicchio
Ribolla gialla

▷ Polenta mit geräuchertem Ricotta und Montasio, gebratene Pilze
Tocai friulano

▷ Gebratenes Kalbswangerl auf Polenta
Pinot nero

▷ Pannacotta mit Waldfrüchten
Fragolino

Trattoria Alla Vedova, Udine

Betritt man die Trattoria Alla Vedova in der Via Tavagnacco in Udine zum ersten mal, so weiß man anfänglich nicht, ob man sich nicht versehentlich in ein afrikanisches Völkerkundemuseum oder in ein Jagdmuseum verirrt hat. Erst ein großer Fogolar, eine für Friaul typische, nach allen Seiten offene Feuerstelle und die rund um diese Feuerstelle stehenden Tische und Sessel sind deutliche Hinweise, dass man sich in einer Gaststätte befindet. Ursprünglich hieß diese Trattoria „Al Kaiser", wobei der Name auf Kaiser Franz Josef zurückgeht, der auf seinen unzähligen Reisen von Wien nach Triest in Udine, in diesem Hause eine Pause einlegte, um sich im Gasthof zu stärken und um seine Pferde zu tränken. Der Brunnen, aus dem die Pferde tranken, befindet sich heute noch vor dem Eingang zum Retstaurant.

Als der Ehemann und damalige Besitzer aus dem ersten Weltkrieg nicht mehr zurückkehrte, führte dessen Frau, die Mutter des heutigen Besitzers Giovanni Zamarian, das Restaurant weiter, das auf den Namen „Alla Vedova", zu Deutsch „zur Witwe", umbenannt wurde. Giovanni ist heute noch immer der Senior Chef, seine Frau Ida und die beiden Töchter Sandra und Cristina leiten den Traditionsbetrieb, der seit 1859 existiert, heute bereits in der fünften Generation

Das Gebäude, in dem die gesamte Familie Zamarian wohnt und in dem auch das Restaurant untergebracht ist, dürfte noch älter sein. Zentrum ist eine geräumige Gaststube mit einem großen Fogolar, der Feuerstelle, auf der heute noch die Spezialität des Hauses, gegrilltes Fleisch, zubereitet wird. Seit 42 Jahren ist Mario „Herr über den Fogolar", Tag für Tag steht er am Kamin und grillt die verschiedensten Fleischsorten. Mario gehört sozusagen schon zum „Inventar" des Hauses. Erkundigen Sie sich bei einer Reservierung im Lokal, ob Sie nach Möglichkeit einen Platz mit Sicht auf den Fogolar zugeteilt bekommen. Es ist ein großartiges Erlebnis, Mario bei seiner Arbeit zuzusehen, wie er immer weiß, welches Fleischstück von unzähligen Fleischstücken, die er auf zwei großen Grillrosten verteilt hat, jeweils umgedreht werden muss, wie er ständig glühende Holzkohle nachlegt oder auf der Herdplatte eines alten Tischherdes Polentaschnitten anröstet.

Die zahlreichen, im gesamten Haus ausgestellten Trophäen, Waffen und geschnitzten Figuren, hat Giovanni auf seinen Jagdreisen nach Afrika mitgebracht. Vierzig Jahre lang verbrachte er jährlich etwa einen Monat lang mit einem Jagdfreund in verschiedenen Staaten Westafrikas. Seine Sammlung verschiedenster Gegenstände und Jagdtrophäen könnte durchaus ein Afrika-Museum füllen.

Spezialität des Hauses ist unangefochten das Grillhuhn, das Mario in Hälften zerteilt, mit verschiedenen Kräutern würzt und langsam grillt, dass die Haut knusprig wird, nicht anbrennt und das Fleisch bis zum Knochen durchgart.

Neben dem Grillhuhn und Hühnerspieß grillt Mario alle Arten von Fleisch. Als klassische Beilage zu gegrillten Fleischgerichten wird im Alla Vedova meist Polenta in verschiedenen Zubereitungsarten serviert. Eine weitere Spezialität des Hauses ist die nach traditioneller Art hergestellte Bohnensuppe „Pasta e fagioli".

▷ Frischer grüner Spargel mit Parmesan, Olivenöl und Aceto Balsamico
Tocai friulano aus eigenem Anbau

▷ Gegrilltes Huhn, Lamm und Salsicca
Refosco aus eigenem Anbau

▷ Dessert:
Hausgemachte Fritelle, Crostoli und fritelle di Mele
Fragolino

Locanda alla Fortuna da Nico, Grado

In der Mitte zwischen Hafen und dem Eingang in die Altstadt befindet sich eines der traditionsreichsten und bekanntesten Fischlokale von Grado, die Locanda alla Fortuna da Nico. Das Restaurant zählte lange Zeit zu den besten Fischrestaurants von ganz Italien. Ein Besuch bei Nico kann zu einem Abenteuer in jeder Beziehung werden. Wenn Sie trotz Reservierung keinen Platz bekommen, auf diesen jedoch standhaft beharren, setzt Gino, der Oberkellner und Bruder des Chefs, einen noch grimmigeren Gesichtsausdruck auf. Ein kurzerhand eingeschobener Tisch trägt zwar zu einer zusätzlichen Beengtheit im Lokal bei, löst jedoch das Platzproblem, die Mienen aller Beteiligten schwenken sogleich von Angefressenheit in Freundlichkeit und Wohlgefallen. Personen, die keine „Nico Erfahrung" mitbringen, sind dann überrascht, wenn ihnen, ohne sie bestellt zu haben, wortlos ein Haufen gebackener Sardinen auf einem braunen Packpapier auf den Tisch gestellt wird. Das gehört dazu und ist gleichzeitig der Einstieg in eine köstliche Reise durch die Fischwelt der nördlichen Adria. Eine Speiseempfehlung für ein spezielles Gericht abzugeben erscheint nicht sinnvoll, die Fische halten sich nicht immer, um ins Netz der Fischer gelockt zu werden, an das in der Speisenkarte angebotene Sortiment. Lassen Sie sich von Nico beraten, welche Fische und Meeresfrüchte er zeitig am Morgen von den Fischern im Hafen angeboten kam.

Die Küche ist kreativ und perfekt, genauso wie die große Weinauswahl. Es gibt kaum ein Lokal in Friaul Julisch Venetien, das eine größere Auswahl an hervorragenden Grappe anzubieten hat.

Trotz kleiner Pannen werden Sie bei Ihrem nächsten Grado Besuch wieder zu Nico kommen.

▷ Frittierte Sardinen
Tocai friulano

▷ Spaghetti mit Muscheln
Ribolla gialla

▷ Penne mit Scampi und Tomaten
Merlot

▷ Gemischte Fischplatte
Sauvignon blanc

Osteria il Pettirosso, Santa Croce

„Das ist nicht Fisch und nicht Fleisch“, dieses Sprichwort trifft in keiner Weise auf die Osteria il Pettirosso in Santa Croce zu. In dieser Osteria isst man vorzüglich Fleisch und noch besser Fisch in allen erdenklichen Varianten. Santa Croce ist ein Fischerdorf auf der Strecke zwischen Monfalcone und Miramare, der kleine Ort liegt allerdings nicht direkt an der Küste, sondern ein Stück höher am Karstplateau. Es gibt zwar eine Verbindungsstrasse von Santa Croce hinab zur Strada Costiera, allerdings ist die steile, teilweise sehr enge und kurvenreiche Straße nur geübten Autofahrern zu empfehlen.

Das Rotkehlchen hat der Osteria den Namen gegeben, sie ist einer der authentischen Schauplätze in Veit Heinichens Kriminalromanen mit Commissario Proteo Laurenti. Wenn das Ehepaar Laurenti Hunger hat und Laura, Proteos Frau, keine Lust zu kochen hat, fahren sie hinauf nach Santa Croce zu Emiliano, dem Patrone der Osteria il Pettirosso. Für Laurenti liegt die Osteria recht günstig, weil es von seinem Haus oberhalb der Strada Costiera nur einen Katzensprung zum Pettirosso ist. Laurenti, ein absoluter Feinspitz, liebt die Fischküche von Emiliano, er gibt sich aber auch mit einfachen Sardinen zufrieden, wenn sie frisch und gut gemacht sind. Es zieht ihn aber auch immer wieder in diese Osteria wegen der großen Auswahl an Karstweinen, die Emiliano anzubieten hat.

Emiliano Porcile, so der volle Name des Patrone und Küchenchefs des Pettirosso, bezieht seine Fische von Fischern aus dem Golf von Triest, die ihn täglich beliefern. Seit 8 Jahren betreibt er die Osteria in Santa Croce, neben frischem Fisch und feinen Meeresfrüchten werden er auch delikate Fleischgerichte angeboten.

Zu den verschiedenen Fischgerichten empfiehlt Emiliano in erster Linie die weißen Karstweine Glera, Malvasia und Vitovska, damit Sie auch in den Genuss eines Terrano kommen, sollten Sie sich auf alle Fälle ein Fleischgericht bestellen. Wenn es Ihr Magen noch zulässt, lassen Sie sich von Emiliano eines seiner köstlichen Desserts empfehlen.

Das Pettirosso hat auch für Biertrinker eine Köstlichkeit aufzuwarten, neben „normalem“ Bier führt die Osteria auch das in der Nähe von Opicina gebraute „Cittavechia“, ein Bier der Sonderklasse.

▷ Gnocchi mit Radichio und Ruccola
Vitovska

▷ Marinierte Sardinen
Glera

▷ Thunfischvariation
Malvasia

▷ Lammkotelett
Terrano

Scabar, Triest

Wenn es um Fisch geht, kommt man um das Restaurant Scabar nicht herum, es ist unter den Restaurants in Triest die allererste Adresse. Unterhalb des Krankenhauses von Triest gelegen, hat man von der Terrasse des Restaurants aus, einen herrlichen Panoramablick auf die Hafenanlagen von Triest und auf die Bucht von Muggia. Ami Scabar, hat das Restaurant mit ihrem Bruder Giorgio, dem Sommelier des Hauses, der aber auch tatkräftig in der Küche mitarbeitet, vor 15 Jahren von ihren Eltern übernommen. Im Jahr 2007 feiert das Restaurant sein 40 jähriges Jubiläum. Ami Scabar, hat Ökonomie studiert, ist als Köchin eine Quereinsteigerin und hat es Dank intensiver Fortbildung, kulturellem Interesse und kulturhistorischer Beschlagenheit unumstritten zur Nummer 1 in Triest und Umgebung gebracht.

Die Philosophie von Ami ist der Rückseite ihrer Speisekarte zu entnehmen, wo sie wie folgt schreibt:

„In Triest treffen viele Geschmacksrichtungen aufeinander: Die Stadt und die mitteleuropäischen Einwirkungen, das Meer und die Aromen der mediterranen Welt, der Karst und die slawischen Einflüsse. All dies versuche ich in meinen Gerichten zu berücksichtigen. Düfte, Geschmäcke, Traditionen und Kreativität – damit Sie dank einer Küche, die sich im Einklang mit den Jahreszeiten befindet, eine Wahrnehmung erhalten, die Ihnen hilft, dieses wundervolle Territorium kennenzulernen.“

Dieses Motto setzt Ami Scabar auf höchster Stufe um, wobei sie auf die Grundvoraussetzung, der Erlangung und Erhaltung ihres hoch angesetzten Qualitätsstandards, nur die frischesten und qualitativ hochwertigsten Produkte zu verwenden, größten Wert legt.

Ami Scabar hat den großen Vorteil, sich nicht an eine traditionelle Küche aus Triest halten zu müssen, diese gibt es nämlich nicht. Die kulinarische Verschmelzung verschiedenster Kulturen machen die Küche von Ami Scabar reizvoll und spannend, wenn sie zum Beispiel tief in den exotischen Gewürztopf greift um ihren Gerichten „Ferne und Weite“ zu verleihen, andererseits gelingt es ihr auch, mit einer selbst zusammengestellten Kräutersalzmischung ihren Gerichten einen Hauch von Regionalität zu geben. Als Maler erlaube ich mir, die Kreationen von Ami Scabar von ihrem Aussehen her und der Gestaltung auf dem Teller, als „künstlerisch wertvoll“ einzustufen.

Bei der Weinauswahl sind Sie bei Giorgio, dem Bruder von Ami in besten Händen, er kann aus einem gut sortierten Weinkeller, mit Betonung auf autochthone Weine von Spitzenproduzenten aus dem Karst, seine Getränkeempfehlungen abgeben.

▷ „Canocchie" – mit Kräutern marinierte Meeresheuschrecken
Glera

▷ „Sensazioni" – Rohfischplatte vom Thunfisch, Lachs, Schattenfisch und Kalamari
Malvasia

▷ „Trilogia di baccala" – Stockfischvariation
Vitovska

▷ Ravioli mit Fischsauce
Terrano

▷ Nachspeisenteller
Riesling passito

TRIESTE

Würstelstand | Buffet

Würstelstand | Buffet

Würstlstand am Grazer Hauptplatz

„A Kracherl und a Burenhaut,
des hot mi oft scho viereghaut
aufd Nocht , wenn da Mogn krocht.

I gib ma, bin i sehr am Sand,
a Infusion beim Würstlstand,
jawohl.“

So singt Wolfgang Ambros über die lebenserhaltende Wirkung des Würstlstandes, eine der typischsten österreichischen kulinarischen Einrichtungen. Die angeführte Strophe aus dem Ambroslied hat mit der „Burenwurst“ einen eindeutigen Wienbezug. Die klassischen Würstlstände sind jedoch in ganz Österreich, so auch in Graz seit langer Zeit in einer Vielzahl anzutreffen.

Wenn man spontan von einer Hungerattacke befallen wird, kann diese, sofern sich ein Würstlstand in der Nähe befindet, ganz schnell bekämpft werden. Somit stellt der Würstlstand zweifelsohne die Urform der „Fastfood“ Ausspeisung dar, die es in Österreich schon viele Jahrzehnte gegeben hat, ehe sich vor allem amerikanische Fastfoodketten weltweit verbreiteten und letztendlich auch zum eher negativen Ruf des Fastfood Essens beigetragen haben.

Seit 45 Jahren betreibt Frau Maria Gutmann einen Würstlstand am Grazer Hauptplatz. Tag für Tag, außer Sonntag steht sie, assistiert von ihrem Sohn, vom Morgen bis zum Abend in ihrem Würstlstand, fragt nach, ob zum Frankfurter Senf und Kren gewünscht wird oder ob sie das Käsekrainer nur halbieren, oder ganz aufschneiden soll.

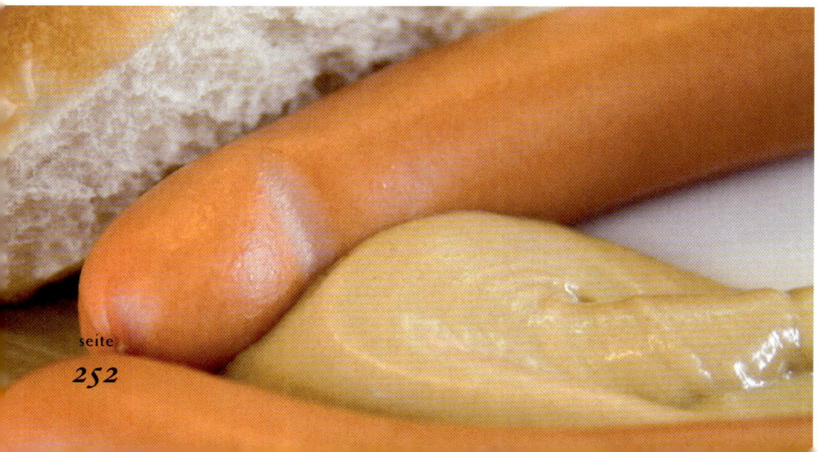

Der „Renner“ am Würstlstand ist unangefochten das Frankfurterwürstl mit Senf und Kren.

„Im Winter werden mehr Krainer gegessen, immer beliebter werden die Käsekrainer, vor allem bei der Jugend“ erklärt mir Frau Gutmann und sagt in Richtung ihres Sohnes: „zwei Käse mit, für die Frau“ was die Kurzform dafür ist, dass die nächste Kundin gerne ein Käsekrainer mit Senf und Kren haben möchte. In Stoßzeiten sind die beiden in ihrem Würstlstand nicht zu beneiden, da kann keine Minute ausgerastet werden. Um den Ansturm in Spitzenzeiten zu bewältigen muss rationell gearbeitet werden, die einzelnen Arbeitsschritte sind genau aufgeteilt, jeder Handgriff sitzt blind.

Einige Meter entfernt vom Würstlstand von Maria Gutmann steht eine weitere Labestation, die vom Grazer Hauptplatz nicht mehr wegzudenken ist. Es ist dies der mittlerweile schon in die Jahre gekommene, blauweiße Milchwagen. Seit Anfang der 60er Jahre steht der zu einem Stand umgebaute Anhänger immer am selben Platz, das Speisenangebot unterscheidet sich jedoch grundlegend von dem der Würstlstände. Milchgetränke, Käse und Gebäck jeglicher Art werden im Milchwagen angeboten. Schon um sechs Uhr am Morgen hat der Milchwagen für Frühstückshungrige geöffnet.

Noch heute gönne ich mir ab und zu ein Frühstück, bestehend aus einem warmen Kakao und einem Milchweckerl mit Butter. Schade, dass die warmen Milchgetränke nicht mehr wie früher in den klassischen Milchbechern aus weißem Porzellan ausgeschenkt werden, sondern in den dünnen, hässlich aussehenden Kunststoff Einwegbechern, an denen man sich nicht mehr so gut, wenn man im Winter auf die Straßenbahn wartet, die Hände wärmen kann.

Buffets

Werden Sie spontan von einem Hungergefühl geplagt, haben Sie in Österreich bzw. in der Steiermark die Möglichkeit, den nächstgelegenen Würstlstand aufzusuchen um dort ihrem Hunger Abhilfe zu schaffen. In Friaul Julisch Venetien gibt es anstelle des Würstlstands das Buffet, eine kulinarische Spezialität, für die die Stadt Triest berühmt ist. In den Buffets von Triest wird Ihnen eine große Bandbreite an kulinarischen Gerichten unterschiedlichster Herkunft angeboten. Den Einfluss der unterschiedlichsten Kulturen, der für die Hafenstadt Triest typisch ist, können Sie im kulinarischen Angebot der zahlreichen Buffets in voller Länge auskosten. Das Angebot reicht von der altösterreichischen Küche über die istrische Küche und der klassischen italienischen Küche hin bis zum Fisch.

In Triest gibt es über 50 solcher Buffets, in denen das Essen meist im Stehen eingenommen wird.

Buffet „da Pepi S'Ciavo", Triest

Ein Buffet, das mittlerweile Kultstatus erreicht hat, ist das Buffet „da Pepi", in Triest, besser bekannt als „Pepi S'Ciavo", in der Via Cassa di Risparmio schräg gegenüber der Börse unweit der Piazza Unita. Das typische Buffet wurde im Jahre 1897 von Pepi Klajnsic, von dem sich auch der Name ableitet, eröffnet. Seit mehr als 100 Jahren wird in „Pepi S'Ciavo", einem der ältesten Buffets dieser Art in der Stadt Triest „Gesottenes vom Schwein", das sogenannte „Bollito misto" angeboten. Die kulinarische Tradition der österreichisch ungarischen Monarchie wurde in diesem kleinen Lokal bewahrt und weiterhin gepflegt, Das Buffet ist der beste Beweis dafür, dass Friaul Julisch Venetien zumindest in kulinarischer Hinsicht Österreich viel ähnlicher ist als Italien.

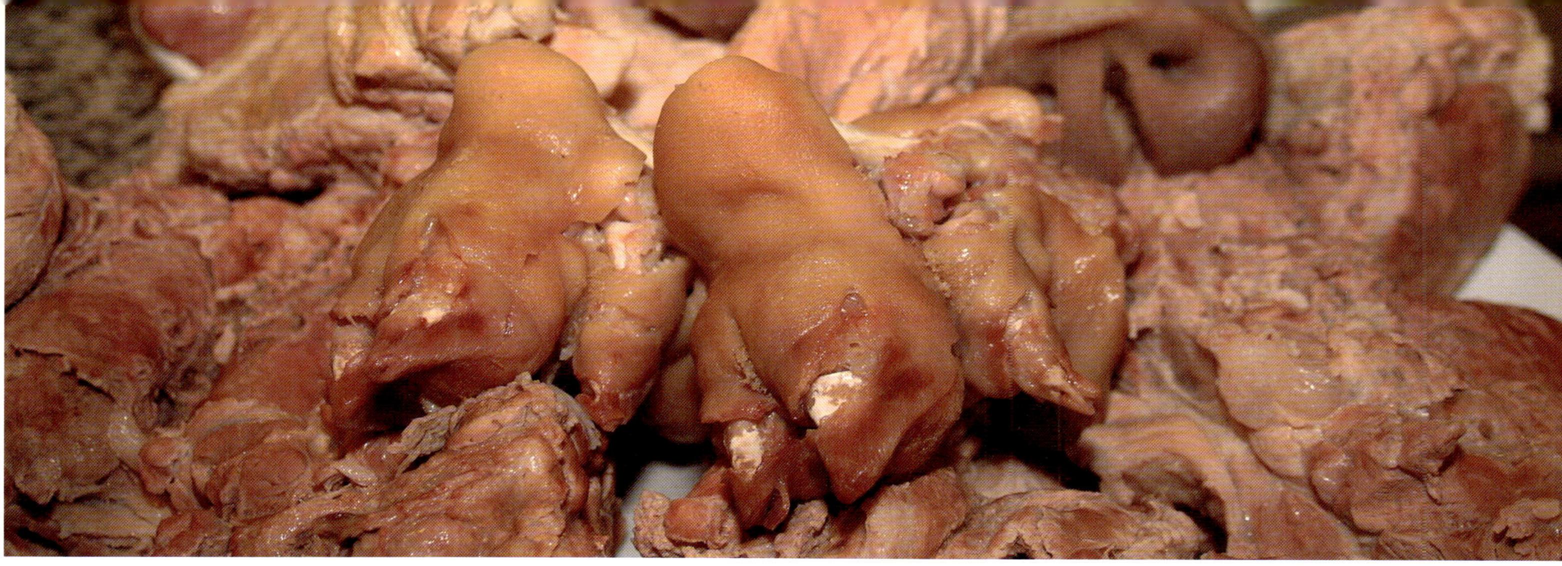

Von 9:00 Uhr am Morgen bis in die späte Nacht dampfen die beiden Siedefleischkessel, die, für den Gast und Besucher gut einsehbar, in eine große Marmorplatte eingelassen sind und in denen verschiedene Würste, Cotechino, Kaiserfleisch, Zungen, Stelzen, Schweinsrüssel, Schweinsohren und vieles mehr, langsam dahinsieden. Den Duft, der von diesen Kesseln ausgeht, muss man mögen, der einem schon vor dem Lokal entgegenströmt. Sollten Sie vom Vortag einen Kater und einen empfindlichen Magen haben, empfiehlt es sich sogar die Straßenseite zu wechseln, wenn Sie an dem Buffet vorbeigehen müssen. Das Buffet ist auch nichts für Personen, die sich kalorienbewusst ernähren wollen.

Neben den Siedekesseln wird fertig gekochtes Schweinefleisch in allen Varianten zu dampfenden Bergen angehäuft, von denen die einzelnen Stücke weggenommen und aufgeschnitten werden. Sollten Sie sich bei Ihrer Bestellung unschlüssig sein, gehen Sie einfach zur Theke, zeigen auf die gewünschten Fleischstücke, die Sie dann mit Kren und Senf, sowie mit Sauerkraut als Beilage, serviert bekommen. Es ist sehr schwer, in dem Buffet einen der wenigen Sitzplätze zu „ergattern". Üblicherweise wird das Essen, zu dem man ein Glas Bier oder einen offenen Wein bestellt, im Stehen eingenommen. Das Publikum in „Pepi S'Ciavo" ist unterschiedlich und reicht vom einfachen Arbeiter über Touristen bis zum elegant gekleideten Banker, der mit Genuss einen der Klassiker des Buffets, eine Semmel mit Kaiserfleisch oder einem Stück gekochter Stelze mit Senf und Kren im Stehen verspeist.

Neben dem gesottenen Schweinefleisch und gesottenen Innereien vom Rind werden in „Pepi S'Ciavo" verschiedenste Wurstaufschnitte, saftiger Prager Schinken und Prosciutto angeboten.

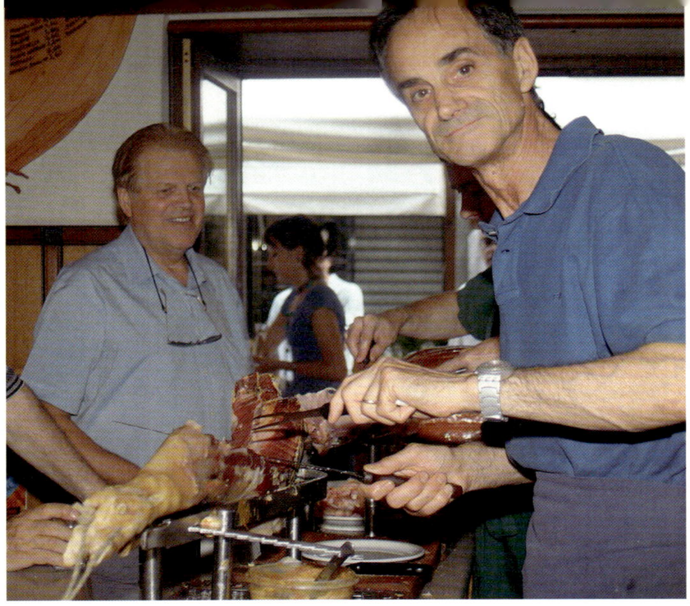

Trattoria „Da Giovanni", Triest

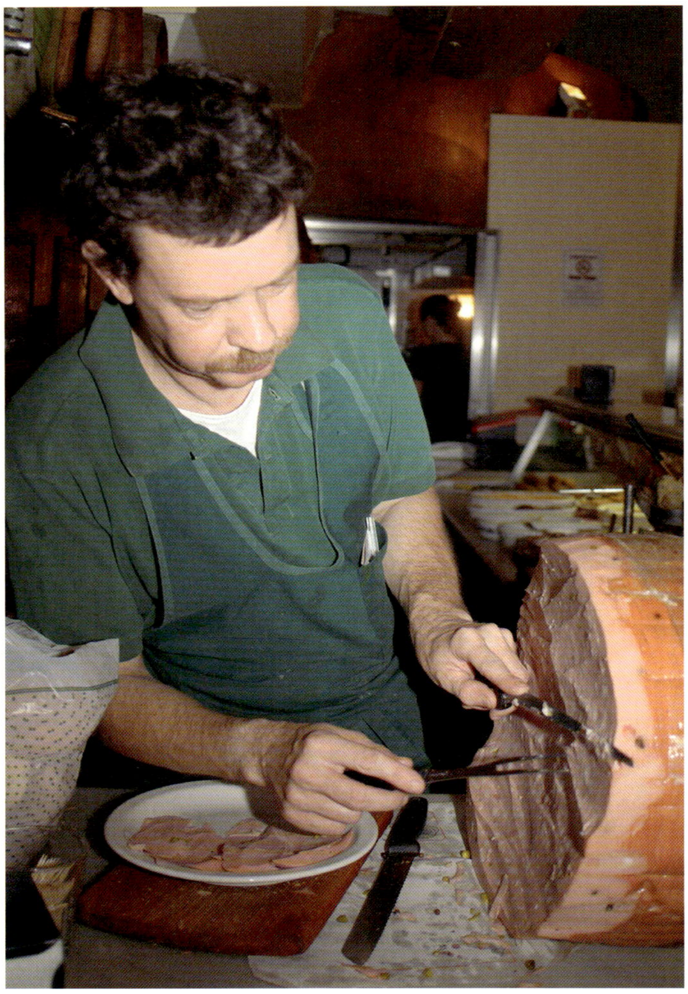

Ein weiteres traditionsreiches Buffet in der Innenstadt von Triest ist die Trattoria „Da Giovanni" in der Via San Lazzaro. Das Lokal wird heute von Bruno Vesnaver geführt, dem Sohn von Giovanni Vesnaver, der im Jahre 1961 das Lokal gründete und nach dem das Buffet benannt ist.

Betritt man das Lokal, wird man von einer überdimensional großen Mortadella empfangen, worauf sich meist die Qual der Wahl einer Vorspeise erübrigt, wenn man erstens gerne Mortadella isst und weil man sich weiters das Schauspiel nicht entgehen lassen will, wie von der Mortadella mit einem Durchmesser von nahezu 40 cm mundgerechte, nicht zu dicke Stücke abgeschnitten werden.

Das Speisenangebot bei Bruno ist nicht so schweinefleischlastig wie in „Pepi S'Ciavo". Neben Fleischgerichten gibt es im „Da Giovanni" einfache Fischgerichte, verschiedene Suppen sowie Wurst- und Schinkenspezialitäten. Die Herkunft der Familie Vesnaver aus dem benachbarten Istrien lässt sich nicht verleugnen, deren istrische Hausmannskost steht genauso am Programm wie klassisch italienische Teiggerichte.

Die Küche im „Da Giovanni" zeichnet sich durch Einfachheit aus, die darauf zurückzuführen ist, dass dieses Buffet früher hauptsächlich von Hafenarbeitern und Handwerkern frequentiert wurde, die sich am frühen Vormittag eine einfache Zwischenmahlzeit gegönnt haben. Sehr beliebt war früher die Flecksuppe, ein kostengünstiges und sättigendes warmes Gericht. Die Flecksuppe, die Bruno höchst delikat, täglich frisch zubereitet, ist heute noch neben dem Prager Schinken „der" Klassiker am Speiseplan dieses Buffets. Als Speisebegleitung zur Flecksuppe von Bruno passt, mehrfach erfolgreich ausprobiert, nichts besser als ein autochthoner Weißwein, wie etwa ein Tocai friulano oder ein Malvasia.

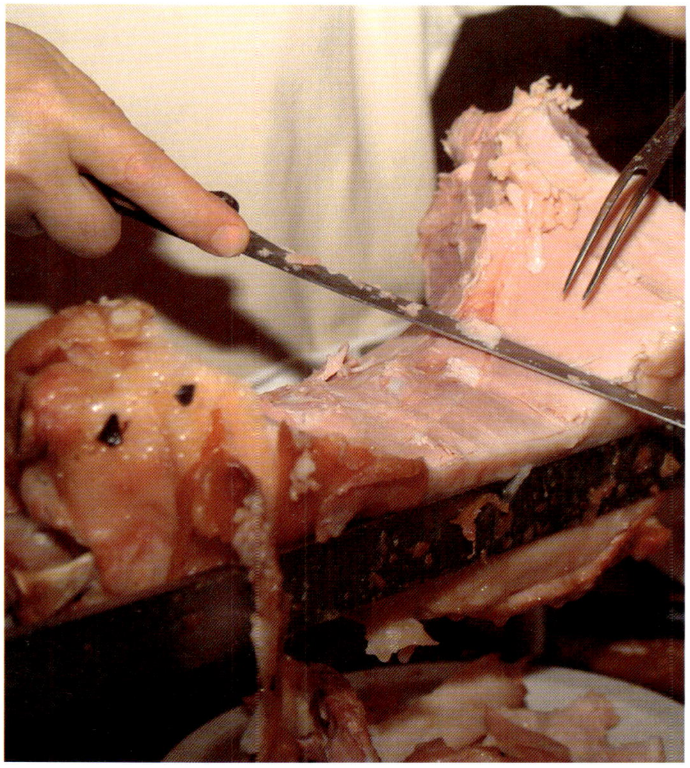

In der kalten Jahreszeit bietet Bruno vermehrt Kesselfleisch, Zunge, Schweinshaxen und Cotechino an. Alle diese Gerichte werden mit Sauerkraut oder Brovada als Beilage serviert.

Wie in allen Buffets üblich, wird auch im „Da Giovanni" das Essen meist im Stehen eingenommen, Einige Tische im Lokal laden zum Längerbleiben ein, im Sommer sind zusätzlich Tische im Freien vor dem Lokal, in der Fußgängerzone, aufgestellt.

Buschenschank | Osmizze

Buschenschank

„Der Buschenschank" ist nicht nur ein grammatikalisches Phänomen, sondern auch eine Phänomen unter den steirischen Gaststätten. Steirisches Weinland und Buschenschank sind zwei untrennbare Begriffe. „Der Buschenschank", wie es grammatikalisch richtig heißt, leitet sich nicht, wie man glauben würde, vom Begriff Schank bzw. Schänke, sondern vom „Buschen" ab. Dieser kennzeichnet eine Gaststätte, in der selbst erzeugte Speisen und Getränke ausgeschenkt werden.

Die rechtliche Grundlage für den Betrieb eines Buschenschanks, die auch heute noch grundsätzlich gilt, geht auf Kaiser Josef II. zurück, der durch seine im Jahre 1784 erlassene Zirkularverordnung den Weinbauern die Erlaubnis erteilte, die eigene „Fechsung", das sind hofeigene, selbst erzeugte Lebensmittel wie Fleischwaren, Brot, Käse, vor allem aber Wein, „zu allen Zeiten des Jahres, wie, wann, und in welchem Preise er will, zu verkaufen oder auszuschenken". Anlass der Verordnung dieses kaiserlichen Patents war eine Beschwerde der Wirte von Salcano, einem kleinen Ort in der ehemaligen Grafschaft Görz, weil sie von der Obrigkeit, dem Grafen von Görz gezwungen wurden, ausschließlich Wein von seinen Gütern auszuschenken. Durch die Zirkularverordnung gestand der Kaiser schließlich jedem Weinbauer die Freiheit zu, den selbst erzeugten Wein zu verkaufen oder auszuschenken, gleichzeitig drohte er der Obrigkeit bei Nichteinhaltung der Verordnung schwerste Bestrafung an.

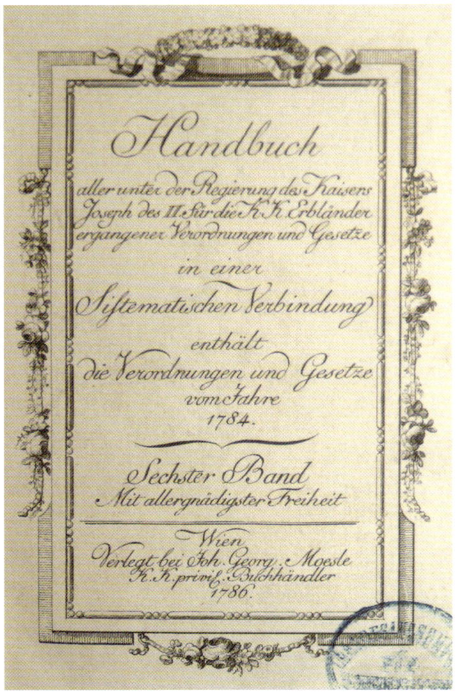
Handbuch
aller unter der Regierung des Kaisers Joseph des II. für die K. K. Erbländer ergangener Verordnungen und Gesetze
in einer
Sistematischen Verbindung
enthält
die Verordnungen und Gesetze vom Jahre
1784.
Sechster Band
Mit allergnädigster Freiheit
Wien
Verlegt bei Joh. Georg. Moesle
K. K. privil. Buchhändler
1786.

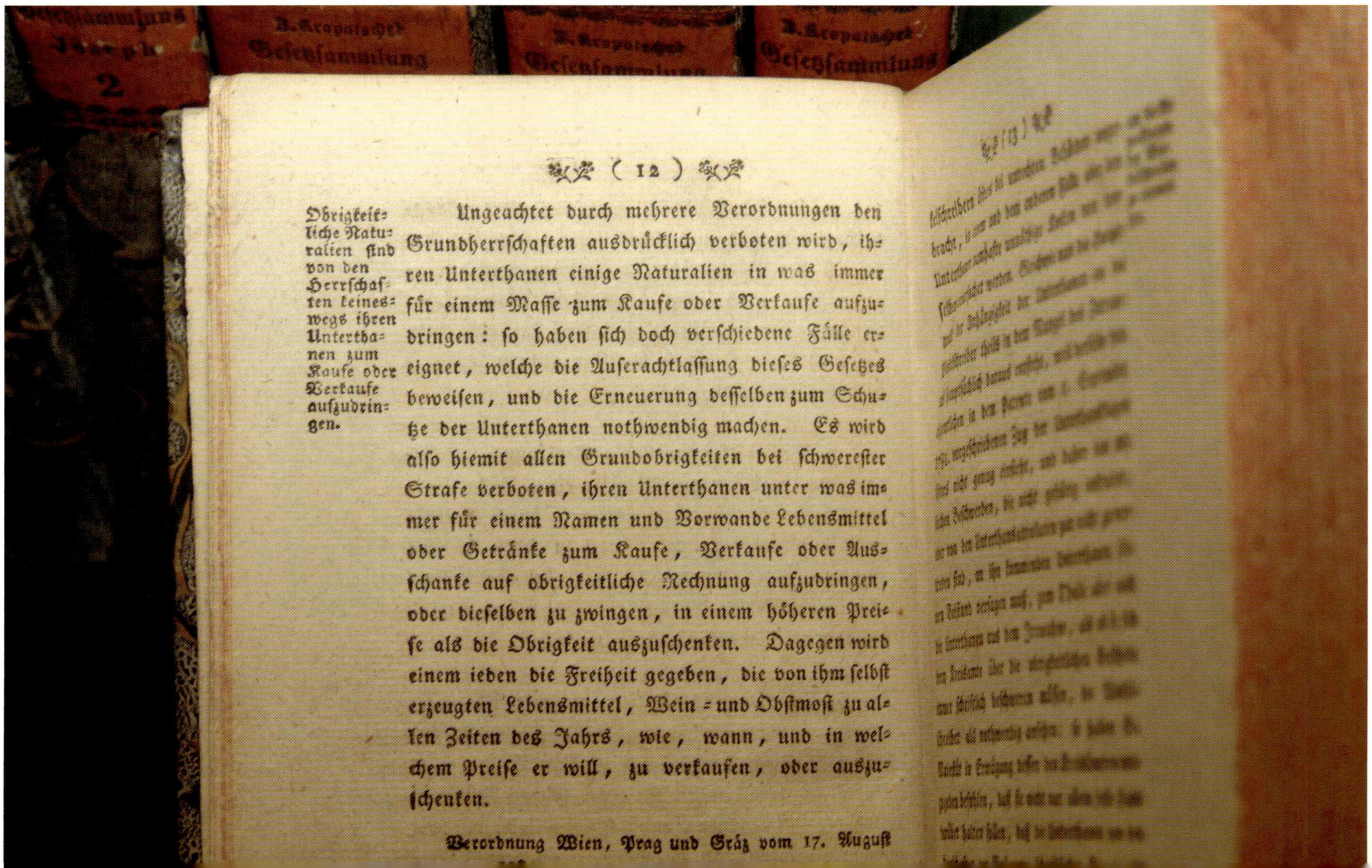
(12)

Obrigkeitliche Naturalien sind von den Herrschaften keineswegs ihren Unterthanen zum Kaufe oder Verkaufe aufzudringen.

Ungeachtet durch mehrere Verordnungen den Grundherrschaften ausdrücklich verboten wird, ihren Unterthanen einige Naturalien in was immer für einem Masse zum Kaufe oder Verkaufe aufzudringen: so haben sich doch verschiedene Fälle ereignet, welche die Auserachtlassung dieses Gesetzes beweisen, und die Erneuerung desselben zum Schutze der Unterthanen nothwendig machen. Es wird also hiemit allen Grundobrigkeiten bei schwerester Strafe verboten, ihren Unterthanen unter was immer für einem Namen und Vorwande Lebensmittel oder Getränke zum Kaufe, Verkaufe oder Ausschanke auf obrigkeitliche Rechnung aufzudringen, oder dieselben zu zwingen, in einem höheren Preise als die Obrigkeit auszuschenken. Dagegen wird einem jeden die Freiheit gegeben, die von ihm selbst erzeugten Lebensmittel, Wein- und Obstmost zu allen Zeiten des Jahrs, wie, wann, und in welchem Preise er will, zu verkaufen, oder auszuschenken.

Verordnung Wien, Prag und Gräz vom 17. August

Buschenschank | Osmizze

Das erste Buschenschankgesetz für die Steiermark wurde im Jahre 1928 erlassen, eine Anpassung an aktuelle Erfordernisse erfolgte durch die Schaffung eines modernen Buschenschankgesetzes im Jahre 1979.

In den steirischen Buschenschanken, in denen zum Unterschied von den Wiener- und Niederösterreichischen „Heurigen", nur kalte Speisen und Getränke ausgeschenkt werden dürfen, steht unangefochten die Brettljause im Mittelpunkt des Speisenangebots. Diese hat sich aus der traditionellen Jause der Bauern entwickelt und besteht in ihrer typischen Zusammensetzung aus Selchfleisch, Speck und Selchwürstel mit frisch geriebenem Kren, Verhackert, einem Brotaufstrich aus gehacktem Speck, Käse und verschiedenen Aufstrichen. Dazu reicht man frisches, selbst gebackenes Brot. Zusätzlich bieten die Buschenschanken verschiedene Schmankerl wie etwa Sulz, Käferbohnen, frische Salate, vermehrt auch Fischprodukte sowie Süßspeisen in Form von Strauben, Krapfen und Buchteln an.

Die Fleischprodukte müssen vorwiegend aus eigener Veredlung stammen, zu einem bestimmten Teil dürfen sie von einem Direktvermarkter zugekauft werden. Mindestens die Hälfte der angebotenen Weine muss Qualitätsweinstandard entsprechen, die Süßspeisen sollen bäuerlich und traditionell sein.

In den Steirischen Buschenschanken können Sie sicher sein, Weine aus eigener Erzeugung und Jausenspezialitäten vorwiegend vom eigenen Betrieb aufgetischt zu bekommen.

Buschenschank Wölfl, Oberfahrenbach

Beim Buschenschank Wölfl kehrt man nicht zufällig beim Vorbeifahren ein, zu entlegen liegt dieser Ort. Zum Buschenschank Wölfl kommt man, weil er einem empfohlen wurde oder weil man ihn kennt. Wer ihn nicht kennt, dem ist einiges entgangen. Beim Wölfl sind Sie in einer anderen Welt, man fühlt sich rückversetzt in eine andere Zeit.

„In einem Buschenschank wird beim Hineingehen nicht angeklopft!" bekommt der unwissende Gast beim ersten Besuch von Marianne Schilcher, der Chefin des Hauses, zu hören. Sie schaut dann noch grimmiger als sonst, lässt sich vorerst in ihrer Arbeit nicht beirren und man wird unsicher, ob man überhaupt willkommen ist und was man eventuell falsch gemacht hätte. Erst nach einer Weile trocknet sich Frau Schilcher die Hände ab und begrüßt ihre Gäste.

Ich kann Sie beruhigen, jeder Gast ist beim Wölfl willkommen, Marianne Schilcher ist nett, zuvorkommend und freundlich, sie schaut halt nur ein bisserl grimmig, um nicht zu sagen unfreundlich drein. Sie ist es aber keinesfalls.

Die anfängliche Skepsis des Gastes beim ersten Besuch legt sich sofort, wenn die herrliche Brettljause und die Weine vom Sepp, dem Sohn der Chefin, serviert werden. Zu diesem Zeitpunkt ist der Gast noch immer nicht fertig, die Stube, in der er sitzt, zu bewundern. Es gibt nur einen Gastraum beim Wölfl, in dem mehr als 200 Jahre alten Bauernhaus, das heute genauso gut schon in einem Freilichtmuseum stehen könnte. In der Stube dominiert ein alter, gesetzter Herd von einer Bauart, wie er im frühen 19. Jahrhundert errichtet wurde. Auf dem Herd steht schon seit Jahrzehnten ein schwarzer großer Topf, der Warmwasservorrat zum Kochen und Abwaschen. Im Winter ist es wohlig warm um den Herd herum, im Sommer hingegen ist die Hitze nahezu unerträglich, wird doch auf diesem Herd tagein, tagaus gekocht und gebacken.

Angenehmer Duft durchströmt den Raum, wenn die Chefin die „Wuchteln", aus dem Backrohr nimmt und neben dem Herd auskühlen lässt. Buchteln, wie diese aus Germteig und mit Marmelade gefüllte Mehlspeise richtigerweise heißt, sind neben den Strauben die beliebteste Süßspeise, die in den Buschenschanken angeboten wird. Wenn Sepp auftritt, der „Bud Spencer im Westentaschenformat", wie ich ihn zu bezeichnen pflege, wird es lustig. Er kompensiert mit seiner frohen Art die Verschlossenheit seiner Mutter. Sepp ist für den Wein zuständig, dieses Handwerk versteht er meisterlich.

So richtig gemütlich wird es beim Wölfl am Abend in der geheizten Stube, wenn die rot-weiß karierten Vorhänge vor die kleinen Fenster gezogen werden. Frischluft kommt dann nur mehr durch eine kleine Öffnung in der Holzwand unterhalb der Stubendecke, durch die einst der Rauch vom offenen Feuer aus der Stube abgezogen ist.

Wenn Marianne Schilcher gut aufgelegt ist, reicht sie Ihnen eine große Schüssel mit Endiviensalat, der mit viel Knoblauch, Essig und ausreichend Kürbiskernöl mariniert ist. Wortlos wird dazu ein Fisch serviert. Entgegen herkömmlicher Meinung passt zu diesem Gericht ein von Sepp im Barrique ausgebauter Zweigelt.

Im Sommer gibt es eine Sitzgelegenheit auf einfach gezimmerten Tischen und Bänken im Freien. Doch dort ist Vorsicht geboten, wenn Sie aus irgendeinem Grund rücklings von der Sitzbank fallen, rollen Sie erst 100 Meter tiefer im Weingarten aus.

Bei Ihrem nächsten Besuch im Buschenschank Wölfl wissen Sie, dass Sie, um die Chefin nicht zu vergrämen, nicht mehr anklopfen brauchen.

Der Wölfl ist noch immer ein Geheimtipp!

Buschenschank Kieslinger, Kogelberg

Am Kogelberg, nur wenige Kilometer nordwestlich von Leibnitz, liegt auf einer Kuppe mit herrlichem Blick auf die Hügellandschaft der Südsteiermark und auf den Sausal der Weinbaubetrieb und Buschenschank Kieslinger. Schon im 15. Jahrhundert wurde am Weingut Haselbrunn, so die ehemalige Bezeichnung des Anwesens, Weinbau betrieben. Seit 1933 ist das Weingut im Besitz der Familie Kieslinger. Peter, der heute den Betrieb führt, gehört der vierten Generation der Familie Kieslinger am Kogelberg an.

Das stattliche und markante Haus der Familie Kieslinger wurde auf einem 300 Jahre alten Weinkeller des ehemaligen Gutsherrenhaus von Haselbrunn, das um die Jahrhundertwende abgebrannt ist, vom damaligen Besitzer, dem Reichsratsabgeordneten Vinzenz von Malik im Jahre 1904 errichtet. Er ließ das Haus von einem Triestiner Baumeister planen und erbauen, der für die Bahnhofsbauten entlang der Südbahn von Wien nach Triest zuständig war. Dies ist auch der Grund, warum das Gebäude in einem auffallend italienischen Architekturstil, zusätzlich noch mit dem Grundriss eines Bahnhofsgebäudes, errichtet wurde.

Das Weingut Kieslinger ist für seine Weine, vor allen für den Rheinriesling bekannt, der in bester Südlage auf dem Urgesteinsboden des Kogelberges optimale Standortbedingungen vorfindet. Peter Kieslinger bewirtschaftet eine gesamte Weingartenfläche von etwa 12 ha, wobei knapp mehr als die Hälfte im eigenen Besitz ist, der Rest ist zugepachtet. Das Weinsortiment umfasst alle klassischen steirischen Leitsorten.

Noch bekannter als mit dem Wein ist die Familie Kieslinger aber mit ihrem Buschenschank, für den Erika Kieslinger verantwortlich zeichnet. Als das Anwesen im Jahre 1933 erworben wurde, bestand neben dem Weinbaubetrieb und einem landwirtschaftlichen Betrieb schon ein Buschenschank. Neben den für einen Buschenschank typischen und klassischen Fleischprodukten bietet Erika Kieslinger weniger deftige Gerichte wie zum Beispiel Ziegenkäse, verschiedene Frischkäsesorten, Geflügelsulz und geräucherte Forelle an. Bemerkenswert ist auch das große Salat- und Gemüseangebot auf der Speisenkarte. Bei einem Besuch des Buschenschanks Kieslinger können Sie getrost Ihren Cholesterinspiegel außer Acht lassen, sogar standhafte Fleischverweigerer kommen auf ihre Rechnung.

Die Grundprodukte für den Buschenschank wie Fleisch, Milchprodukte und Gemüse werden von Bauern aus der Region bezogen. Brot und Mehlspeisen werden zum Großteil selbst produziert, wobei die Großmutter mit ihren 85 Jahren noch tatkräftig mithilft. „Diese Arbeit lässt die Schwiegermutter nicht aus" sagt Otto Kieslinger, der Seniorchef. Ich konnte mich von der Mehlspeisenkunst seiner Schwiegermutter am Beispiel von zarten und feinen „Spagatkrapfen", einer klassischen, südsteirischen Nachspeise, eindrucksvoll überzeugen.

Beim Buschenschank Kieslinger können Sie die Südsteiermark in ihrer gesamten Bandbreite, vom Wein über das Essen bis zur Landschaft in vollen Zügen genießen.

Osmizza

Sind es in der Steiermark die zahlreichen Buschenschanken in denen der Gast die vom Betreiber selbst erzeugten Produkte konsumieren bzw. kaufen kann, sind dies in Julisch Venetien, im besonderen aber im Karst, die unzähligen Osmizze, die sich wie die Buschenschanken in der Steiermark, größter Beliebtheit erfreuen.

Auch diese Ausschanken gehen ursprünglich auf die Verordnung von Kaiser Josef II. aus dem Jahre 1784 zurück, allerdings mit der später erlassenen Einschränkung, dass diese Schänken lediglich für acht Tage im Jahr ihre Produkte frei ausschenken durften. Der Ausdruck „Osmizza" leitet sich vom slowenischen Wort „osem" ab, das „acht" bedeutet. Heute haben die meisten Osmizze mehrere Wochen lang geöffnet, hauptsächlich in den Sommermonaten. Die Osmizze sind historisch bedingt, ein Spezifikum von Julisch Venetien, in Friaul, westlich von Görz, außerhalb des Einflussbereiches der Habsburger, gibt es zwar auch Schänken dieser Art, die dort „Frasce" heißen, jedoch bei weitem nicht in dieser Dichte wie im Karst Julisch Venetiens.

Meist signalisiert ein vor dem Haus angebrachter Efeustrauß, der sogenannte „Buschen", dass der jeweilige Betrieb geöffnet hat.

Osmizza Colja, Samatorza

Eine typische Osmizza ist die der Familie Colja in Samatorza, einer kleinen Ortschaft mitten im Karst, unweit von Sgonico, knapp an der Grenze zu Slowenien. Der Hof vor dem Haus ist mit einfachen Kunststofftischen und Stühlen, die aus einem Sortiment eines Billig-Baumarktes stammen könnten, bis auf den letzten Platz voll gestellt. Die rot-weiß karierten Plastiktischtücher machen erst das echte Flair dieser typischen Osmizza aus. Da man sich wie in den meisten Osmizze die Speisen und Getränke selbst holen muss, sind Sie gut beraten, sich vorerst einen Platz zu sichern und diesen zu besetzen, um nicht Gefahr zu laufen, mit Getränken und Speisen voll beladen, eventuell keinen Platz mehr zu ergattern. An einem warmen Junitag ist ein Sitzplatz unter einem Sonnenschirm oder unter der kleinen, schattigen Weinlaube sicherlich kein Nachteil.

Wenn Sie sich entschieden haben, sich der typischen Karstjause hinzugeben, vergessen Sie für einige Stunden den Rat Ihres Hausarztes, kalorienbewusst zu leben und auf Ihren Cholesterinwert zu achten, zu verführerisch sind Speck, Salami, Pancetta, Prosciutto und Osso Collo. Zur klassischen Karstjause gehören noch hart gekochte Eier, Oliven und eingelegte Pepperoni dazu. Zu diesen deftigen Speisen trinkt man den für den Karst typischen Terrano oder einen Malvasia.

Zwei enthaltsame Tage nach dem Besuch einer Osmizza sollten die aus der Sicht eines Gesundheitsapostels begangene Sünde wieder ausgleichen.

Osmizza „pri Zupanovih", Medeazza

Verlässt man die Küstenstrasse auf der Strecke zwischen Duino und Triest in Richtung Norden, gelangt man auf das Karstplateau, das zwischen Küste und der Grenze zu Slowenien fast den gesamten Bereich von Julisch Venetien einnimmt. Vom Meer kommend, ändert sich das Landschaftsbild schon nach wenigen Fahrminuten schlagartig, man ist in einer anderen Welt. Der „Karst", wie die Gegend genannt wird, ist eine einzigartige Landschaft, dessen Aussehen von der Geologie geprägt ist. Weiß-grauer, schroffer Kalk und tief-rotbraune Böden im Einklang mit einer interessanten Pflanzenwelt, die sich zumeist als nahezu undurchdringliche Busch- und Strauchvegetation präsentiert, bestimmen das Landschaftsbild. Eine unwirtliche, aber doch reizvolle Landschaft, unangenehm, wenn die kalte Bora über die Landschaft fegt, einladend im Frühling, wenn die Sträucher in leuchtenden Farben blühen und die grünen Buschen an den Häusern signalisieren, dass die ersten Osmizze geöffnet haben und zu jungem Wein und stärkender Jause einladen.

Der Karst ist das Land der Osmizze, oft fällt die Entscheidung schwer, für welche Osmizza man sich entscheidet, so wie in Medeazza, einem kleinen Dorf nördlich von Duino, knapp an der Grenze zu Slowenien, mit lediglich einhundert Einwohnern, in dem es aber neun solcher typischen Ausschanken gibt.

Die Osmizza „pri Zupanovih" – beim Bürgermeister - ist eine von den neun Osmizze im Ort, den Namen hat sie vom seinerzeitigen Bürgermeister von Medeazza, dem Großvater der beiden heutigen Besitzer. Anfang Juni öffnen Mirko und Danilo ihre Osmizza für 4 Wochen, in dieser Zeit gibt es für die beiden Pensionisten keinen Ruhetag, um den Ansturm der hungrigen und durstigen Gäste zu bewältigen, muss die gesamte Familie einspringen und mithelfen.

Bevor am späten Vormittag die ersten Gäste eintreffen und sich im Schatten des weit ausladenden Nussbaumes einen Platz an einem der aufgestellten Klapptische suchen, haben Mirko und Danilo noch Zeit für mich. Bei einem „mezzo di nero", einem halben Liter offenem Merlot, den Danilo aus einem Fass in der Garage holt, plaudern wir aus der bewegten Geschichte dieser Region, während Natuska, die Frau von einem der beiden, mit einem Messer dünne Blätter von einem großen Karstschinken abschneidet und auf ein Holzbrett neben aufgeschnittener Salami und Pancetta auflegt.

„Weil die Partisanen die Eisenbahnlinie gesprengt haben, haben die Faschisten im August 1944 vier Dörfer, darunter auch Medeazza, niedergebrannt. Medeazza ist auch schon im ersten Weltkrieg völlig zerstört worden. Das ist auch der Grund dafür, dass es in unserem Dorf fast keine alten Häuser mehr gibt" erzählt mir Mirko. Man merkt den beiden Leuten an, dass sie die wechselvolle Geschichte, aber auch das harte Leben am Karst geprägt hat. Sie sprechen trotzdem gerne vom Krieg, schleppen sogar schwere Granatenhülsen aus dem ersten Weltkrieg an, die sie im Umkreis ihres Dorfes gefunden haben.

„Auf einem Hektar bauen wir Merlot und Refosco, sowie Malvasia, etwas Sylvaner und Ribolla an, den ganzen Wein verkaufen wir im Juni, wenn die Osmizza geöffnet ist. Prosciutto, Speck und Salami machen wir auch selbst, wir haben 40 Olivenbäume und produzieren daraus Öl für den Eigenbedarf" erzählen mir die beiden Brüder. Wie in den Buschenschanken in der Steiermark, dürfen sie nur kalte Speisen anbieten.

Zum Schluss lassen sie mich einen Tresterschnaps und einen Feigenschnaps verkosten, den dürfen sie auch selbst herstellen, das Privileg der Schnapsherstellung, die nur in der Provinz Triest erlaubt ist, geht noch auf die Kaiserin Maria Theresia zurück.

Der Apfelstrudel, den mir Natuska als Nachspeise serviert, ist ebenfalls ein Relikt aus der Habsburgerzeit – das Rezept wenigstens.

Nehmen Sie sich Zeit für diese Osmizza, gehen sie nicht hin, nur um etwas zu essen und zu trinken, Sie sollten diese Osmizza „erleben".

Kaffeehaus | Caffè

Kaffeehaus | Caffè

Operncafe, Graz

Das klassische Kaffeehaus war schon immer und ist bis heute nicht nur in Wien, sondern auch in Graz eine Institution und ein wesentlicher Bestandteil der Gastronomieszene geblieben. Die ersten Kaffeehäuser gab es in Graz schon zu Beginn des 17. Jahrhunderts, ihre Hochblüte erlebten sie in ganz Europa um 1800. Wie in Wien oder Triest waren die Kaffeehäuser immer schon beliebte Aufenthaltsorte von Künstlern und Intellektuellen, so auch das Operncafe am Opernring in Graz, das es schon seit 140 Jahren gibt. Das Operncafe hat die Atmosphäre eines typischen österreichischen Kaffeehauses, Kaffeehauskultur und Kaffeehaustradition wurden im Operncafe bis heute in allen Details bewahrt. Mit seinem schönen, gediegenen Ambiente zählt das Operncafe zu den sieben schönsten Kaffeehäusern in ganz Europa.

Seit dem Jahre 2003 wird das Traditionskaffeehaus von „Charly" Temmel, dem „Guru" der Grazer Kaffeehausszene geführt, der alleine in Graz elf Konditoreien und Eissalons betreibt. Temmel lebt jetzt zum Großteil in Los Angeles und versucht den fast food verwöhnten Amerikanern, wie es scheint erfolgreich, österreichische Kaffeehauskultur beizubringen.

Temmel hat in Graz einen eigenen Konditoreierzeugungsbetrieb in dem er das gesamte Sortiment der österreichischen Mehlspeisküche herstellt.

Neben den hervorragenden hausgemachten Torten und verschiedensten Strudeln ist das Speiseeis, für das Temmel weit über die Grenzen Österreichs hinaus ein Begriff ist, ein weiterer Grund, das Operncafe zu besuchen.

„Wo trifft man sich in Graz – im Operncafe. Das Operncafe war immer Treffpunkt für alle Grazer, egal ob jung oder alt. Zahlreiche prominente Persönlichkeiten, wie der ehemalige Formel 1 Weltmeister Jochen Rindt, waren Stammgäste im Operncafe" weiß „Charly" Temmel zu berichten.

„Wo gibt es mitten in der Stadt Graz noch ein Kaffeehaus mit Wintergarten, außer im Operncafe?" fragt mich „Charly" und zeigt auf den bis auf den letzten Platz besetzten Wintergarten, einem absoluten Anziehungspunkt in dem Kaffeehaus.

Wenn Sie es nicht schon kennen, sollten Sie bei Ihrem nächsten Aufenthalt in Graz auf alle Fälle einen Besuch im Operncafe auf Kaffe und Kuchen oder auf ein Eis einplanen.

Cafe-Konditorei-Confiserie Preinsack, Deutschlandsberg

Die Konditorei Preinsack zählte mit zwei Standorten zu den Leitbetrieben der Grazer Konditorei- und Kaffeehausszene. Der „Preinsack" hat sich insofern von den anderen renommierten Konditoreien in Graz unterschieden, dass sich das Haus Preinsack neben der Produktion von Torten und Mehlspeisen seit jeher mit der Erzeugung von hochwertigen Confiserieprodukten beschäftigt hat. Josef Preinsack hat die Firma im Jahre 1932 gegründet, heute führt Harald Preinsack, der Enkelsohn von Josef, den Betrieb, allerdings nicht mehr in Graz, sondern seit dem Jahre 2005 in Deutschlandsberg in der Weststeiermark. „Ich bin ein Lebensabschnittsmensch und bin ständig auf der Suche nach Neuem und nach Verbesserungsmöglichkeiten. Meine zwei Betriebe in Graz hätten von Grund auf renoviert werden müssen, das Konzept, das ich für einen zukünftigen Betrieb im Kopf hatte, war in Graz aus verschiedensten Gründen nicht durchführbar. Ich will aber auch kein Geheimnis daraus machen, dass mich auch die Liebe, nicht nur zur Natur, in die Weststeiermark gezogen hat", erklärt mir Harald Preinsack in seinem betont modern gestalteten Cafe, das im Vergleich zu altösterreichischen, klassischen Kaffeehäusern eine komplett andere Art von Gemütlichkeit ausstrahlt. Dem Cafe ist das Restaurant Scorfo, sowie die Cocktailbar & Lounge Macinato angeschlossen.

„Mein Konzept sah vor, drei unterschiedliche Gastronomiebereiche unter einem Dach zu vereinigen, mit dem Ziel, alle Altersgruppen anzusprechen und deren unterschiedlichen Ansprüchen gerecht zu werden und das alles auf hochwertigem Niveau in bekannter Preinsack-Qualität".

Im Speisenangebot des Restaurants ist Harald Preinsacks Affinität zu Italien unübersehbar, sein bevorzugtes Reiseziel in Italien ist der Bereich zwischen San Daniele, Triest und Venedig, seine Küche ist seinen persönlichen Vorlieben entsprechend extrem fischbetont.

Ein Blick in die Mehlspeisenvitrine im Cafe ist die Bestätigung dafür, dass der „Preinsack" nach wie vor in der obersten Liga der österreichischen Mehlspeisküche mitkämpft - jedes Stück von erlesener Qualität und nicht nur ein Erlebnis für den Gaumen, sondern auch ein besonderes Erlebnis für das Auge.

Preinsack war immer schon ein Begriff für exzellente Konditorwaren, den „Vogel abgeschossen" hat jedoch Harald Preinsack vor etwa zwanzig Jahren mit der Kreation völlig neuer, vorher kaum denkbarer Trüffelsorten, die ihm internationalen Ruf eingebracht haben. Dabei war sein Lehrmeister Karl Schuhmacher, der ehemalige Chef der Kurkonditorei Oberlaa in Wien, nach Meinung von Harald Preinsack der beste Konditor der Welt, nicht unbeteiligt. Schuhmacher, ein unübertroffener Meister in allen Sparten des Konditorhandwerks, brachte ihm die Grundlagen und Geheimnisse der Confiserie bei. Harald Preinsack wollte etwas Außergewöhnliches erzeugen und dafür nicht wie üblich, teure Zutaten wie Marc de Champagne aus Frankreich importieren, wo es doch in der Steiermark genug hochwertige Produkte als Rohmaterial für die Trüffelerzeugung gibt. Sein Schwager, ein Weingutbesitzer aus Groß St. Florian, produzierte ihm einen hochprozentigen Schilcher-Tresterbrand, ein typisches weststeirisches Produkt, mit dem er die Fülle der Trüffel verfeinerte. Das war die Geburtsstunde der Schilcher-Trüffel, die sich sogleich zu einem Verkaufsschlager entwickelten und reißenden Absatz fanden.

5 Millionen Stück wurden pro Jahr von den Schilcher-Trüffeln erzeugt, als ihm diese Produktion zu langweilig wurde, erweiterte Harald Preinsack sein Sortiment, unter anderem mit Steirischen Kürbiskern-Trüffeln, deren Füllung aus einer Masse von fein geriebenen Kürbiskernen, einer Art Marzipan, besteht. Heute hat Preinsack 64 verschiedene Trüffelarten im Programm, die sich in erster Linie vom Geschmack der Füllung, dem Herzstück der Trüffel, sowie von ihrem Aussehen unterscheiden. Für seine Confiseriewaren mischt sich Harald Preinsack je nach Rezept eine eigene Schokoladenmischung, die er von Lieferanten aus Deutschland, Belgien und Frankreich bezieht. Die Trüffeln werden heute in 54 Länder exportiert.

Die Trüffel werden ausschließlich in Handarbeit von der jungen Konditorin Birgit Markon aus Riegersburg, dem Ort aus dem der Schokoladenguru Josef Zotter herkommt, erzeugt. Die Trüffelproduktion geht folgendermaßen vor sich, dass ein Schokoladenhohlkörper in 3 Arbeitsschritten gefüllt und verschlossen wird. Danach wird die Trüffel in geriebenen Materialien gerollt oder getunkt und erhält so ihr endgültiges Aussehen.

Mir hat Frau Birgit nicht erzählt, ob sie überhaupt noch Trüffel essen kann.

Triest, Stadt der Caffes

Im Orient war Kaffe schon im 16. Jahrhundert ein beliebtes Getränk, zu dieser Zeit hat man in Venedig oder Triest vorwiegend noch Kakao getrunken. Erst Anfang des 18. Jahrhunderts begannen geschäftstüchtige Kaufleute Kaffe über den Freihafen Triest nach Oberitalien zu bringen. Der Kaffeehandel hat sich in der Hafenstadt Triest zu einem wichtigen Wirtschaftsfaktor entwickelt. Vor Beginn des ersten Weltkrieges wurden schon über 900.000 Säcke Kaffee aus den Kolonien importiert und im Hafen von Triest ausgeladen. In der Folge entstanden in der Stadt die größten Kafferöstereien des Landes, um die importierten Kaffeebohnen so aufzubereiten, dass aus ihnen der belebende Kaffee erzeugt werden konnte. Im Jahre 1768 wurde in Triest das erste Caffe eröffnet, Jahrzehnte später konnte man in Triest beinahe an jeder Straßenecke ein Kaffeehaus anfinden. Eine Blütezeit erlebte die Kaffeehauskultur zur Zeit der österreichisch-ungarischen Monarchie, in der sich neben den unterschiedlichsten Kaffeevarianten das Angebot um eine Vielzahl an Mehlspeisen erweiterte. In Triest ist die Tradition der Sachertorte und anderer Wiener Mehlspeisen in den Caffes und Konditoreien auch heute noch so lebendig, wie zur Zeit der Monarchie.

Caffe Tommaseo

Das Caffe Tommaseo in der Riva III Novembre, direkt an der Uferpromenade, unweit von der Piazza Unita d´Italia, wurde im Jahre 1827 im Palazzo Vivante eröffnet und ist das älteste, noch existente Caffe Triests. Vom Vorgarten des Caffe Tommaseo aus hat man einen herrlichen Blick auf den Golf von Triest. Verspielter Jugendstil und Stuck aus der Gründerzeit dominieren wie in vielen alten Kaffeehäusern auch im Tommaseo. In einem separaten Bereich im Caffe können Sie auch hervorragend essen.

Caffe San Marco

Das Caffe San Marco in der Via Battisti wurde erst kurz vor Kriegsbeginn im Jahre 1914 eröffnet, im Krieg leider schwer beschädigt, jedoch später wieder aufwändig restauriert und zählt heute zu den schönsten Jugendstilkaffeehäusern der Welt. Das Caffe San Marco könnte genau so gut in Wien stehen, es ist in einem neoklassizistischen Gebäude, das aus der Zeit Maria Theresias stammt, durch deren Impuls die Stadt Triest einen bedeutenden Aufschwung erfuhr, untergebracht. Das Caffe mit dem typischen Wiener Flair ist nach wie vor ein Treffpunkt für Intellektuelle und Künstler.

Legendär sind im San Marco die Wiener Mehlspeisen, wer das San Marco verlässt, ohne vorher einen Apfelstrudel gegessen zu haben, hat etwas Wesentliches versäumt.

Seit ich vor Jahren die Kaffeehäuser Triests kennengelernt habe, bin ich mir unsicher, ob Wien oder Triest die Kaffeehauptstadt Europas ist.

Bar Caffetteria Piccola Vienna, Gradisca d'Isonzo

Wenn Sie die Altstadt von Gradisca d'Isonzo durch die „Porta Nuova", einem ehemaligen Stadttor, das im Jahre 1500 von Leonardo da Vinci als Schutz vor den die Stadt bedrohenden Türken erbaut wurde, befindet sich linkerhand in der Via Battisti, die Caffetteria Piccola Vienna. In diesem Kaffeehaus lebt die österreichisch-ungarische Monarchie in mehrfacher Hinsicht wieder auf. Die gebürtige Ungarin Eva Kollath bereitet in dem ehemalig von den Habsburgern beherrschten Gebiet, nach altösterreichischen Rezepten, Mehlspeisen zu. Lediglich die Einrichtung der Caffetteria weist nicht, wie in anderen alten Kaffeehäusern, etwa in Triest, auf diese Zeit hin.

Eva Kollath kam vor 33 Jahren aus Ungarn mit ihrer Mutter nach Gradisca, seit 12 Jahren führt sie die Caffetteria. Schon die Großmutter, von der sie einen Großteil der traditionellen Rezepte übernommen hat, war schon Konditormeisterin, ihre Mutter Irene steht noch heute in der Konditorei.

Das besondere an den Mehlspeisen von Eva Kollath ist, dass sie für die Zubereitung nur die unbedingt notwendige Menge an Zucker, Butter und Eiern verwendet. Konservierungsstoffe braucht Eva überhaupt nicht zu verwenden, da ihre Köstlichkeiten, sprichwörtlich wie die warmen Semmeln weggehen und meist am Tag ihrer Entstehung konsumiert werden. Die Mehlspeisen wie Apfelstrudel und Sachertorte strotzen nicht vor übertriebener Süße, Sie können sich durchaus ein zweites Stück gönnen, ohne ein schlechtes Gewissen zu haben, Ihren Körper mit Kalorien zu sehr zu belasten.

Sämtliche Mehlspeisen und Backwaren werden in Handarbeit und mit viel Liebe, wie Eva Kollath ausdrücklich betont, täglich frisch hergestellt. Ein Geheimtipp dieser Konditorei sind die kleinen köstlichen Mehlspeishäppchen, die nach alten Familienrezepten in vielen Varianten zubereitet werden. Unübertroffen ist die Gubana nach Gradisca Art, ein Traditionsgebäck, das in keiner Konditorei fehlen darf.

Sensationell ist auch das Weinangebot dieser Caffetteria, bei Eva konnte ich mich wieder überzeugen, dass zu einem Apfelstrudel nicht unbedingt ein Kaffee getrunken werden muss, ein Ramandolo lässt Evas Apfelstrudel zu einem noch größeren Erlebnis werden.

Schokolade | Cioccolato

Schokolade | Cioccolato

Schon die Hochkulturen Mittel- und Südamerikas schätzten ein aus Kakao hergestelltes Getränk, dem göttliche Kräfte zugeschrieben wurde und das auch als Aphrodisiakum für die Rituale der Herrscher und Priester Verwendung fand. Anfang des 16. Jahrhunderts gelangte Kakao mit den Spaniern nach Europa, wobei der Geschmack anfangs bei den Europäern wenig Gefallen fand. Interessanterweise haben die Klöster die Vorzüge des Kakaogetränks als erste erkannt, indem sie den Kakao mit Honig, Zucker, Nüssen und Blütenwasser verfeinerten und somit dieses Getränk als flüssiges Nahrungsmittel während der Fastenzeit einsetzen durften.

Von Spanien aus gelangte Kakao auch in andere europäische Länder, die eigene Rezepturen und Zubereitungsarten entwickelten. Im 19. Jahrhundert wurden schließlich die ersten Tafelschokoladen hergestellt, wie wir sie heute kennen.

Nach Österreich gelangte die Schokolade von der Schweiz aus, als im Jahre 1887 Carl Russ Suchard in Bludenz die erste Schokoladefabrik in der damaligen österreichisch – ungarischen Monarchie gründete.

Josef Zotter – Schokoladen Guru aus der Oststeiermark

Zotter Schokolade – eine Spezialität, ein Produkt das mittlerweile Kultstatus erreicht hat und im kulinarischen Angebot der Steiermark einen ähnlichen Stellenwert hat wie das steirisches Kernöl oder wie der steirischer Wein.

Die Erfolgsgeschichte von Josef Zotter liest sich wie ein Märchen mit allen Höhen und Tiefen, das aber mit einem happy end ausgeht.

Josef Zotter, Bauernsohn aus der Oststeiermark, lernte Koch und Kellner, avancierte in kürzester Zeit zu einem Top Koch in den renommiertesten Häusern im In- und Ausland. Der Drang nach Selbständigkeit, in der er seine kreativen Ideen, von denen sein Kopf voll war, verwirklichen konnte, wurde immer größer. Nachdem er das Apfelstrudelverkaufen in New York satt hatte, zog es ihn in seine steirische Heimat zurück, eröffnete vier Konditoreien und wurde rasch zur Kultfigur in Graz. Er experimentierte mit ausgefallenen Tortenrezepten, er kreierte „Designertorten", die sowohl vom Geschmack als auch vom Aussehen nichts mit herkömmlichen Torten zu tun hatten und hatte damit auch Erfolg. Hätte er nur einen geringen Teil seiner angeborenen Kreativität, die er vollständig in die Entwicklung neuer Produkte einfließen ließ, in die wirtschaftliche Führung seiner Betriebe gesteckt, wäre er heute wohl noch Konditor in Graz, das Schicksal wollte es jedoch anders, was sich schlussendlich als Glücksfall herausstellen sollte.

Nachdem er für eine Kundin als besonderen Gag eine Schokolade mit Kürbiskernen kreierte, schlug diese Idee wie ein Blitz ein, weitere ausgefallenen Kreationen folgten, Josef Zotter war von der plötzlich auftretenden Nachfrage nach seinen unkonventionellen Schokoladekreationen dermaßen angetan, dass er sich von nun an ausschließlich der Schokoladeherstellung widmete. Eine Idee, die ihn schon immer beschäftigte und verfolgte. Josef Zotter wollte jedoch nicht Billigschokolade in großen Mengen produzieren, er setzte voll auf die Entwicklung und Produktion eines unkonventionellen, neuen, qualitativ hochwertigen Produktes.

Schokolade | Cioccolato

Im Jahre 1999 erfolgte die Gründung der ersten Schokolademanufaktur am elterlichen Hof in Bergl, nahe von Riegersburg in der Oststeiermark

Anfänglich wurden einige hundert Schokoladen pro Tag erzeugt, heute beläuft sich die Tagesproduktion auf etwa 50.000 Stück, in Zukunft sollen es noch mehr werden, wenn die Bauarbeiten für den großzügig geplanten Zubau abgeschlossen sind. Das Sortiment von Josef Zotter umfasst im Moment etwa 150 Sorten mit 60 verschiedenen Geschmacksrichtungen wie zum Beispiel Maracujatrauben mit Mandeln, Sellerie-Trüffel und Portwein, Bergkäse-Walnuss-Trauben, Zitrone+Polenta oder Sonnenblumenkerne+Schwarzbrot. Eine Vielzahl von ausgefallenen Rezepturen schlummern in Zotters Kopf und man kann sicher sein, dass Josef Zotter seine Kunden niemals mit einer "normalen" Schokolade überraschen wird. Zotter richtet sich in seinen Rezepturen nicht nach Trends oder Vorlieben, in seinem Kopf entstehen Visionen, die er meist spontan umsetzt, ungeachtet eines späteren Verkaufsflops oder Verkaufserfolgs.

Josef Zotter hat in Anlehnung an die Papierherstellung den Ausdruck der „handgeschöpften" Schokolade kreiert. Seine Schokolade ist keine unpersönlich hergestellte Massenware. Zotter Schokoladen werden Schritt für Schritt händisch hergestellt. Eine gefüllte Schokolade wird nicht in vorgefertigte Formen gegossen, sondern Schicht für Schicht aufgebaut und schließlich mit feinster Kuvertüre überzogen.

Josef Zotter stellt höchste Qualitätsansprüche an die verwendeten Rohmaterialien sowie an die Verarbeitung dieser zu einer Qualitätsschokolade unter Verzicht jeglicher künstlicher Aroma-, Farb- und Konservierungsstoffe.

Von Anfang an setzte Josef Zotter neben der bestmöglichen Qualität des erzeugten Produktes auch auf dessen genauso interessante wie außergewöhnliche Verpackung, für deren Linie und künstlerische Gestaltung er den Künstler Andreas H. Gratze gewonnen hat. Hat sich Zotter Schokolade zu einem Genussmittel mit Kultstatus entwickelt, so hat sicher auch die künstlerische Gestaltung der Verpackung einiges dazu beigetragen.

Ein Tipp von Josef Zotter zum Vernaschen seiner Schokolade:

Nehmen Sie sich Zeit und Muße zum Verkosten, geben Sie der Schokolade zwei bis drei Stunden bei Zimmertemperatur Zeit zum Atmen und schneiden Sie vor dem Genuss die Schokolade mit einem scharfen Messer in kleine Stücke.

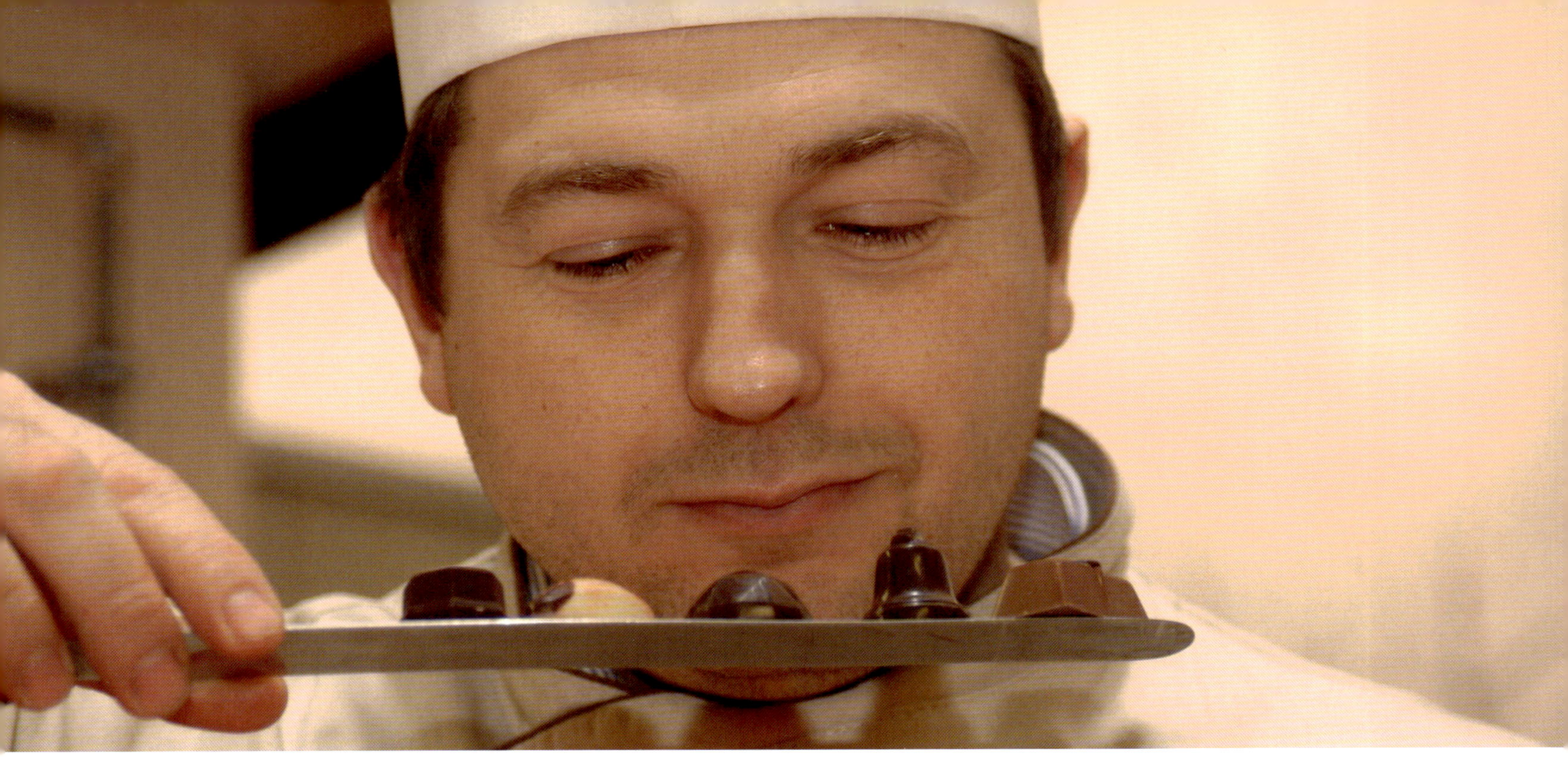

Die Schokoladenerzeugung hat in Italien eine lange Tradition. Vermutlich waren es Mönche des Jesuitenorden, die den Kakao von Spanien nach Italien brachten. Schon Mitte des 17. Jahrhunderts begann man in Italien neue Rezepte zu entwerfen um die Schokolade, die man aus Spanien kannte, zu verfeinern. So fügte man der Schokolade kräftige Duftstoffe wie etwa Vanille und Jasmin bei. Es sind auch alte Rezepte von Schokolade überliefert, der man frische Zitronenschalen zur Geschmacksverbesserung beigegeben hat. Vor der Zeit der Tafelschokolade war es den Jesuiten erlaubt, die Trinkschokolade als Fastenspeise zu konsumieren. Sie betrieben einen schwunghaften Handel mit Schokolade, sehr zum Unmut anderer Orden, bei denen die Trinkschokolade zu den Speisen zählte und folglich in der Fastenzeit nicht konsumiert werden durfte.

Später waren die großen italienischen Hafenstädte, unter ihnen auch Triest, die Zentren der Schokoladherstellung. Das Rohmaterial Kakao, das von Übersee angeliefert wurde, konnte direkt vor Ort verarbeitet werden.

Ota Schokolade, Bagnoli della Rosandra

Aus einer kleinen Bäckerei nahe der Grenze zwischen Italien und Slowenien entwickelte sich im Laufe von vier Generationen ein Betrieb, der nicht nur mehr wie früher Backwaren, sondern seit einigen Jahren neben delikaten Konditoreierzeugnissen auch hochwertige, äußerst begehrte Schokoladen herstellt. Heute leiten Mitja Ota und sein Bruder Ales den Betrieb. Beide haben sich auf eine beinharte Qualitätslinie eingeschworen, es werden nur die allerbesten Zutaten verwendet, ihre Schokoladen zeichnen sich vor allem durch einen hohen Kakaobutteranteil aus.

Schokolade | Cioccolato

Für den Einsteiger in die Ota Schokoladenwelt bietet sich die Produktlinie „Nuances“ an, eine Schokoladenauswahl in Form kleiner Degustations Tafeln in 8 unterschiedlichen Kakao Nuancen, angefangen von der weißen Schokolade bis zur Schokolade mit einem Kakaoanteil von 100%. In der Linie „Intense“ hat Mitja Ota Schokoladen mit 8 verschiedenen Aromen wie Roter Pfeffer, Ginseng oder Zimt zusammengestellt.

Schokolade von Kakaobohnen aus unterschiedlichen Herkunftsländern wie etwa Kuba, Tansania, Papua Neuguinea oder Madagaskar werden in der Produktlinie „Mondi del Cacao“ angeboten.

Unter den 50 verschiedenen Pralinentypen, die die Ota Brüder kreiert haben, ist eine Pralinenauslese mit dem Namen „Dreaming the Carst“ der Klassiker schlechthin. Typische Produkte aus dem Karst wie Honig, Karst-Sauerkirschen, Terrano, Wacholderbranntwein oder Kaffee aus Triest werden als Füllung für die delikaten Pralinen verwendet.

Schokoladen mit kandierten Zitrusfrüchten, Pistazien, Pinienkernen, Haselnüssen und Mandeln runden das Schokoladenangebot der Brüder Ota ab.

Äpfel | Mele

Äpfel | Mele

Apfelanbau in der Steiermark

Die Steiermark ist mit Abstand das Apfelland Nr. 1 in Österreich, der Apfel ist die bedeutendste Steirische Obstsorte. Der Apfelanbau hat in der Steiermark eine sehr lange Tradition, um die Jahrhundertwende war der „steirische Apfel“ in vielen Kronländern der österreichisch – ungarischen Monarchie eine besondere und sehr beliebte Spezialität und war unter anderem am russischen Zarenhof sehr geschätzt.

Zentrum des steirischen Apfelbaus ist die Oststeiermark, in der im Hügelland, zwischen 300 und 600 m Seehöhe, hinsichtlich der Böden und der Klimabedingungen optimale Voraussetzungen für den Apfelanbau herrschen.

In den letzten beiden Jahrzehnten hat sich die Struktur der Betriebe in die Richtung verändert, dass aus zahlreichen kleineren Familienbetrieben größere, moderne Obstbaubetriebe entstanden sind. Der Apfelanbau hat sich zu einem bedeutenden Wirtschaftsfaktor entwickelt, heute werden in der Steiermark von etwa 1.500 Obstbauern jährlich zwischen 160.000 und 180.000 Tonnen Äpfel erzeugt.

Obstbau Wilhelm, Puch bei Weiz

Der „Jausenwind“ ist das Charakteristikum der Region um Puch bei Weiz, berichtet mir Sepp Wilhelm. „Zur Jausenzeit um etwa zehn Uhr dreht der kalte Wind, der in der Nacht von den Fischbacher Alpen herunterweht um, am Tag bläst warmer Wind von Südosten zu uns. Die hohen Temperaturunterschiede prägen das Klima unserer Region, das der Apfel braucht, um kompakt, fest, knackig, geschmackvoll und süß zu werden“, so beschreibt Sepp Wilhelm die Vorzüge der Oststeiermark für den Apfelbau.

Seit 1979 führt Sepp Wilhelm gemeinsam mit seiner Familie den traditionellen Obstbaubetrieb, der über eine Apfelanbaufläche von 17 ha verfügt. Durchschnittlich können je Hektar etwa 35 Tonnen Äpfel geerntet werden, wobei das Tafelobst, das über den Großhandel vermarktet wird, etwa 90 % der Produktion ausmacht. Golden Delicious, Gala, Jonagold, Elstar und Breaburn sind die gängigsten Tafelobstsorten. Zu den sogenannten Liebhabersorten, die nur in kleinen Mengen ausgepflanzt sind und ausschließlich über den ab Hof-Verkauf vertrieben werden, gehören die Sorten Gravensteiner, Rubinette und Boscop.

Einen Teil der Äpfel, in erster Linie die geschmacksintensiven und süßen Sorten Gravensteiner und Summer Red, sowie die alten, für die Steiermark typischen Apfelsorten Maschanzker und Goldrenette, werden von Sepp Wilhelm zu Edelbränden destilliert. Das „Schnapsbrennen", wie die Herstellung von Destillaten im Volksmund genannt wird, hat in der Oststeiermark eine sehr lange Tradition. War die Schnapsherstellung noch vor Jahrzehnten das letzte Glied der Obstverwertung, bei der man aus Fallobst und Obst minderer Qualität „noch immer etwas Brauchbares" erzeugen konnte, hat sich in den letzten 15 Jahren die Herstellung von Destillaten grundlegend in Richtung der Erzeugung von hochwertigen Edeldestillaten gewandelt. Heute wird das erzeugte Destillat nicht nur mehr als Geschmacksaufbesserung für Tee zum Aufwärmen in der kalten Jahreszeit verwendet, heute sind Edelbrände ein fixer Bestandteil der gehobenen Gastronomie.

Schon seit Jahren zählt Sepp Wilhelm mit seinen Edelbränden zu den steirischen Top-Produzenten. Aushängeschild ist ein mehrere Jahre im Eichenfass gelagerter Brand vom Golden Delicious, der durch seine Farbe sowie durch sein volles, rundes und elegantes Aroma besticht und einem klassischen Calvados oder Cognac um nichts nachsteht.

Bleibt noch zu erwähnen, dass Sepp Wilhelm neben dem „Hochprozentigen" auch noch verschiedene Apfelsäfte, Essige, Marmeladen und Dörrobst aus Äpfeln, Zwetschken und Birnen herstellt.

Äpfel | Mele

Apfelanbau in Friaul Julisch Venetien

Der Apfelanbau hat in Friaul Julisch Venetien eine lange Tradition, die bis zu den Römern zurückreicht. Der Apfel stand in Friaul Julisch Venetien immer schon in Konkurrenz mit dem Wein, die traditionellen Apfelanbaugebiete beschränkten sich hauptsächlich auf Regionen im zentralen und nördlichen Bereich Julisch Venetiens, in denen der Wein eine eher nachrangige Stellung hatte. Die Hauptanbaugebiete konzentrierten sich im Wesentlichen auf die Bereiche Pantianicco – Codroipo, Polcenigo und Carnia – Enemonzo. Der Apfelanbau in Friaul Julisch Venetien war früher durch eine außerordentlich große Sortenvielfalt gekennzeichnet, laut Untersuchungen von ERSA gab es in Friaul Julisch Venetien 160 verschiedene Apfelsorten. Die bekanntesten davon sind di Corone, dal Dolc und di Rui, alles ausgezeichnete Speiseäpfel. In den Natisone Tälern und gebirgigeren Regionen waren Rosse d`Inverno, Ruggine di Enemonzo und die aus Slowenien stammende Sorte Zeuka weit verbreitet. Wie in der Steiermark und in Südtirol, haben neue, wuchsstarke und ertragreiche Züchtungen aus dem Ausland die alten heimischen Apfelsorten, die sich nicht für einen lukrativen Erwerbsanbau geeignet haben, nahezu vollständig verdrängt. Die alten Apfelsorten mussten den geänderten Geschmacksanforderungen, der gesteigerten Nachfrage nach großen, süßen und optisch einwandfrei aussehenden Äpfeln, Tribut zollen. Der Anbau der alten autochthonen Apfelsorten beschränkt sich heute ausschließlich nur mehr auf den privaten Bereich in Form von kleinen Obstgärten. Die alten Sorten werden weniger als Speiseäpfel verwendet, sondern vorwiegend zu Apfelsaft und Apfelwein verarbeitet.

Peter Larcher, Chiasiellis di Mortegliano

In den letzten Jahrzehnten sind zahlreiche Obstbauern aus Südtirol auf der Suche nach Erweiterung ihrer Produktion in das Friaul gezogen. Sie haben hier ähnliche, für den Apfelanbau geeignete Bedingungen wie in Südtirol vorgefunden und zahlreiche Apfelplantagen mit den heute gängigen Sorten angelegt. Der Vater von Peter Larcher, der heute den Apfelbaubetrieb „Pomis" in der Nähe von Mortegliano leitet, war einer dieser Zuwanderer aus Südtirol.

Peter Larcher bewirtschaftet eine Anbaufläche von 18 ha mit den Sorten Golden Delicious, Granny Smith, Gala, Red Delicious, Imperatore, Morgenduft, Fuji und Reaburn. Der überwiegende Teil der Äpfel findet als Tafelobst Verwendung, der Betrieb „Pomis" verarbeitet aber auch einen Teil der Ernte zu Apfelsaft und zu Balsam-Essig.

Auf Initiative von Peter Larcher wurde im Jahre 2003 eine Vereinigung von Apfelproduzenten, deren Vorsitzender er ist, gegründet, die unter dem Namen „Julia – La mela del Friuli Venezia Giulia" auftritt. Es ist dies eine geschützte Ursprungsbezeichnung für einen hochwertigen Apfel aus der Region Friaul Julisch Venetien. 78% der etwa 600 erwerbsmäßigen Apfelproduzenten gehören dieser Vereinigung an, die mit 1216 ha knapp mehr als 90% der gesamten Anbaufläche Friaul Julisch Venetiens bewirtschaften.

Unter der Markenbezeichnung „AQuA – agricoltura ambiente qualità", die auf eine Initiative von ERSA zurückgeht, werden Produkte wie Käse, Mais, Kartoffel, Honig und auch Äpfel in den Handel gebracht, die allerhöchsten Qualitätsansprüchen gerecht werden müssen. ERSA hilft den Produzenten bei der Bewerbung ihrer Produkte, kontrolliert aber auch die Einhaltung der klar vorgegebenen Produktionsabläufe.

Auch Peter Larcher hat sich mit seinen Produkten dieser Initiative angeschlossen.

Schräge Vögel | Personaggi originali

Schräge Vögel | Personaggi originali

Schräge Vögel

Laut Lexikon der sprichwörtlichen Redensarten ist der Ausdruck „Vogel“, kombiniert mit verschiedenen Adjektiven wie etwa „schräg“, die Bezeichnung für eine skurrilen, in irgend einer Weise aus dem Rahmen fallenden Menschen. In folgendem Kapitel sollen sogenannte „schräge Vögel“, wobei der Ausdruck ausschließlich im positiven Sinn zu sehen ist, angeführt werden, deren Tätigkeiten und Lebensgeschichten wert sind, in dieses Kapitel aufgenommen zu werden.

Für wen würde diese Bezeichnung besser zutreffen, als auf die beiden Freunde Gerald Brettschuh und Gunther Hasewend, die beide in Arnfels in der Südsteiermark, Anfang der 40er Jahre auf die Welt kamen. Schon ihre beiden Väter waren die besten Freunde und so war es auch naheliegend, dass sich die jeweils ersten Nachkommen und einzigen Buben der Familie dem Beispiel ihrer Väter folgten und fast wie Brüder in einem sehr intensiven freundschaftlichen Verhältnis zueinander aufwuchsen. Gemeinsam haben sie unzählige Abenteuer unternommen, wie etwa ihre Streifzüge auf den Remschniggberg, südlich von Arnfels, an der Grenze zu Slowenien. Den Eltern waren diese Ausflüge gar nicht recht, aus Abschreckung erzählte man ihnen, dass gleich hinter dem Remschnigg das Meer beginnt und dass es gefährlich wäre, auf diesen Berg zu gehen, was für die beiden Buben natürlich ein zusätzlicher Anreiz war. Legendär sind auch ihre gemeinsamen Wallfahrten auf die Koralm, ihrem „heiligen Berg“. Die Koralm war für sie der höchste Berg, den sie von Arnfels aus gesehen haben, sozusagen ihr „Mont Everest“, der schließlich schon seit der Mittelschulzeit Ziel ihrer „Wallfahrt“ wurde, die bis heute noch, immer am letzten Juliwochenende, in Angriff genommen wird.

Die berufliche Laufbahn der beiden Freunde könnte unterschiedlicher nicht sein, Gerald war von klein auf immer schon an Kunst interessiert, studierte in Wien und Warschau und ist heute einer der anerkanntesten Maler in Österreich. Gerald zog es immer schon in die weite Welt, interessierte sich unter anderem für die polnische Plakatkunst und ging seiner Malerei eine Zeit lang in Polen und Russland nach, bis es ihn im Jahre 1977 wieder in die Südsteiermark nach Arnfels zurückzog.

Gunther studierte Bauingenieurwesen und Graz und ist heute Landesbaudirektor im Amt der Steiremärkischen Landesregierung. Er wohnt in Graz und wird deshalb von Gerald Brettschuh als „Exilarnfelser“ bezeichnet.

Auf meine Frage, warum er sich nie entschlossen hat, den Führerschein zu erwerben, gab mir Gunther folgende Antwort: „Als Student hatte ich für den Führerschein kein Geld und wenn ich einmal Geld habe, baue ich mir einen Weinkeller, niemals aber kaufe ich mir ein Auto. Wozu brauche ich dann einen Führerschein?“ Gunther ist heute aus dem Stadtbild von Graz mit seinem auffallenden Fahrrad und mit der schwarzen Kappe, die zu seinem Markenzeichen geworden ist, nicht mehr wegzudenken.

Im Rahmen einer Wette im Jahre 1995, bei der es um 42 Flaschen Wein ging, brachte Gunther das Kunststück zuwege, nach dem Vorbild des berühmten Bordeaux Marathons in Medoc, einen Marathon durch die südsteirischen Weinberge, den so genannten „Welschlauf“ zu organisieren. Es ist dies der schwierigste, schönste und geselligste Marathon in ganz Europa. Gerald Brettschuh hat für den Welschlauf den „Welschfuß“ als Hinweistafel kreiert, wobei die Zehen eines Frauenfußes entlang der Marathonstrecke die Laufrichtung anzeigen.

Die Region, durch die der Welschlauf führt, ist auch das Hauptthema in den Arbeiten von Gerald Brettschuh, wie beispielsweise das Bild einer Weinlese vor etwa 60 Jahren aus dem Buch „Mein Land". Man spürt es in seinen Bildern, dass es „sein" Land ist und dass es ihm ein Bedürfnis ist, in heutiger Zeit ein Stück heile Welt zu malen. Er geht in seinen Bildern auf Zeitreise, verschiebt Berge und Häuser, stellt seine Landschaften zusammen, wie er sie sieht.

Ich bewohne am „Roatzberg", unweit von Arnfels, mitten in „seinem" Land ein altes Bauernhaus, in jedem seiner ausdrucksstarken Bilder wird mir bewusst, wie wertvoll es ist und welches Glück ich habe, in „unserem" Land leben zu können.

Hoffentlich kommt Gunther wieder einmal bei mir auf einen Schnaps vorbei, nimmt die „Quetschn" (steirische Ziehharmonika) und lässt es vom „Roatzberg" klingen. Gerald hat mir versprochen, den von Gustl Adam, ebenfalls einem schrägen Vogel, geschnitzten Herrgott anzuschauen. Ich glaube, die ganze Südsteiermark besteht nur aus schrägen Vögeln.

Schräge Vögel | Personaggi originali

Flurl

„Wenn ich heuer im April achtzig bin, werde ich mit dem Musikspielen aufhören, dann müsst ihr euch um einen anderen Tubaspieler umschauen" erklärt mir „Flurl" oder „Tati", wie ich ihn auch nennen darf und zieht genüsslich und langsam an seiner Zigarette und macht schließlich ganz langsam einen Schluck aus dem Literkrug mit einer Mostmischung, die er zuvor in seinem Keller zusammengerichtet hat. Ich komme öfters in den Genuss einer Mostmischung und einer Zigarette, die mir Flurl anbietet, wenn ich bei Frau Rosi, seiner Frau, wöchentlich die Eier holen kann, vorausgesetzt die Hühner haben „anständig gelegt". Ich plaudere gerne mit Flurl über seine Schafe oder über den Hahn des Nachbarn, der wieder einmal Flurls altem Hahn das Revier streitig macht. Flurl ist die Ruhe in Person, ich habe ihn noch nie eine schnelle Bewegung ausführen gesehen, abgesehen von der Fingerbewegung auf der Tuba beim Spielen eines zügigen Marsches.

Florian Neßhold, so sein vollständiger Name, hat die kleine Landwirtschaft in Schamberg, einem Ortsteil von Frauental, von seinem Vater übernommen, und hat, wie viele Männer in Frauental, in der Porzellanfabrik gearbeitet. Bis heute steht er noch täglich im Stall, versorgt seine Kühe und Schafe und bearbeitet seinen landwirtschaftlichen Betrieb im Ausmaß von 4 ha. Die Hühner mag er nicht, zu denen hat er ein gestörtes Verhältnis, „die machen nur Mist und scheißen mir den Hof voll" sagt Flurl. Dies dürfte auch der Grund sein, dass mir Flurl nicht mehr wöchentlich die Eier von Frau Rosis Hühner zur Musikprobe jeden Freitag Abend mitbringt.

Flurl ist das letzte noch am Leben befindliche Gründungsmitglied der Marktmusikkapelle Frauental, der er seit 1960 angehört. Seine Frau Rosi hat ihn damals zur Musik gedrängt, wie Flurl behauptet. Dies war ihm gar nicht unrecht, da man „so und so unter die Leute kommen muss". Flurl hatte nie einem Musiklehrer, das Tubaspielen haben ihm Kollegen beigebracht und „mehr als 40 Jahre Spielpraxis mit unzähligen Ausrückungen im Jahresablauf gehen auch nicht spurlos an einem vorüber" erklärt Flurl weiter.

Er ist auch der einzige Musiker im Musikverein, der in der probenfreien Zeit im Sommer in seinem Traktor zur Freitagsprobe fährt. Allerdings muss er dann mindestens 2 Stunden im Gasthof Stegtoni ausharren, um bei seiner Frau Rosi durch verfrühtes Heimkehren, nicht den Verdacht aufkommen zu lassen, dass der Probenbetrieb eigentlich noch gar nicht begonnen hat.

Noch länger als beim Musikverein ist Flurl bei der Freiwilligen Feuerwehr. Seit 65 Jahren gehört er der Feuerwehr an und ist somit der am längsten dienende Feuerwehrmann der Freiwilligen Feuerwehr Schamberg.

Auf die Frage, was er neben der Arbeit in der Porzellanfabrik und der Landwirtschaft noch gerne gemacht hat, erklärte mir Flurl voll Stolz, dass er früher in einer Theatergruppe mitgespielt hat, für mehr habe er keine Zeit gehabt.

Ich hoffe, dass Flurl doch noch seine Meinung revidiert und nicht mit achtzig aufhört, Tuba zu spielen, er würde uns allen sehr fehlen.

Schräge Vögel | Personaggi originali

Adam Gustl

„Die Maria ist halt leichter zum Schnitzen als ein Herrgott, dem muss ich zusätzlich die ausgestreckten Arme anbringen, aber eigentlich schnitze ich alles", erklärt mir Gustl Adam auf die Frage, ob er etwas besonders gerne schnitze. Er sitzt in seiner kleinen Werkstatt inmitten einer Vielzahl verschiedenster Werkzeuge, die er zum Schnitzen benötigt und einer Unmenge an halbfertigen und fertigen Schnitzwerken. Sollte Gustl einmal dazu kommen, seine Werkstatt aufzuräumen, würde diese ihre Faszination, die sie ausstrahlt, verlieren.

Beim „Zierer Hansl" lautet der Vulgoname des kleinen Anwesens, das Gustl Adam mit seiner Familie bewohnt. Der Hof liegt am Eichberg, einer der höchsten Erhebungen in der Südsteiermark nördlich von Leutschach. Der Weinbau dominiert in dieser hügeligen, ausgesprochen reizvollen Landschaft. „Bei uns am Eichberg ist die Gegend, Gott sei Dank, noch nicht so überlaufen wie die südsteirische Weinstrasse, aber noch schöner", sagt mir Gustl voll Stolz.

Gustl hat viele Jahre neben seiner kleinen Landwirtschaft als Maurer gearbeitet, bis ihn im Jahre 1978 das Schicksal ereilte und er als Folge eines schweren Verkehrsunfalls seinen Beruf nicht mehr ausüben konnte. „Ich war 27 Wochen im Spital, 6 Wochen davon bin ich im Koma gelegen, heute muss ich halt alles ein bisserl langsamer machen"

Gustl ist heute 77 Jahre alt, die Landwirtschaft hat er seinem Sohn übergeben, wenn er Lust hat, geht er zum Schnitzen in seine Werkstatt.

▷ **Gustl, wie bist Du überhaupt zum Schnitzen gekommen?**

„Begonnen hat alles mit dem Schnitzen von Rechenstielen und Schaufelstielen und dem ganzen Zeug, das man für die Weinpresse braucht, erst später habe ich begonnen, Figuren zu schnitzen" erklärt mir Gustl wie er überhaupt zum Schnitzen gekommen ist.

Gustl verleiht seinen Figuren trotz seines auf das Wesentliche reduzierten Schnitzstils ganz besondere und eigenwillige Züge. Der Herrgott, den er mir nach dem Vorbild eines von ihm geschnitzten, jedoch am Kreuzberg bedauerlicherweise abhanden gekommenen Herrgotts nachgeschnitzt hat, scheint trotz seiner unangenehmen und misslichen Lage am Kreuz zu lächeln.

Mit der Anatomie und den Proportionen seiner Figuren nimmt es der Gustl „nicht so tragisch", wie er sagt. Dem Herrgott etwa, der mit schmunzelnder Miene neben der „Kröllkeusche" die Auffahrt auf den Ratzberg überwacht, müssen von der unbequemen Fußhaltung, die ihm Gustl verliehen hat, die Beine wesentlich mehr weh tun, als der Nagel, mit dem seine Beine ans Kreuz genagelt sind. Aber diese Kleinigkeiten machen den besonderen Reiz der Schnitzereien von Gustl aus.

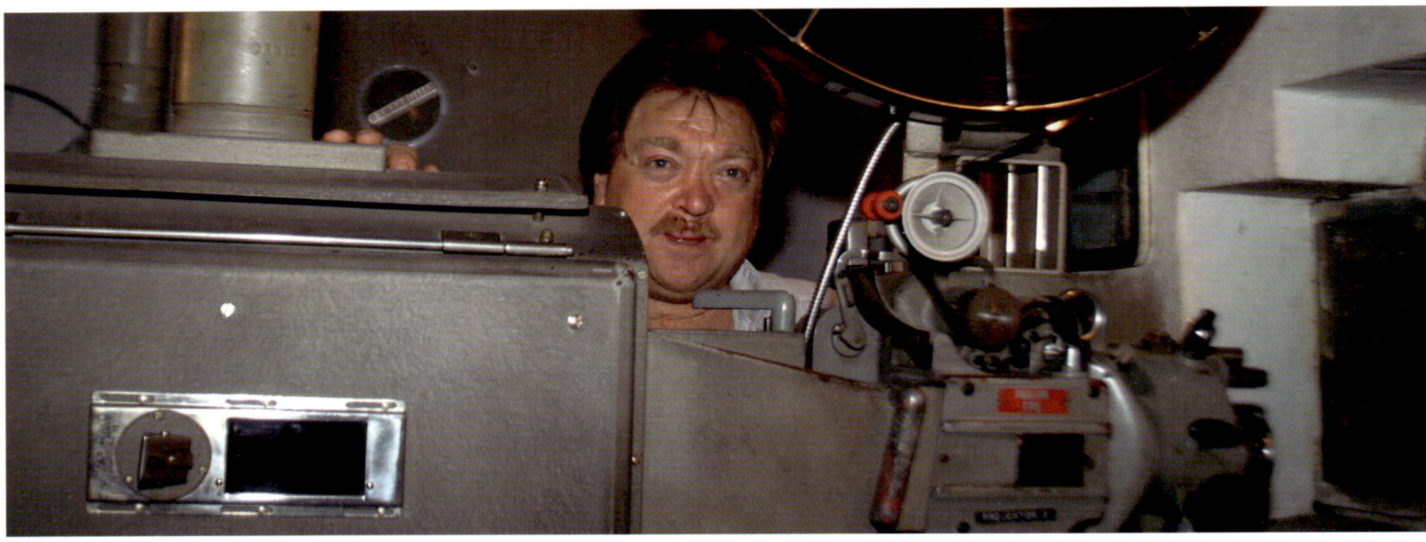

Pommer Franzi

Ich sitze mit Franz Pommer, der trotz seines Alters von 46 Jahren noch immer liebevoll von allen „Franzi" genannt wird. Im Projektorenraum des Kinos von Frauental in der Weststeiermark, wo er gerade eine große Filmrolle in einen der beiden Projektoren einspannt, die um sieben Jahre älter sind als er. „Zwei Kinos haben im Bezirk Deutschlandsberg überlebt, ich führe hier im Kino schon seit 1978 Filme vor, Bildwerfer nennt man diesen Beruf", klärt mich Franzi auf und erzählt mir weiter, dass die beiden Projektoren noch immer laufen, weil er besonders gut auf sie schaut. Auf die Frage nach seinem erlernten Beruf antwortet Franzi, dass er wie sein Vater und auch schon sein Großvater Fassbinder- und Wagnermeister sei.

„Da ich von der Fassbinderei alleine nicht leben konnte, musste ich mich um eine zusätzliche Beschäftigung umsehen und arbeite nebenbei schon fast dreißig Jahre als Bildwerfer. Am liebsten bin ich aber Fassbinder, weil es bei uns ein Beruf ist, der vom Aussterben bedroht ist und ich bin stolz, dass ich einer der ganz wenigen bin, der noch ein Fass herstellen kann".

Mit neun Jahren hat Franzi begonnen, Schlagzeug zu spielen, trat bald darauf der Blasmusik in Frauental bei und aus der Leidenschaft zur Musik hat sich ein weiterer Beruf, der eines Musiklehrers, entwickelt. Zahlreiche Schüler, unter ihnen auch Erik, mein Stiefsohn, sind durch seine Schule gegangen. Franzi wurde zu einem gefragten Schlagzeuger und half bei den verschiedensten Blaskapellen aus. Es klingt unwahrscheinlich, aber vor 20 Jahren hat Franzi gleichzeitig bei 15 Blaskapellen ausgeholfen und mitgespielt. Zu dieser Zeit hatte er, auf zwei Kleiderschränke verteilt, 15 verschiedene Musikeruniformen zuhause hängen. „Gott sei Dank muss man als Musiklehrer keine Uniform tragen, ich hätte, acht Stück davon gebraucht, denn ich habe vor zehn Jahren in acht Musikschulen gearbeitet."

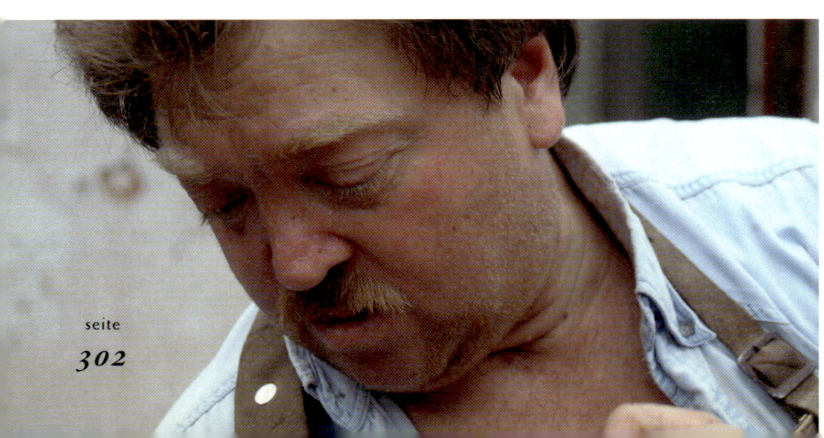

Ich bin Musikerkollege von Franzi in der Marktmusikkapelle Frauental und habe nicht nur einmal miterlebt, dass Franzi bei der jeden Freitag stattfindenden Musikprobe mitten in einem Musikstück einen Anruf bekommt, seine Trommelschlegel hinlegt, aufsteht und das Probenlokal verlässt. Franzi ist seit fast zwanzig Jahren auch noch Leichenbestatter und Bestattungsmeister und muss in diesem Beruf ständig abrufbereit sein. „Der Beruf als Leichenbestatter muss dir einfach liegen, man muss das gerne machen. Ich habe keine Probleme mit dieser Tätigkeit, ich habe mir angewöhnt, dass ich jeden Verstorbenen so behandle, als würde er noch leben. Ich rede sogar mit ihnen".

Franzi war in seinem ganzen Leben noch nie auf Urlaub, er hat mittlerweile schon drei Herzinfarkte überstanden und sagt, dass er in letzter Zeit schon sehr „zurückgesteckt" habe. „Ich habe immer gerne gearbeitet, mir macht das Arbeiten Spaß, bis auf die Bestattungen kann ich mir meine Arbeiten alle einteilen".

Wenn man beim Franzi ein bestelltes Fass abholt, kommt man in den Genuss eines interessanten und schönen Brauches. Man muss mit ihm auf das neue Fass mit einer Flasche Wein anstoßen. Das letzte Mal habe ich vier Fässer gleichzeitig geholt. Den Fässern war mein Zustand egal.

Waltraud Jöbstl

Waltraud Jöbstl ist das beste Beispiel dafür, dass Schnapsbrennen nicht nur reine Männersache ist. Sie ist mit Entschlossenheit in eine Männerdomäne eingedrungen und behauptet sich als Frau schon viele Jahre im absoluten Spitzenfeld nicht nur der steirischen, sondern der österreichischen Schnapsbrennerszene.

Waltraud Jöbstl hatte zwar schon als Kind den ersten Kontakt zum Schnapsbrennen. Sie wurde von ihrem Vater, der auf seinem landwirtschaftlichen Betrieb auch schon Schnaps gebrannt hatte, zum Nachheizen des Brennkessels eingeteilt. Eine weitere Erfahrung in diesem Metier musste sie ebenfalls schon als Kind machen, da sie die einzige war, die aufgrund ihrer Größe durch das Spundloch der Holzfässer passte und ihr sehr zu ihrem Unmut die Ehre zuteil wurde, die Innenseiten der Fässer zu reinigen. Als Schnapsbrennerin kann man sie durchaus als Spätstarterin bezeichnen, ihr ersten eigenen Destillate hat sie erst im Jahre 1989 hergestellt, die sie aus reinem Interesse auf der „Destillata" in Bad Kleinkirchheim, einer Fachmesse für Brennereiartikel zur Prämierung eingereicht hat. Bei ihrem ersten Antreten wurde sie auf Anhieb mit einem Mac Intosh Apfelbrand und einem Brand aus Schwarzen Johannisbeeren Sortensiegerin. Gemeinsam mit ihrem Mann führte sie damals seit 1962 einen Obst- und Weinbaubetrieb mit einem angeschlossenen Buschenschankbetrieb. Ende der 80er Jahre wurde ein weiterer Betrieb dazugekauft, mit ihm ein Brenngerät, auf dem Waltraud Jöbstl die ersten Brennversuche durchführte. Durch den Erfolg der ersten Sortensiege angespornt, hat sie sofort die Initiative in ihrem Betrieb übernommen. Ab diesem Zeitpunkt war Waltraud Jöbstl die Ideenlieferantin für die Schnapsbrennerei, tatkräftigst unterstützt von der gesamten Familie.

Waltraud Jöbstl konnte nahtlos an ihre Erfolge anschließen. Seit 1997 brennt sie in einer neuen, modernst ausgestatteten Brennerei. Das Obst für die Brennerei stammt zum Großteil aus dem eigenen Obstbaubetrieb, ein Teil des Brennobstes wird, unter anderem von einem Obstbaubetrieb eines ihrer Söhne, zugekauft.

„Wenn man etwas angeht, muss man das mit Freude tun, dabei bleiben, immer lernwillig sein und sich ständig weiterbilden". An dieses Motto hielt sich Waltraud Jöbstl konsequent. Mit Stolz kann sie auf ihre Erfolge zurückblicken.

Neben ihrer beruflichen Laufbahn war Waltraud Jöbstl stets bemüht, ihren sechs Kindern eine gute Ausbildung zu ermöglichen. Sohn Hannes ist neben dem Vater für die Landwirtschaft und den Weinbau zuständig, eine Tochter leitet die administrativen Geschicke des Betriebes.

Waltraud Jöbstl destilliert mittlerweile etwa 30 verschiedene Brände, die sie mit viel Geduld Erfahrung und Liebe zum Produkt herstellt. Jeder Liter wird von ihr selbst destilliert.

„Das schönste beim Schnapsbrennen ist für mich, ein Produkt von Beginn an bis zum Verkauf in der Hand zu haben. Von der Pflege der Obstkulturen und der Auswahl des reifen Obstes über den gesamten Gär- und Brennvorgang bis zur individuellen Gestaltung der Flaschen", steht in einem Persönlichkeitsprofil über die Brennerin Waltraud Jöbstl.

Mich, der sich ebenfalls zur Berufsgruppe der Schnapsbrenner zählen darf, hat die Entschlossenheit und Zielstrebigkeit, mit der Waltraud Jöbstl ihre Ziele verfolgt, sehr beeindruckt. Es ist immer ein großes Erlebnis, mit Waltraud Jöbstl auf einem der bequemen, blauen Ledersofas vor ihrem beeindruckenden Brenngerät zu sitzen, einen fassgelagerten Zigarrenschnaps zu verkosten und über die Schnapsbrennerei, Gott und die Welt zu plaudern.

Bruno Casagrande

Was haben die Betonummantelung des Atomkraftwerkes von Tschernobyl, die nach dem Reaktorunfall errichtet wurde und das Olivenöl „Olio dei Dogi“ aus dem Friaul gemeinsam? - Beide sind ein Produkt von Bruno Casagrande, einem der erfolgreichsten Geschäftsleute in Friaul Julisch Venetien. Bruno Casagrande hat sich weltweit einen Ruf geschaffen mit der Produktion von Baumaschinen wie Erdbohrgeräten oder Tunnelvortriebsmaschinen sowie Betonfertigteilen aller Art. Trotz seines beruflichen Erfolges ist Bruno Casagrande immer ausgesprochen bescheiden geblieben, er ließ sich nie anmerken, Chef von mehreren tausend Mitarbeitern zu sein.

Nachdem Bruno Casagrande sein Firmenimperium an seine Söhne übergeben hat, zog er sich in das oberhalb von Caneva liegende Elternhaus zurück, ohne jedoch untätig zu sein. Die Landwirtschaft dominierte von nun an sein Leben. Es geschah nicht nur einmal, wenn ich Bruno besuchte, dass er ölverschmiert unter einer Arbeitsmaschine, die er gerade reparierte, hervorgeholt werden musste oder mit dem Baumschnitt in einem seiner Olivenhaine beschäftigt war. Er hatte schon immer eine besondere Vorliebe für Olivenbäume, überall, wo er hinkam, nahm er einige Olivenbäume mit nach Hause und pflanzte sie auf den nach Süden abfallenden Hängen seines großen Anwesens aus. Die Region um Caneva, im äußersten Westen von Friaul Julisch Venetien, war immer schon ein Zentrum des Olivenanbaus, bevor die Kältekatastrophe im Winter 1929 den gesamten Olivenbestand Friaul Julisch Venetiens vernichtete. Olivenbäume haben ihn fasziniert, er hat sie immer mit besonderem Interesse beobachtet, wie sie gedeihen und wie sich die unterschiedlichen Sorten entwickelten. Anfänglich haben ihm die Pflanzen nur gefallen, als er nach einigen Jahren die ersten Oliven ernten konnte, machte er daraus Öl, fand Gefallen an dieser Arbeit und begann Anfang der 90er Jahre Olivenbäume systematisch auszupflanzen. Aus einer anfänglichen Leidenschaft und besonderen Affinität zu den Olivenbäumen entwickelte sich ein immer größer werdender Betrieb, heute ist Bruno Casagrande mit einer Anbaufläche von 20 ha und einem Bestand von 9000 Bäumen der größte Olivenölproduzent von Friaul Julisch Venetien.

Unter den verschiedenen Olivenarten dominieren die süßlichen Sorten Maurino, Leccino und Frantoio aus der Toskana. Bruno Casagrande hat sich auch sehr um die Wiederauspflanzung der autochthonen Sorte Bianchera mit dem typischen pikanten, säuerlichen Geschmack bemüht. Das „Olio dei Dogi", wie das Öl von Bruno Casagrande bezeichnet wird, stammt von 6 – 7 verschiedenen Sorten, die gemeinsam gelesen und schonend verarbeitet werden. Das Öl zeichnet sich durch Reinheit und einem unverwechselbaren Duft und einem feinen Geschmack aus. Die spätreifende Sorte Piscolen baut Bruno sortenrein aus, das Öl, von dem nur wenige hundert Liter erzeugt werden, ist kräftig und leicht bitter, in dieses Öl legt Bruno gekochten Thunfisch ein, eine Köstlichkeit die er gerne seinen Gästen auftischt. Dazu wird hauseigener „Rosato" getrunken, ein Wein, in den Bruno 12 verschiedene Rebsorten verarbeitet.

„Früher habe ich die verschiedenen Trauben sortenrein ausgebaut, vor Jahren ist durch ein Hagelgewitter ein Großteil der Ernte vernichtet worden, von Gott bekam ich die Eingebung, die verbliebenen Trauben zusammen zu lesen und zu verarbeiten. So hat mir Gott zu einem hervorragenden Wein verholfen, auf den ich selbst nie gekommen wäre", erklärt mir Bruno mit einem verschmitzten Lächeln zur Geschichte dieses Weines und dankt der „Eingebung von oben" mit einem kräftigen Schluck.

Mit besonderer Leidenschaft aber widmet sich Bruno seiner „Acetaia", dem Fasskeller zur Produktion von Aceto balsamico. Vor Jahren hatte er die Anlage in Modena gekauft, im Dachboden seines Wohnhauses aufgestellt und ergänzt diese laufend mit neuem Balsamico. Einige Tropfen von seinem 40-jahrigen Balsamico auf frischen Erdbeeren – ungewöhnlich - eines meiner beeindruckendsten kulinarischen Erlebnisse.

Schräge Vögel | Personaggi originali

Edi Kante

Edi Kante könnte man ausnahmslos für jede Sorte der autochthonen Karstweine als repräsentativen Winzer heranziehen, der sich um den jeweiligen Wein verdient gemacht hat und der konstant Topweine der jeweiligen Rebsorte produziert. „Ich bin Terrano, Malvasia und Vitovska" behauptet Edi von sich selbst. Edi ist aber wesentlich mehr, man muss Philosoph sein, muss Phantasie haben und muss eine große Portion Verrücktheit mitbringen, dass man, wie Edi sagt, Terrano, Malvasia oder Vitovska sein kann. Edi hat von allem nicht nur etwas, Edi bringt von allem ein Übermaß mit.

„Wenn du mich verstehen willst, brauchst du Zeit, wenn du mich richtig verstehen willst, brauchst du viel Zeit", erklärte mir Edi am Beginn unseres Zusammentreffens. Ich nahm mir viel Zeit.

Sieht man Edi das erste mal ohne ihn zu kennen, könnte er mit seiner schlanken, großgewachsenen Figur durchaus als Sportler durchgehen. Seine auffallende Designerbrille und das resolute Auftreten könnte auf einen Modemacher oder einen Schauspieler hinweisen, niemand würde jedoch „nur einen Weinmacher" hinter seiner Person vermuten, die Berufsbezeichnung, mit der er gerne angesprochen werden möchte. Er will auch nicht als Maler oder Künstler bezeichnet werden, obwohl vom Verkostungsraum angefangen, bis in den letzten Winkel seines Weinkellers seine Bilder hängen und an tausenden seiner Selektionsweine, sehr auffallende, kunstvoll gestaltete Etiketten aus seiner Hand, angebracht sind.

Edi Kante muss als „der" Pionier im DOC Weinbaugebiet Carso angesehen werden, er war vor 30 Jahren der erste, der Qualitätswein aus den autochthonen Rebsorten in Flaschen abgefüllt hat. Bei der Weinherstellung ist ihm das Terroir und die jeweilige Rebsorte besonders wichtig, beides sollte in seinen Weinen klar erkennbar sein. Im Vergleich zu anderen Winzern versucht Edi Kante seinen Karstweinen neben dem Sortentypus im gleichen Ausmaß auch Eleganz zu verleihen, die er mit modernster Kellertechnik umzusetzen versucht. Edi Kante ist durch und durch ein Naturbursche, seine Weingärten versucht er ohne Chemieeinsatz zu bewirtschaften, die Natur war auch das Vorbild bei der Gestaltung seines neuen Kellergebäudes, das zur Gänze in einem 18 Meter tiefen Schacht, den er in das Karstgestein vortreiben ließ, untergebracht ist. Das Wasser, das an den Kellerwänden aus anstehendem Fels abläuft, reguliert auf natürliche Weise die Luftfeuchtigkeit, neben der Kellertemperatur, einer der wichtigsten Faktoren bei der Weinreifung. Lange Lagerung und Reifung der Weine stehen an oberster Stelle seiner Philosophie, die er in seinem neuen Keller optimal umzusetzen versucht.

Edi ist ein lustbetonter Mensch, vielen anderen Winzern fehlt dieses lustbetonte Spiel mit dem Wein. Um die Dynamik der Karsterde zu spüren und einem Rebstock gleich, die Energie und Kraft aus dem Boden aufzunehmen, hat Edi viele Nächte in seinem Weingarten geschlafen. Um dies überhaupt zu tun, muss man erst auf die Idee dazu kommen, dies ist aber nur möglich, wenn man mit einem bestimmten Maß an Phantasie ausgestattet ist, wie dies bei Edi Kante der Fall ist.

Veit Heinichen, Krimiautor aus Triest und besonderer Liebhaber der Karstweine charakterisiert seinen Freund Edi Kante sehr treffend mit folgender Aussage: „Ich liebe die Weine von Edi, sie sind ausdrucksstark und charaktervoll. Edi ist eine ausgeprägte Persönlichkeit mit viel Phantasie, gute, gesunde Trauben und die notwendige Technologie sind Grundvoraussetzungen beim Weinmachen, aber in allem ist der jeweilige Mensch der Schlüssel, der Mensch, der den Wein macht ist wichtig. In den Weinen von Edi Kante sehe ich seine Persönlichkeit, sehe ich den Menschen Edi Kante".

Schräge Vögel | Personaggi originali

Ami Scabar

Ich habe Ami Scabar im Juni 2006 persönlich kennengelernt, als ich bei Veit Heinichen, ihrem Lebensgefährten, in seinem Haus in Santa Croce, mit herrlichem Blick auf den Golf von Triest, auf Besuch war. Es war Sonntag Nachmittag, sie kam gerade von ihrem Restaurant und wirkte ziemlich müde und freute sich schon auf den Montag, ihren freien Tag, den sie jeweils zum Ausspannen nach sechs anstrengenden Tagen in der Küche nutzt.

Damals kam ich erstmals in den Genuss von Amis Kochkünsten, als sie uns eine Fischsuppe mit frischen Kräutern, verschiedene Muscheln in einer herrlichen Sauce und Fisch auf asiatische Art mit Gemüse zubereitete. Alleine an diesen drei Gerichten konnte ich die Küchenphilosophie von Ami in beeindruckender Weise erleben. Einige von den vielen Geschmacksrichtungen, die, wie Ami betont, in Triest aufeinandertreffen, hat sie in diese relativ einfachen Gerichte einfließen lassen. Man spürt in ihren Gerichten die Liebe zum Meer und die Liebe zu Fisch. Dass Ami nicht nur eine ausgezeichnete Köchin ist, sondern auch in Sachen Wein ebensolche Kompetenz aufweist, konnte ich miterleben, als wir uns auf der Suche nach passenden Weinen zu ihren Gerichten „durch die Keller der bekannten Winzer aus Prepotto durchgetrunken haben“. Als ich dann am Abend die mehr als hundert Stufen von Veit Heinichens Haus zur Strada Costiera hinabtorkelte, wusste ich, dass Ami eine Bereicherung des Kapitels „Schräge Vögel“ in meinem Buch darstellen würde.

Ami ist in dem Haus geboren, in dem sich heute ihr Restaurant befindet, es war der Tag der Weinlese. Ami wollte einen Beruf erlernen in dem sie die Welt kennen lernen konnte und studierte Ökonomie, arbeitete Jahre lang in der Wirtschaft und lernte, wie sie es wollte, die Welt wirklich kennen. Ihre Eltern führten das Restaurant, als der Zeitpunkt kam und sie ans aufhören dachten und das Lokal verpachten wollten, kam Ami und ihrem Bruder Giorgio der Gedanke, das Lokal gemeinsam weiterzuführen. Dies realisierten sie auch, Giorgio als Sommelier und Ami als Küchenchefin, denn als sie von zuhause auszog und für sich selbst kochen musste, hat sie die Liebe zum Kochen entdeckt und war damals schon immer auf der Suche nach Neuem, das sie sofort ausprobieren musste. Durch die Übernahme des Restaurants gemeinsam mit ihrem Bruder bot sich die Möglichkeit, ihrer wahren Leidenschaft, der „Haute cuisine" zu folgen. In kurzer Zeit hat sie es dank ihrer intensiven Fortbildung und der Begeisterung zur Sache sehr bald zur Nr.1 in Triest und Umgebung gebracht.

Ami arbeitet sehr viel und sehr gerne mit jungen Leuten, denen sie ihr Wissen und Können vermitteln will. In diesem Punkt gibt es eine interessante Querverbindung zu Commissario Proteo Laurenti, dessen wilder Sohn schon das zweite Jahr eine Kochlehre bei Ami Scabar macht und ihn bei Ami in guten Händen weiß.

Ami ist Coautorin von mehreren Büchern, das Buch „Triest – Stadt der Winde", eine kulinarische Kulturgeschichte des Großraums Triest, hat sie zusammen mit Veit Heinichen geschrieben, in dem Buch „Triest – Der Geschmack einer Stadt" von Bertram Karl Steiner und Ferdinand Neumüller hat sie einen ausführlichen und interessanten Rezeptteil beigesteuert.

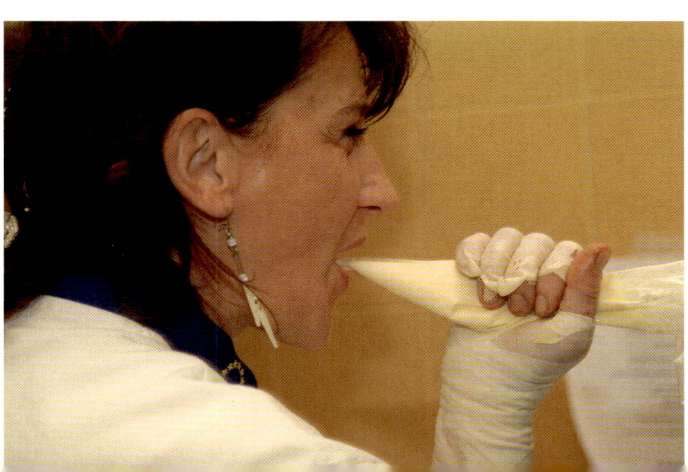

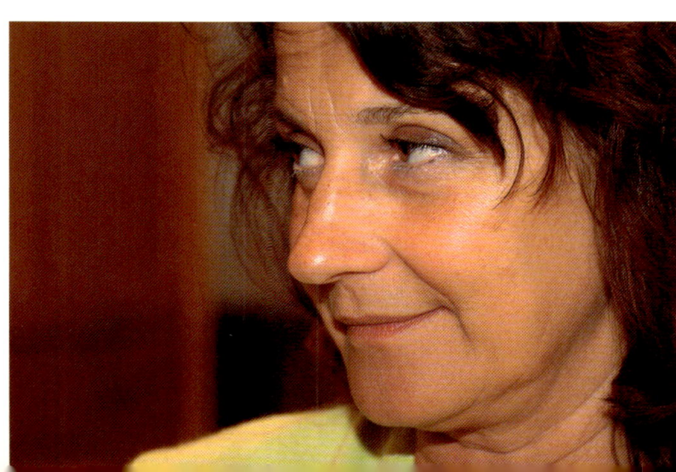

Luigi Soini

Es ist unzweifelhaft der Verdienst von Luigi Soini, dem Direktor der Cantina Produttori Cormons, der örtlichen Winzergenossenschaft, dass dieser Betrieb weltweit bekannt geworden ist. Nicht nur wegen der international ausgezeichneten Weine, sondern viel mehr durch den „Vino della Pace", dem Friedenswein, der auf die Initiative von Luigi Soino zurückgeht und den die Cantina Produttori Cormons produziert. Anfang der 80er Jahre hat Soini in einer Weingartenanlage unmittelbar neben der Genossenschaftskellerei mehrere hundert verschiedene Reben aus der ganzen Welt pflanzen lassen, mit dem Gedanken, daraus einen Wein zu machen, in dem sich der ganze Geschmack der Erde in einem Glas vereint.

Soini verfolgte mit dem Auspflanzen dieser Rebsorten zwei Grundideen, einerseits aus Neugierde, fast alle Rebsorten der fünf Kontinente praktisch vor der Haustüre in einem einzigen Weingarten täglich sehen zu können und ihre Entwicklung zu beobachten, andererseits durch diesen Wein, in dem sämtliche Rebsorten, ungeachtet der Farbe und Eigenschaften, harmonisch miteinander verbunden sind, ein Völker verbindendes Signal auszusenden, als Symbol für die Einheit der Welt.

Die erste Lese fand im Jahre 1985 statt, mittlerweile sind in diesem Friedensweingarten schon an die 600 verschiedene Rebsorten ausgepflanzt, die sich alle prächtig entwickelt und bestens angepasst haben. Jedes Jahr im Herbst ist die gesamte Bevölkerung von Cormons zur Weinlese eingeladen, alle Trauben werden gemeinsam gelesen, zusammen gepresst und zu einem Weißwein vergoren. Das Ergebnis ist ein leicht lieblicher, starker Wein, der mit herkömmlicher Fachterminologie nur sehr schwer zu beschreiben ist, dem man am ehesten einen leichten Muskatellerton zuordnen könnte. Zum Zeichen des Friedens werden jedes Jahr drei Flaschen an alle Staatsoberhäupter der Welt verschickt.

Für jeden Jahrgang werden drei verschiedene Etiketten von namhaften Künstlern entworfen, angefangen haben im Jahre 1985 Zoran Music, Arnaldo Pomodoro und der erst kürzlich verstorbene Enrico Baj. Neben dem Friedensgedanken ist es Luigi Soini auch gelungen, Wein und Malerei zu einem außergewöhnlichen, interessanten Gesamtkunstwerk zusammenzubringen. Die Weinflaschen des Friedensweines haben sich mittlerweile zu begehrten Sammlerobjekten entwickelt. Zahlreiche weltbekannte Künstler haben den Weinkeller der Winzergenossenschaft mit ihren Ateliers vertauscht und Dutzende Holzfässer kunstvoll bemalt und dem Weinkeller auch zur Funktion einer Gemäldegalerie verholfen.

Man sieht Luigi Soini die Freude und den Stolz an, wenn er Gäste durch seine „Weinkellergalerie" führen kann.

Naturpark San Floriano

Der Naturpark San Floriano erstreckt sich in einer Größe von 65 ha auf einem langgestreckten Hügel zwischen den Ortschaften San Giovanni und Polcenigo nordwestlich von Pordenone, am Fuße des Monte Cavallo. Den Namen hat der Park von einer kleinen Kirche, die dem Heiligen Florian geweiht ist. Sie wurde an der höchsten Stelle des Hügels im späten Mittelalter errichtet und ist vor allem für ihre gut erhaltenen, wertvollen Fresken aus dem 12. und 13. Jahrhundert bekannt.

Der Hügel von San Floriano und der umgebende Bereich wurde immer schon landwirtschaftlich genutzt, das Gebiet zeichnet sich durch eine besondere Artenvielfalt an Pflanzen, Blumen und Tieren aus. Dies war auch der Grund, einen öffentlich zugänglichen Naturpark zu schaffen und die beiden landwirtschaftlichen Betriebe am Hügel von San Floriano, die jedoch über Jahrzehnte stillgestanden waren, wieder zu reaktivieren und in den Naturpark zu integrieren.

Der Park, der im Gemeindegebiet von Polcenigo liegt, wurde im Jahre 1980 eröffnet und nach mehrere Jahre dauernden Landschaftspflegemaßnahmen und nach Schaffung einer dementsprechenden Infrastruktur für Besucher zugänglich gemacht.

Der Park ist heute ein Musterbeispiel und ein Vorzeigeprojekt, wie Landwirtschaft in einem Naturschutzgebiet betrieben werden kann. Die Landwirtschaft im Naturpark wird nach alter Tradition, mit dem bestmöglichen Schutz der Landschaft zur Bewahrung der Artenvielfalt betrieben. Verschiedenste Tierarten wie Schweine, Pferde, Rinder, Schafe und Geflügel werden artgerecht im Freiland gehalten. Es handelt sich vorwiegend um alte und teilweise schon vom Aussterben bedrohte Tierrassen wie zum Beispiel die alten Schweinerassen Cinta Senese und Romagnola.

Im Park hat man sich unter anderem auf die Erforschung, Nachzucht, Kultivierung und somit Erhaltung von lokalen, autochthonen Sorten von Äpfeln, Birnen, Zwetschken, Kirschen und Oliven konzentriert. Für die Naturparkbesucher wurde auch ein umfangreicher, interessanter Kräutergarten zur Besichtigung angelegt. Seit einigen Jahren werden die im Park wachsenden Obstsorten zu Marmeladen und Säften verarbeitet, Olivenöl gepresst, zahlreiche Bienenstöcke liefern erstklassigen Honig.

Der Park ist das gesamte Jahr geöffnet, ein in die Landschaft optimal integriertes, gut gekennzeichnetes und mit interessanten Informationen ausgestattetes Wegenetz bietet sich zum Wandern und Ausspannen in einer einzigartigen Landschaft an.

Schräge Vögel | Personaggi originali

Toni de Fort

Von Beginn an ist Toni de Fort der „custode", der Verwalter des Parks von San Floriano. Toni stammt aus Polcenigo, ist gelernter Elektrotechniker und wohnt mit seiner Familie mitten im Park in einem der renovierten ehemaligen Bauernhäuser. Toni lebt für den Park, ist ein „Tausendsassa", der sich überall auskennt und der auch an Wochenenden, wenn Not am Mann ist, jederzeit einsatzbereit ist. Toni ist für den gesamten Betrieb des Naturparks verantwortlich, er koordiniert seine Mitarbeiter, legt aber meist selbst Hand an wie beim Obst-und Olivenbaumschnitt oder wenn die Tiere auf eine andere Weidefläche verlegt werden müssen. Toni betreut die Bienenstöcke und produziert Honig und erzeugt aus den unterschiedlichsten Obstsorten hervorragende Marmelade. Vor Jahren wurden in Südexposition unterhalb der Kirche zum Heiligen Florian 300 Olivenbäume der autochthonen Sorte Bianchera ausgepflanzt, die mittlerweile in Ertrag stehen und zu Olivenöl verarbeitet werden. Der Hügel von San Floriano ist ein alter, traditioneller Standort für den Olivenbaum, das bekannte Olivenanbaugebiet von Caneva liegt nur wenige Kilometer vom Naturpark entfernt. Toni hat sich von Bruno Casagrande hinsichtlich der Kultivierung und Pflege der Olivenbäume wertvolle Ratschläge geholt. Bruno Casagrande kann als Pionier bei der Wiederauspflanzung der Olivenbäume im Raum Caneva angesehen werden. Der Katastrophenwinter von 1929 hatte durch die extremen Temperaturen auch im Gebiet von Caneva, einem traditionellen Anbaugebiet, den gesamten Olivenbaumbestand vernichtet.

Es kann sich jeder glücklich schätzen, der von Toni auf eine Jause eingeladen wird und er selbst erzeugte Salami vom Cinta Senese-Schwein, Käse und selbst gebackenes Brot serviert. Von Toni habe ich gelernt, wie man nach der klassischen Methode eine Polenta zubereitet und diese, nachdem sie zu einem flachen Fladen ausgekühlt ist, mit einem Faden oder einer dünnen Schnur in kleine Stücke zerteilt wird. Toni arbeitet mit Luigi Fabbro, dem Fleischhauer aus Aviano zusammen, der seit kurzer Zeit auch Fleischprodukte aus den alten Schweinerassen Cinta Senese und Romagnola herstellt.

Es ist ein einzigartiges Erlebnis von Toni und Gigi im Park von San Floriano bewirtet zu werden. Salsicce vom Romagnola-Schwein, Salami vom Cinta Senese-Schwein und gebratene Polenta – einfache, traditionelle Gerichte, die Sie in keinem Restaurant bestellen können.

Danksagung | Ringraziamenti

Obwohl ich mehr oder weniger als „Alleinkämpfer“ meine Vorstellungen, die ich mir für „mein Buchprojekt“ schon vor Jahren in den Kopf gesetzt hatte, umgesetzt habe, möchte ich es nicht verabsäumen, mich bei einer Reihe von Personen zu bedanken, durch deren Mithilfe es überhaupt erst möglich war, sich an dieses Projekt heranzuwagen, und die zum Zustandekommen dieses Buches beigetragen haben.

Ein Danke an meinen Freund „Pepi“ Parente, seines Zeichens Direktor von ERSA, (Agenzia Regionale per lo Sviluppo rurale) für die zahllosen Fachgespräche und Anregungen für das Buch, sowie für die Mithilfe von engagierten und kompetenten ERSA Mitarbeitern, die mir bei den Recherchen und Besuchen von Betrieben im Friaul zur Seite gestanden sind. Namentlich möchte ich an dieser Stelle Luciano Grispan und Marco Zampar erwähnen, meine beiden ständigen Begleiter, die mir bis in den letzten Winkel Friauls folgten und die mir durch ihre Beziehungen überall Tür und Tor öffneten.

Pauschaler Dank gilt allen, die ich in mein Buch aufgenommen habe für ihre Zusammenarbeit und für die Bereitschaft, mir jegliche Information zukommen zu lassen. Den Winzern, Köchen und Produzenten vieler köstlicher Spezialitäten, die mich zu den Verkostungen eingeladen haben, mache ich nicht den Vorwurf, dass sich in den letzten eineinhalb Jahren mein Körpergewicht deutlich sichtbar erhöht hat.

Auch Commissario Proteo Laurenti, Feinspitz und Weinexperte, stand mir hilfreich zur Seite. Durch ihn bekam ich einen besonderen Zugang zu den Karstwinzern, wofür ich ihm sehr dankbar bin.

Mein besonderer Dank gilt Bernd „muddy waters" Trübswasser, der für die graphische Gestaltung des Buches verantwortlich zeichnet. Wenn ich ihn manchmal bei der Auswahl der Fotos zu einem bestimmten Thema „overrulen" musste, bitte ich um Nachsicht. Ich bin stolz auf das Layout und auf die Tatsache, dass Bernd jetzt auch dunkles Bier trinkt und dass ich ihm auch das Weintrinken beibringen konnte.

Nicht zuletzt möchte ich mich bei meiner Frau und meinen Kindern für ihre Toleranz bedanken, da ich oft durch Abwesenheit glänzte und dadurch meinen familiären Pflichten nicht nachkommen konnte. Explizit danke ich David, meinem jüngeren Stiefsohn, der mich oftmals begleitete und der sich als kompetenter Verkoster herausstellte. Seit den vielen langen Autofahrten mit David ins Friaul oder in die Südsteiermark kenne ich fast alle Texte der „Stoakogler" auswendig.

Kontaktadressen | Contatti e indirizzi

Traditionelle Küche | Cucina tradizionale

Buschenschank Kröll

Weingut-Buschenschank-Gästezimmer

Eichberg 69
8453 St. Johann i. S.

+43 (0) 3455 6859
weingut.kroell@aon.at

Antica Taverna Lanterna d'Oro

Borgo Castello 20
34170 Gorizia (Go)

+39 0481 534100

Dorth – Salami, Salumi & C.

Luigi Carlo Fabbro

Via Padre Marco 13
33081 Aviano (Pn)

+39 0434 651117
luigfabb@tin.it

Gubana Giuditta Teresa

Localita Ponte S. Quirino
33049 S.Pietro al Natisone (Ud)

+39 0432 727585
info@giudittateresa.com
www.giudittateresa.com

Mais | Mais

Molino Tuzzi

Sede e stabilimento
34070 Dolegna del Collio (Go)

+39 0481 60546

ERSA

Agenzia regionale per lo sviluppo rurale
Servizio Ricerca e Sperimentazione

Via Sabbatini 5
33050 Pozzuolo del Friuli (Ud)

+39 0432 529215
www.ersa.fvg.it

Käse | Formaggio

Hofkäserei Deutschmann GbR.

Oberberglastrasse 10
8523 Frauental a.d.L.

+43 (0) 3462 4057-11
info@hofkaeserei-deutschmann.at
www.hofkaeserei-deutschmann.at

MAGO Handwerkskäse

Masser Gottfried

Hohlbach 97
8530 Deutschlandsberg

+43 3462 22511
mago.handwerkskaese@aon.at
www.mago-kaeserei.at

Latteria Sociale di Cividale

Via Gorizia 5
33043 Cividale del Friuli (Ud)

+39 032 731218

Tosoni

Via Barbeano 9/F
33097 Spilimbergo (Pn)

+39 0427 2448
info@tosonispa.it
www.tosonispa.it

Aziend Agricola "La Corte"

Via Julia Augusta 51
33052 Cervignano del Friuli (Ud)

+39 431 93122
www.ovicaprini.fvg.it

Schinken | Prosciutto

Vulcano Fleischwarenmanufaktur

Auersbach 26
8330 Feldbach

+43 (0) 3114 2151
mail@vulcano.at
www.vulcano.at

Riegersburger TURM Schinkerei

Gottfried Franz Fink jun.
8333 Riegersburg 27

+43 (0) 3153 8216-403
office@turmschinken.at
www.turmschinken.at

Deutschlandsberger Feinfleischmanufaktur

KOLLAR-GÖBL
Matthias Kollar

Hauptplatz 10
8530 Deutschlandsberg

+43 (0) 3462 2642-15
kollar.goebl@aon.at
www.kollar-goebl.at

Principe di San Daniele s.p.a.

Via Venezia 222-224
33038 San Daniele del Friuli (Ud)

+39 0432 942083
www.principefood.com

Prosciuttificio Morgante s.p.a.

Via Aonedis
33038 San Daniele del Friuli (Ud)

+39 0432 966511
info@morgante.it
www.morgante.it

D'Osvaldo

Prosciutto e Speck di Cormòns

Via Dante 40
34071 Cormòns (Go)

+39 0481 61644

Öl | Olio

Ölmühle Herbersdorf

Herbersdorf 9
8510 Rassach

+43 (0) 3463 70002
oelmuehle@herbersdorf.at
www.oelmuehle.herbersdorf.at

Ölmühle Leopold

Frauentalerstraße 120
8530 Deutschlandsberg

+43 (0) 3462 2294
oelmuehleleopold@aon.at
www.oelmuehleleopold.at

Azienda Agricola Erik Starec

Bagnoli della Rosandra 375
34018 San Dorligo della Valle (Ts)

+39 040 228827
www.starec.it

Schweine | Suini

Daniela & Anton Krispel

Neusetz 29
8345 Hof bei Straden

+43 (0) 3473 7862-0
wein@krispel.at
www.krispel.at

Wirtshaus Jagawirt

Werner & Maria Goach

Sommereben 2
8511 St. Stefan ob Stainz

+43 (0) 3143 8105
goach@jagawirt.at
www.jagawirt.at

Parco Naturalistico di San Floriano

Europarc
Polcenigo (Pn)

www.ersa.fvg.it

Geflügel | Pollame

Keltentaverne Koschak

Nestelberg 43
8451 Heimschuh

+43 (0) 3456 2401
koschak@aon.at
www.koschak.at

Agriturismo Casale Cjanor

Via Casali Lini 9
33034 Fagagna (Ud)

+39 0432 801810
casalecjanor@hotmail.com
www.casalecjanor.com

Casali Leonischis

Agriturismo del Dott. Laura Driussi

Via della Levata 10
Fraforeano di Ronchis (Ud)

+39 0431 567167

Fisch | Pesce

Trattoria "ai Ciodi"

Anfora di Grado

Laguna di Grado
34073 Grado (Go)

+39 0337 534764

Delikatessen-geschäfte | Negozi di Specialità gastronomiche

Greißlerei DE MERIN

8345 Straden 5

+43 (0) 3473 75957
office@demerin.at
www.demerin.at

Delikatessen Frankowitsch

Inh. Josef Heissenberger KG

Stempfergasse 2-4
8010 Graz

+43 (0) 316 828812
office@frankowitsch.at
www.frankowitsch.at

Alles Käse - Nussbaumer

Delikatessen – Weine
F. Nussbaumer

Paradeisgasse 1
8010 Graz

+43 (0) 316 829162

Tosoni

Via Barbeano 9/F
33097 Spilimbergo (Pn)

+39 0427 2448
info@tosonispa.it
www.tosonispa.it

La Baita

Via delle Erbe 1/B
33100 Udine

+39 0432 510216
info@tosonispa.it
www.tosonispa.it

Macelleria Sandro Michelutti

Specialità selvaggina – carni fresche e congelate

Via del Carbone 7
33100 Udine

+39 0432 505443

Wein | Vino

Weingut Scheucher

Gottfried-Johanna-Paul Scheucher

Labuttendorf 20
8423 St. Veit am Vogau

+43 (0) 3184 4080
otter@weingut-scheucher.at

Jaunegg

Weingut-Gästezimmer-Buschenschank

Eichberg-Trautenburg 160
8463 Leutschach

+43 (0) 3455 6754
weingut@jaunegg.at
www.jaunegg.at

Weingut Skringer

8435 Eichberg-Trautenburg 28

+043 (0) 3456 2666
weingut@skringer.at
www.skringer.at

Weingut Manfred Tement

Weingut Zieregg 13
8461 Berghausen

+43 (0) 3453 4101-0
weingut@tement.at
www.tement.at

Weingut Erich & Walter Polz

Grassnitzberg 54a
8471 Spielfeld

+43 (0) 3453 2301-0
weingut@polz.co.at
www.polz.co.at

Gießauf-Nell

Weingut-Buschenschank-Gästezimmer

Hochwarth 63
8493 Klöch

+43 (0) 3475 7265
giessauf-nell@aon.at
www.giessauf-nell.at

Weingut Thaller

Maierhofbergen 24
8263 Großwilfersdorf

+43 (0) 3387 2924
koarl@weingut-thaller.at
www.weingut-thaller.at

Weingut Resch vlg. Longus

Geipersdorfweg 18
Wildbach
8530 Deutschlandsberg

+43 (0) 3462 3316
office@weingut-resch.at
www.weingut-resch.at

Weingut Erich Kuntner

Obergreith 48
8544 St. Ulrich im Greith

+43 (0) 3465 3383
office@trinkgenuss.at
www.trinkgenuss.at

Azienda Agricola Mario Schiopetto

Via Palazzo Arcivescovile 1
34070 Capriva del Friuli (Go)

+39 0481 80332
azienda@schiopetto.it

Azienda Agricola Magnas

Via Corona 47
34071 Cormons (Go)

+39 0481 60991
info@agriturismomagnas.com
www.agriturismomagnas.com

Azienda Agricola VILLA RUSSIZ

34070 Capriva del Friuli (Go)

+39 0481 80047
villarussiz@villarussiz.it
www.villarussiz.it

Dario Coos

Societa Agricola

Via Ramandolo 5
33045 Nimis (Ud)

+39 0432 790320
dariocoos@libero.it

Alloggio Agrituristico Polencic Isidoro

Loc. Plessiva 2
34071 Cormons (Go)

+39 0481 60655
info@polencic.com

Azienda Agricola Toros Franco

Loc. Novali 12
34071 Cormons (Go)

+39 0481 61327
info@vinitoros.com
www.vinitoros.com

Azienda Agricola Castelvecchio

Via Castelnuovo 2
34078 Sagrado (Go)

+39 0481 99742
info@castelvecchio.com
www.castelvecchio.com

Azienda Agricola Girolamo Dorigo

Via del Pozzo 5
33042 Buttrio (Ud)

+39 0432 674268
info@montsclapade.com
www.montsclapade.com

Mastri vinai Bressan

Via Conti Zoppini 35
34070 Farra dÌsonzo (Go)

+39 0481 888131
bressanwines@tin.it
www.bressanwines.com

I vini di Emilio Bulfon

Via Roma 4
33090 Valeriano
Pinzano al Tagliamento (Pn)

+39 0432 950061
bulfon@bulfon.it
www.bulfon.it

Azienda Agricola Vodopivec

Di Vodopivec Paolo e Valter

Loc. Colludrozza 4
34010 Sgonico (Ts)

+39 040 229181
vodopivec@vodopivec.it
www.vodopivec.it

Azienda Agricola Zidarich

Loc. Prepotto – Praprot 23
34011 Duino Aurisina (Ts)

+39 040 201223
info@zidarich.it
www.zidarich.it

Vinotheken | Enoteche

Weinhaus Stainz

Grazerstraße 21
8510 Stainz

+43 (0) 3463 70022
office@weinhaus-stainz.at
www.weinhaus-stainz.at

VINOFAKTUR

An der Mur 13
8461 Ehrenhausen-Vogau

+43 (0) 3453 40677-0
shop@vinofaktur.at
www.vinofaktur.at

Der Wein D.O.K.

Holleneggerstraße 3
8530 Deutschlandsberg

+43 (0) 3462 5157
office@derweindok.at
www.derweindok.at

Gran Caffe'Malabar

Piazza San Giovanni 6
34122 Trieste

+39 040 636226

Enoteca di Cormons

P.zza XXIV Maggio 21
34071 Cormons (Go)

+39 0481 630371

Schnaps | Grappa

Destillerie Weutz

8505 St. Nikolai im Sausal 6

+43 (0) 3185 34440
destillerie@weutz.at
www.weutz.at

Schnapsbrennerei Alois Gölles

Stang 52
8333 Riegersburg

+43 (0) 3153 7555-30
obst@goelles.at
www.goelles.at

Distilleria Domenis

Via Darnazzacco 30
33043 Cividale del Friuli (Ud)

+39 0432 731023
domenis@domenis.it
www.domenis.com

NONINO

Distillatori in Friuli dal 1897
33050 Percoto (Ud)

+39 0432 676331
info@nonino.it
www.nonino.it

Bier | Birra

Flamberger Bier

Hausbrauerei Löscher

Flamberg 101
8505 St. Nikolai im Sausal

+43 (0) 3185 3266
flamberger@utanet.at

Birrificio Cittavecchia

Z.A. Stazione di Prosecco 29/E
34010 Sgonico (Ts)

www.cittavecchia.com

Restaurants | Ristoranti

Grubers Kehlberghof

Kehlbergstraße 83
8054 Graz

+43 (0) 316 284124
restaurant@kehlberghof.at
www.kehlberghof.at

Gasthaus Sackl

Hohlbach 54
8530 Deutschlandsberg

+43 (0).3462 2771
www.gasthaus-sackl.com

Restaurant Kirchenwirt

Familie Heber

Steinriegel 52
8442 Kitzeck

+43 (0) 3456 2225-4
kirchenwirt.kitzeck@aon.at
www.kirchenwirt-heber.at

Alla Pace

Fraz. Sauris di Sotto 38
33020 Sauris (Ud)

+39 0433 86010
sas.sauris@genie.it

Ristorante da Scarpan

Via Garibaldi 41
33038 San Daniele del Friuli (Ud)

+39 0432 943066
scarpan@libero.it

Trattoria da Nando

Viale Divisione Julia 14
30050 Mortegliano (Ud)

+39 0432 760187
info@danando.it
www.danando.it

Trattoria alla Vedova

Via Tavagnacco 9
Udine

+39 0432 470291

Ristorante alla Fortuna da Nico

Via Marina 15
34073 Grado (Go)

+39 0431 80470

Osteria il Pettirosso

S. Croce 16
34013 Duino Aurisina

+39 040 220619

Ristorante Scabar

Erta S. Anna 63
34149 Trieste

+39 040 810368
www.scabar.it

Würstlstand | Buffet

Buffet da Pepi

Via Cassa di Risparmio 3
Trieste

+39 040 366858

Trattoria da Giovanni

Via San Lazzaro 14
Trieste

+39 040 639369
info@trattoriadagiovanni.com
www.trattoriadagiovanni.com

Buschenschank | Osmizze

Buschenschank „Wölfl"

Josef Schilcher

Oberfahrenbach 49
8452 Großklein

+43 (0) 3454 2629

Buschenschank Kieslinger

Kogelberg 36
8430 Leibnitz

+43 (0) 3452 82780
weingut@kieslinger.org
www.kieslinger.org

Colja Ivan in Cvetko

Loc. Samatorza 20

+39 040 229586

Marussi Pahor Natuska

Medeazza 1

+39 040 208367

Kaffeehaus | Caffè

Café-Konditorei-Confiserie
Preinsack

Holleneggerstraße 6
8530 Deutschlandsberg

+43 (0) 3462 6061
office@macinato.at

Operncafe Temmel

Opernring 22
8010 Graz

+43 (0) 316 830436
mellacher@temmel.com
www.temmel.com

Caffè Tommaseo

Piazza Tommaseo 4/c
Trieste

+39 040 362666
info@caffetommaseo.com
www.caffetommaseo.com

Caffè San Marco

Via Cesare Battisti 18
34125 Trieste

+39 040 363538

Bar-Caffetteria Piccola Vienna

V.C.Battisti 19
34072 Gradisca (Go)

+39 0481 961106

Schokolade | Cioccolato

Schokoladenmanufaktur Zotter

Bergl 56
8333 Riegersburg

+43 (0) 3152 5554
schokolade@zotter.at
www.zotter.at

Pasticceria e cioccolateria artigianale Ota

Boljunec-Bagnoli 66
34018 San Dorligo della Valle (Ts)

+39 040 228253
info@ota.it
www.ota.it

Äpfel | Mele

Obstbau- Spezialitätenbrennerei

Wilhelm

Lingstätten
8182 Puch bei Weiz

+43 (0) 3177 4141
obstbau@wilhelm.at
www.wilhelm.at

Azienda Agricola Pomis

Via Morsano 39/A
33050 Chiasiellis di Mortegliano (Ud)

www.pomis.com

Schräge Vögel | Personaggi Originali

Edi Kante

Loc. Prepotto 1/A
34011 Duino Aurisina

+39 040 200255
Kante.edi@libero.it

Brennerei Waltraud Jöbstl

Am Schilcherberg 2
8551 Wernersdorf/Wies

+43 (0) 3466 42379-1
info@brennerei-joebstl.at
www.brennerei-joebstl.at

Franz Pommer

Faßbindermeister

Oberer Bahnweg 17
8523 Frauental a.d.L.

+43 (0) 3462 38153

Gerald Brettschuh

8454 Arnfels 11

+43 (0) 3455 6134

Luigi Soini

Cantina Produttori Cormons

Via Vino della Pace 31
34071 Cormons

+39 0481 60579
info@cormons.com
www.cormons.com

Azienda Agricola Bruno Casagrande

Via Pasubio 19
Fiaschetti die Caneva (Pn)

+39 0434 779066
www.oliodeidogi.it

Ami Scabar

Erta S. Anna 63
34149 Trieste

+39 040 810368
www.scabar.it

Bibliographie | Bibliografia

▷ BERNHARD, A., LUTTENBERGER, W.:
Wein und Boden
Leopold Stocker Verlag, Graz, 2003

▷ BÖCK, W., SCHATZDORFER, G.:
Besser. Einfach., Eine kulinarisch-kulturelle Reise durch die Lagunen nach Venedig
Carinthia Verlag, Klagenfurt, 2007

▷ BRETTSCHUH, G.:
Mein Land
herausgegeben vom Steiermärkischen Landesmuseum Joanneum, Graz

▷ CIBARIO DEL FRIULI VENEZIA GIULIA:
Atlante dei prodotti della tradizione: *ERSA*
Agenzia regionale per lo sviluppo rurale

▷ EDLINGER, JUNGWIRTH, PAURITSCH, PÖSCH, SPERL:
Zweites Kochbuch für Leib & Seel, Essen und Trinken im weststeirischen Schilcherland
Leykam, Graz, 1991

▷ EGLE, K.:
Steirisches Weinland
Verlag Styria, 2003

▷ EUROPA ERLESEN – FRIAUL:
herausgegeben von Hans Kitzmüller
Wieser Verlag, Klagenfurt, 1998

▷ EUROPA ERLESEN – TRIEST:
herausgegeben von Susanne Gretter, *Wieser Verlag Klagenfurt, 1997*

▷ FILIPUTTI, W.:
Friaul – Die Straße der Genüsse
Verlag Gribando, Savigliano, 2003

▷ HEINICHEN, V.:
Tod auf der Warteliste. Ein Proteo-Laurenti-Krimi
dtv Verlag, München, 2005.

▷ HEINICHEN, V., SCABAR, A.:
Triest – Stadt der Winde
Carl Hanser Verlag, München, 2005.

▷ KULMER/WEBER:
Der Kürbis, Anbau-Verarbeitung, Praxisbuch
Leopold Stocker Verlag, Graz, 1990

▷ LANTSCHBAUER, R., HAIDER, W.:
Steirischer Wein – Steirische Küche
Vinothek Verlag

▷ LEXE, P., NEUMÜLLER, F.:
Sieben köstliche Reisen. Friaul – Julisch-Venetien
Carinthia Verlag, Klagenfurt, 2006

▷ LOBNIG, R., OSWALD, CH.:
Der Schilcher – Vom urtümlichen Steirerwein und seiner Landschaft
Verlag Christian Brandstätter, Graz, 1985

▷ MAIWALD, S.:
Friaul – Von den Alpen zur Adria
Oaseverlag, Badenweiler, 2002

▷ MESSNER, H., LEISCHER, M.:
Friaul – Julisch Venetien. Land, Leute, Küche, Wein.
Carinthia Verlag, Klagenfurt, 2003

▷ SCHATZDORFER, G., STEINHAUER, E.:
Einfach. Gut, Eine kulinarisch-kulturelle Reise ins Friaul und nach Triest
Carinthia Verlag, Klagenfurt, 2005

▷ STEINER, K.B., NEUMÜLLER, F.:
Triest – Der Geschmack einer Stadt
Carinthia Verlag, Klagenfurt, 2000

▷ VOGLMAYR, H.:
Friaul – Auf historischen Spuren zu großen Weinen
Verlag 55PLUS, Wien, 2005

▷ WAGNER,CH., WAGNER-WITTULA, R.:
Steiermark – Schilcher, Sterz und Wurzelfleisch
Pichler Verlag, Wien, 2001

▷ WAGNER, CH., KELIH, P.:
Der Karst – Kras – Il Carso. Die Landschaft. Die Menschen.
Die Küche. Der Wein.
Carinthia Verlag, Klagenfurt, 2004

▷ WAGNER, CH., WESTERMANN, K-M.:
Traumstraße der Genüsse - Von Venedig nach Triest
Carinthia Verlag, Klagenfurt, 2006

▷ WALLNER, S.I., STEINBERGER, I.:
Herzhaft, g'sund und steirisch – Kulinarische Impressionen der Steiermark
Steirische Verlagsgesellschaft, 2000

▷ WEIN UND KUNST:
Cantina produttori Cormons
Edizioni Vino della Pace